Andreas Hillgruber Bismarcks Außenpolitik

rombach hochschul paperback band 46
redaktion gerd-klaus kaltenbrunner

Gestartet in einer Periode leidenschaftlicher Diskussion über die möglichen Wege einer Hochschulreform, will die Sammlung »rombach hochschul paperback« als Beitrag zur Überwindung der Misere an den Universitäten verstanden sein. Auf ihrem Programm stehen durchweg Grund- und Einführungsvorlesungen aus allen natur- und geisteswissenschaftlichen Lehrfächern. In handlichen und preiswerten Ausgaben erscheinen jährlich an die zwanzig Vorlesungen aus deutschsprachigen Universitäten.
Die neue Reihe will die Vorlesungen nicht ersetzen, sondern ergänzen. Den akademischen Lehrern bietet sie die Möglichkeit, den mündlichen Vortrag sowohl zu entlasten als auch zu vertiefen; den Studenten liefert sie authentische Arbeitsunterlagen, die vom Zwang andauernden Mitschreibens befreien und den Rückgriff auf die oft unzuverlässigen »Skripten« überflüssig machen. Während die großen Lehrbücher für Studenten kaum erschwinglich sind und überdies angesichts der Akzeleration wissenschaftlicher Erkenntnis immer rascher veralten, sind die Bände der Sammlung »rombach hochschul paperback« bewußt auf die Bedürfnisse der Studierenden zugeschnitten und so konzipiert, daß sie den Erfordernissen der einzelnen Lehrgegenstände maximal entgegenkommen und in den häufig notwendigen Neuauflagen jeweils auf den letzten Stand gebracht werden können.
Über die für jede akademische Ausbildung unumgängliche Vermittlung von Fakten und Methoden hinaus bietet die Sammlung »rombach hochschul paperback« den Studierenden repräsentative Beispiele wissenschaftlicher Argumentation und Orientierung, die zur begrifflichen Schulung und Durchdringung des Wissensstoffes, vor allem aber zum kritischen Mit- und Weiterdenken stimulieren wollen.
Hervorgegangen aus Vorlesungen und bestimmt zur Vertiefung des in Vorlesungen erworbenen Wissens, sind die Bände der Sammlung »rombach hochschul paperback« eine authentische Dokumentation akademischen Unterrichts in einer Gesellschaft, die wie nie zuvor auf Wissenschaft, Forschung und Bildung angewiesen ist.

Andreas Hillgruber

Bismarcks Außenpolitik

Verlag Rombach Freiburg

 Gesamtherstellung durch das Druckhaus Rombach+Co, 78 Freiburg, Lörracher Straße 3. Printed in Germany. ISBN 3-7930-0966-1

Inhalt

Vorwort

Dieser aus einer Vorlesung an der Universität Freiburg i. Br. erwachsene Band dient einem dreifachen Zweck: er will, ausgehend von den Grundlagen des europäischen Mächtesystems in der ersten Hälfte des 19. Jahrhunderts, unter Verzicht auf eine diplomatiegeschichtliche Erzählung die großen Entscheidungen der Außenpolitik Bismarcks mit ihren Konsequenzen für Preußen, Deutschland und Europa analysieren und auf diese Weise einen Überblick vermitteln; er will zum zweiten durch Darlegung der neuesten Forschungsergebnisse und vor allem der Kontroversen einen Einblick in die gegenwärtige Forschungssituation vermitteln; und er will drittens die Notwendigkeit demonstrieren, neben sozialgeschichtlichen und ideengeschichtlichen Studien die – früher dominierende, jetzt fast an den Rand gedrängte – »politische Geschichte« nicht zu vernachlässigen.[1]

Bismarcks Außenpolitik gewinnt in diesem Zusammenhang und vor dem Hintergrund der modernen Wirtschaftsgeschichte des 19. Jahrhunderts wachsende Bedeutung, weil sich die kritische Überprüfung älterer Auffassungen durch die deutsche Geschichtswissenschaft nach 1945 – nach langem Verweilen beim »Dritten Reich«, bei der Weimarer Republik und bei der Wilhelminischen Ära – erst in jüngster Zeit Bismarck zugewandt hat. Nach der Vorherrschaft einer mehr oder minder groben oder verfeinerten Apologie in der deutschen Bismarck-Forschung droht gegenwärtig eine – entsprechend abgestufte – Anklage die Oberhand zu gewinnen. Der vorliegende Beitrag ist bestrebt, sich von beidem freizuhalten und vor allem eine Isolierung Bismarcks und

1 A. Hillgruber: Gedanken zu einer politischen Geschichte moderner Prägung. In: Freiburger Universitätsblätter, Heft 30/Dezember 1970, S. 33 ff.

der Geschichte Preußen-Deutschlands von der Geschichte des sich durch die Reichsgründung tiefgreifend wandelnden europäischen Mächtesystems zu vermeiden.

Ausführlicher gehaltene Abschnitte wechseln mit knapperen Skizzen ab, so wie es den Schwerpunkten der neuesten Forschung entspricht, die sich gegenwärtig an bestimmten Problemen »festgebissen« hat. In einigen Partien war eine Anlehnung an eigene Veröffentlichungen aus den letzten Jahren unvermeidlich.

Der Band ist vor allem für Studierende der neueren Geschichte, für Lehrer aller Schularten und für einen an der Thematik und der gegenwärtigen Forschung interessierten weiteren Leserkreis gedacht.

Freiburg i. Br., Oktober 1971

Andreas Hillgruber

I. Voraussetzungen

1. Das europäische Mächtesystem 1815–1856

Das seit der Einbeziehung des Zarenreiches als östliche Flügelmacht voll ausgeprägte und in sich abgeschlossene europäische Mächtesystem des späten 18. Jahrhunderts (mit den Großmächten England, Frankreich, Habsburg, Preußen und Rußland) war nach den tiefgreifenden Erschütterungen durch die Französische Revolution und anschließend durch die Aufrichtung von Napoleons »Grand Empire« in den im »Konzept der Mächte« ausgehandelten Verträgen von 1814/15 nur zum Teil restauriert worden. Von Anfang an wirkten auf dem Wiener Kongreß drei unterschiedliche Ziel- und Ordnungsvorstellungen bei der Regelung der territorialen und verfassungspolitischen Fragen neben- und gegeneinander: *England* kam es 1815 primär an auf die Wiederherstellung und längerfristige Sicherung eines fast mechanisch verstandenen Gleichgewichts auf dem Kontinent als Voraussetzung für seine Rolle als See- und Handelsmacht überall in der Welt. An den gesellschaftlichen Verhältnissen in den kontinentaleuropäischen Ländern war es nur insoweit interessiert, als aus ihrer Infragestellung abermals für das europäische Gleichgewicht bedrohliche Konsequenzen erwuchsen. *Rußland* unter dem Zaren Alexander I. hingegen strebte anfangs danach, die durch den Einsatz seiner kriegsentscheidenden Militärmacht gegen Napoleon gewonnene starke Position auf dem Kontinent durch die Verwirklichung eines von West nach Ost abgestuften Programms gesellschaftlicher Reformen »von oben« sowohl bei den Fürsten als bei den Nationen zu festigen und die führende Rolle Rußlands auf dem Kontinent dauerhaft zu machen als Basis für eine ebenfalls – bis in den Pazifik und nach Amerika reichende – weltpolitische Zielsetzung des Zarenreiches. *Öster-*

reich unter Metternich schließlich, die schwächste der drei für die Ordnung von 1815 bestimmenden Potenzen, anders als England und Rußland ausschließlich kontinentaleuropäisch orientiert, sah allein in einer Wiederverfestigung der durch die Französische Revolution erschütterten alten Sozialordnung – so weit wie noch möglich – eine Gewähr für die Aufrechterhaltung des labilen Gleichgewichts in Europa. Dieser ursprünglich österreichischen Zielsetzung schloß sich Rußland schon in den letzten Jahren der Regierung Alexanders I., in extremer Weise dann unter Nikolaus I. (1825–1855) an. Gemeinsam war den drei Hauptmächten das Interesse an der Bewahrung des unter so großen Opfern errungenen allgemeinen Friedens. Dieser zunächst sehr stark ausgeprägte, mit wachsendem Abstand von den Napoleonischen Kriegen allerdings abnehmende Friedenswille hielt auf seiten Englands wie Rußlands lange Zeit die Versuchung in Grenzen, zur Durchsetzung ihrer machtpolitischen Ziele an jene liberalen und nationalrevolutionären Kräfte zu appellieren und sich ihrer zu bedienen, die gleichsam zusammen mit Napoleon 1814/15 besiegt worden waren, potentiell jedoch nach wie vor von erheblicher und, wie sich in den revolutionären Wellen der folgenden Jahrzehnte zeigen sollte, zunehmender Bedeutung waren. Vor allem Mitteleuropa, das 1815 über die Schaffung des »Deutschen Bundes« und seine Verklammerung mit der allgemeinen europäischen Ordnung als Konfliktstoff zwischen den Großmächten entschärft worden war, blieb auch dann noch aus den Spannungen zwischen den Großmächten »ausgeklammert«, als diese dazu übergingen, in den Randzonen des Kontinents über ihre gesellschaftspolitisch-ideologischen Programme ihre Macht- und Einflußsphären zu erweitern und zu verschieben. Bei aller Gegensätzlichkeit im einzelnen, die in den Konflikten um Spanien, Italien und vor allem Griechenland schon in den 1820er Jahren offen zutage trat, gingen die beiden Flügelmächte England und Rußland doch immer dann zusammen, wenn das Mächtesystem als Ganzes tatsächlich oder vermeintlich in Gefahr geriet. Da Frankreich als »Herd« der als universales Phänomen betrachteten »Revolution« angesehen wurde, war es für die Kontinuität oder den Wandel des Mächtesystems entscheidend, wie lange England und Rußland ihre sich von Jahrzehnt zu Jahrzehnt verschärfenden Interessengegensätze, die sich

 zunächst in Amerika, dann besonders im weiteren Vorfeld

Indiens und an den türkischen Meerengen zu einer ökonomisch wie strategisch begründeten Konfrontation entwickelten, in Krisenmomenten zurückstellten und zusammenwirkten, somit ihren gemeinsamen Gegensatz zu einem revolutionär-expansiv gedeuteten Frankreich immer noch als gewichtiger betrachteten als die Spannungen untereinander. Trotz zunehmender Entfremdung seit dem Konflikt um Griechenland 1821–1829, trotz der vorübergehend bedeutsamen ideologischen Blockbildung der liberalen (England, Frankreich) gegen die konservativen Mächte (Rußland, Österreich, Preußen) nach der Julirevolution 1830 und trotz aller immer mehr ihre Gesamtpolitik bestimmenden Interessengegensätze in den Orientkrisen (zuletzt noch einmal 1840/41) blieb doch über alle Veränderungen hinweg bis zum Krimkrieg (1853–1856) der gemeinsame Gegensatz Englands und Rußlands gegen Frankreich innerhalb des europäischen Mächtesystems dominierend. Die Zäsur, die der Krimkrieg darstellte, bestand eben gerade darin, daß der Bruch zwischen England und Rußland, auf den Frankreich unter wechselnden Regimen seit 1815 spekuliert hatte, nun tatsächlich eintrat mit dem Ergebnis, daß Napoleon III. der – den Bourbonen wie dem Bürgerkönig versagt gebliebene – »Ausbruch« aus den »Fesseln« der Verträge von 1815 gelang. Damit war die Bahn für grundlegende Veränderungen des Mächtesystems frei geworden.

Schon vorher war das nach der Julirevolution 1830 noch durch Interventionen der beiden Flügelmächte England und Rußland gegen mögliche revolutionäre Veränderungen im gemeinsamen Interesse an der Aufrechterhaltung des Status quo aus den großen Konflikten »ausgeklammerte« *Mitteleuropa-Problem* in den für das Mächtesystem bedrohlichen Konsequenzen erstmals in voller Schärfe erkennbar geworden. Die Revolution von 1848, die – anders als die von 1830 – zum ersten Mal neben Frankreich mit Italien und Deutschland (einschließlich der beiden Großmächte Österreich und Preußen) ganz Mitteleuropa und darüber hinaus fast den ganzen Kontinent zwischen den beiden Flügelmächten erfaßt hatte, ließ erkennen, welche Sprengkraft die bis dahin dort niedergehaltenen nationalrevolutionären Kräfte, auch in ihrer liberalen, gemäßigten Richtung, für Zentraleuropa enthielten. Bis zu dieser Zeit hatten sich die revolutionären Wellen seit 1815 entweder im Rahmen der schon bestehenden Nationalstaaten (wie Frankreich) oder aber regional in einem relativ klar abgegrenzten Bereich gehalten, so daß die revolutionären Veränderungen im Falle eines Erfolgs das Mächtesystem allenfalls in einem bescheidenen Maße tangierten. Nun aber, 1848, drohte das Mächtesystem durch die Bildung eines neuen nationalstaatlich organisierten Großstaates in Mitteleuropa mit der – wie sich sogleich zeigte – Tendenz zur direkten Angliederung oder föderalen Zuordnung weiterer mitteleuropäischer Gebiete vollkommen umgestürzt zu werden. Bei einem Gelingen dieser revolutionären Veränderung mußte sich früher oder später angesichts des in Zentraleuropa dann zusammengefaßten Kräftepotentials (zumal vor dem Hintergrund der gerade begonnenen industriellen Aufwärtsentwicklung) die Schlüsselposition im Mächtesystem von den Flügelmächten England und Rußland (für die die in ihrem Sinne relativ ausgewogene Situation in Zentraleuropa in enger Relation zu ihrem weltpolitischen Engagement stand), auf die Mitte des Kontinents hin verlagern und zusätzliche Energien zur Absicherung der veränderten Situation auf dem europäischen Kontinent binden. Diese 1848–1850 mögliche, zeitweilig gar wahrscheinliche Veränderung in Zentraleuropa erschien den Flügelmächten um so bedrohlicher, als die lange Zeit gleichsam in der Stille verlaufene wirtschaftliche Umgestaltung der im »Deutschen Bund« zusammengefaßten deutschen Staaten und damit das wachsende ökonomische Gewicht des von Preußen geführten »Deutschen Zollvereins« mit seinen politischen Konsequenzen nun zumindest umrißhaft erkennbar wurden.

In der 1848er Revolution wurden gewissermaßen die Möglichkeiten durchgespielt, die sich aus einer Nationalstaatsgründung in Mitteleuropa für das Mächtesystem ergaben. Die grundlegende Alternative zu dem überlieferten System der Großmächte in ihrer 1815 teils restaurierten, teils zur Ausbalancierung der Kräfte neu konstruierten Gestalt, nämlich der Gedanke einer Neuordnung Europas auf der Grundlage von liberalen, verfassungsgemäß konstituierten Nationalstaaten ist jedoch 1848 nicht primär am Widerstand oder an Interventionen der von der revolutionären Bewegung nicht erfaßten Flügelmächte Rußland und England gescheitert, sondern zum einen an der inneren Widersprüchlichkeit, an den Schwierigkeiten einer Realisierung des Konzepts angesichts der Überlagerungen und Verzahnungen der Nationalitäten, insbesondere in Ostmitteleuropa. Entscheidend jedoch war die alte, jetzt nur in anderer Gestalt, dafür um so intensiver und brisanter denn je wiederkehrende Problematik von Hegemonie und Gleichgewicht auf dem Kontinent. Unter den Bedingungen miteinander rivalisierender Nationalstaaten konnte eine Neuordnung auf dieser Grundlage weitaus größere Sprengwirkungen für das Mächtesystem als Ganzes erzeugen als das Festhalten an der überlieferten, völkerrechtlich in relativ hohem Maße abgesicherten vornationalen Ordnung und an einem Kräftespiel etablierter Großmächte spätabsolutistischer Prägung. Der auf französischer Seite frühzeitig erkannte potentielle Gegensatz zwischen einem revolutionären Frankreich und einem nationalstaatlich organisierten Großstaat Deutschland in Mitteleuropa führte bei den Franzosen schnell zur Abwendung von der anfänglichen Leitidee einer vollständigen Umgestaltung Europas nach nationalstaatlichen Prinzipien.

Nachdem sich Frankreich versagt hatte, als führende revolutionäre Macht die Aufgabe der Neuordnung Europas anzupacken, war es für die Veränderung des Mächtesystems von Mitteleuropa aus entscheidend, ob es der liberalen und demokratischen Bewegung in Deutschland aus eigener Kraft, im nationalrevolutionären Alleingang gelingen würde, eine Großmacht neuen Typs aufzurichten. Auch dieser Versuch ist nicht in erster Linie an den alten Mächten gescheitert, sondern an der zu weit gespannten Zielsetzung der nationalrevolutionären Kräfte und an der Herausforderung, die diese Ziele für die beiden nicht von der Revolution erfaßten Flügelmächte England und Rußland, aber auch für Frankreich darstellten. Zwar ist es wahrscheinlich, daß das Rußland Nikolaus' I., das sich als Vormacht zumindest im nordöstlichen Teil Deutschlands und dabei das absolutistische Preußen als einen nicht gleichrangigen Verbündeten betrachtete, damals eine Lösung der deutschen Frage im nationalstaatlichen Sinne nicht hingenommen hätte, doch kam es zur Entscheidung über eine politische oder militärische Intervention Rußlands gar nicht erst, weil sich die deutsche Nationalbewegung selbst in ihrer zu weit gespannten Zielsetzung verfing und in der zur zentralen »deutschen Sache« erhobenen Schleswig-Holstein-Frage in eine politische Sackgasse geriet. Die Unterstützung, die Dänemark durch England, Rußland, schließlich auch Frankreich erhielt, erschien so nicht als Intervention der anderen Mächte zur Verhinderung der deutschen Einheit, sondern als »Antwort« auf eine deutsche Herausforderung zur Zerreißung völkerrechtlich verbindlicher Verpflichtungen der Großmächte.

Der auf das Scheitern der deutschen Nationalversammlung in der Paulskirche folgende Versuch der inzwischen restaurierten deutschen Großmächte 1849/50 – im Falle Österreichs unter Negierung der auf einen deutschen Nationalstaat hindrängenden Kräfte, im Falle Preußens unter Indienstnahme eines wesentlichen Teils dieser Kräfte –, jeweils unter eigener Führung und – geplanter – Juniorpartnerschaft der anderen Macht Mitteleuropa zusammenzufassen und einen Bündnisblock zweier Großmächte von der Nordsee bis zur Adria zu schaffen (preußisches Ziel: Zusammenfassung des nichtösterreichischen Deutschland in einer »Union«, enges Bündnis dieser Union mit dem Habsburger Reich; österreichisches Ziel: Großösterreich als Führungsmacht eines mitteleuropäischen 70-Millionen-Reiches), scheiterte ebenfalls primär nicht an der Gegenwirkung von außen, sondern an der Rivalität zwischen den beiden deutschen Großmächten, die beide das gleiche, jedoch unter der eigenen Führung, wollten und sich daher wechselseitig blockierten. Dies erst gab Rußland die Chance, sich als Schiedsrichter einzuschalten und auf der Wiederherstellung der alten Ordnung, das heißt auf der Anerkennung seiner, Rußlands, führender Stellung in diesem Teil Europas, zu beharren. So blieb nach der Erschöpfung aller Möglichkeiten, das gesteckte Ziel einer beträchtlichen Veränderung des Mächtesystems zugunsten der europäischen Mitte ohne großen Krieg, vor dem alle zurückschreckten, zu erreichen, nur die (scheinbare, durch den aufgebrochenen Gegensatz zwischen den beiden deutschen Mächten jedoch nicht recht mögliche) Rückkehr zur Ordnung des Wiener Kongresses, dem »Deutschen Bund« von 1815.

Über diese das Mächtesystem berührende gleichsam strukturelle Problematik hinaus warf der Versuch der Konstituierung eines sich nationalstaatlich verstehenden »Deutschen Reiches« in der Paulskirche weitere Fragen auf, die den unlösbaren Zusammenhang der deutschen Frage mit den Interessen aller seiner Nachbarn demonstrierte. Das überschießende Kraftgefühl der Deutschen, das nationalistische und chauvinistische Tendenzen bei der Erörterung der Frage, welche Gebiete denn nun zum neuen

»Deutschen Reich« gehören sollten, allzu stark in Erscheinung treten ließ, machte dies um so deutlicher.

Praktisch wurden durch diese Ansprüche des »Deutschen Reiches« Spannungen zu allen Nachbarn hervorgerufen und dort Gegenkräfte gegen die deutsche Nationalstaatsgründung geweckt. Dies galt für die Forderung auf Einschluß von Südtirol inklusive Trient, des deutschen Adriahafens Triest und der aus strategischen Gründen gegenüber Frankreich vorgesehenen, weit nach Oberitalien vorgeschobenen zukünftigen Grenze (mit den schwerwiegenden Konsequenzen für das Verhältnis zum ebenfalls in statu nascendi befindlichen italienischen Nationalstaat), von Böhmen und Mähren (gleichgültig, wie von den einzelnen Richtungen in der Paulskirche das künftige Verhältnis zu Österreich im einzelnen gedacht war), von Posen (wo das Verhältnis sowohl zu einem nationalen Polen als auch zu Rußland durch die verschiedenen Planungen schwer belastet wurde), von Limburg (das mit »völkischen« Argumenten unter Bruch der Verträge von 1839 annektiert werden sollte) und für das ins Zentrum der Debatten der Paulskirche gerückte Schleswig-Holstein-Problem. Schließlich wurde durch den Beschluß zum Bau einer Reichsflotte die anfangs durchaus gespaltene und in der Mehrheit eher zugunsten einer deutschen Nationalstaatsgründung engagierte öffentliche Meinung Englands zu einer scharf ablehnenden Haltung gewendet, die für das Scheitern der deutschen Politik in der Schleswig-Holstein-Frage ausschlaggebend werden sollte. In der entscheidenden Phase des Versuchs zur deutschen Nationalstaatsgründung 1848 standen jedenfalls als Folge dieser Ansprüche und Forderungen die drei Großmächte Rußland, Frankreich und England sowie die meisten Nachbarn der deutschen Zielsetzung ablehnend gegenüber. Als Fazit ist zu konstatieren: alle später, nach der Reichsgründung durch Bismarck, sichtbar werdenden Probleme für das europäische Mächtesystem, aber auch für das Verhältnis Deutschlands zu seinen übrigen Nachbarn tauchen im Kern bereits 1848 bei dem ersten Versuch einer Nationalstaatsgründung in Mitteleuropa auf. Sie entsprangen somit nicht der besonderen Art der Bismarckschen Reichsgründung (»von oben« über die Großmacht Preußen) – diese warf allerdings noch zusätzliche Probleme auf –, sondern lagen in der vieldeutigen und weitgespannten Zielsetzung der deutschen Nationalbewegung selbst, die nicht nur das Gleichgewicht der

Kräfte in Europa wesentlich veränderte, sondern auch in die Interessen vieler anderer Staaten tief eingriff. Die am weitesten gehenden Ansprüche wurden in der Paulskirche von der breiten liberalen Mittelgruppe erhoben, die in die folgenden Jahrzehnte als nationale und liberale deutsche Bewegung und später in der Nationalliberalen Partei fortwirkte. Auch in Preußen waren die liberalen Kräfte 1848 diejenigen, die die Schleswig-Holstein-Frage zum Angelpunkt einer viel weiter gehenden Zielsetzung machten, als es dem Monarchen, König Friedrich Wilhelm IV., und seinen konservativen Beratern entsprach. Die liberale Regierung mit Heinrich v. Arnim als Außenminister, der ein völliges »renversement des alliances« (zusammen mit Frankreich und einem wiederhergestellten Polen gegen Rußland) anstrebte, wollte nicht nur durch einen Waffengang gegen Dänemark die beiden Elbherzogtümer für ein von Preußen geführtes Deutschland gewinnen, sondern auf diesem Wege auch Preußen-Deutschland zur Vormacht der neuen Mächtekombination machen. Daß ein Waffengang gegen Dänemark nicht nur eventuell die eine oder andere Großmacht, sondern das bisherige Mächtesystem und die damit verbundene Völkerrechtsordnung als Ganzes herausforderte, wurde anfangs im Sinne des zusammen mit Frankreich angestrebten völligen Umsturzes der alten Ordnung direkt und offen anvisiert, dann, als Frankreich von der Partnerschaft abrückte, in seiner weitreichenden Folgewirkung nicht erfaßt. Eine in der späteren deutschen Geschichte immer wiederkehrende Überschätzung der eigenen Möglichkeiten, aber auch – als Kehrseite – die Trotzgebärde, notfalls eben gegen alle anderen Großmächte die eigene Sache unter Aufgebot des letzten Deutschen zu vertreten und lieber unterzugehen, als auf das Angestrebte zu verzichten, sprach aus vielen Äußerungen von Repräsentanten in diesen Wochen des ersten Versuchs einer deutschen Nationalstaatsgründung.

In anderer Art wiesen auch die Ziele der anschließenden preußischen »Unions«-Politik und der österreichischen »Mitteleuropa«-Konzeption auf spätere Probleme voraus oder besser: sie legten die Grundstrukturen bloß, die ihrer Verwirklichung entgegenstanden oder sie zumindest hemmten. Anders als Metternich, der zwischen 1815 und 1848 neben der Sicherung der österreichischen Stellung in Italien die Kooperation mit Preußen als Voraussetzung für die zwischen den Flügelmächten ohnehin nur schwer

zu vertretende mitteleuropäische Position des Habsburgerreiches angesehen hatte und stets im Rahmen der gesamteuropäischen Situation politisch gedacht und gehandelt hatte, ging Ministerpräsident Fürst Schwarzenberg von einer gleichsam absolut gesetzten Größe Österreich aus. Sein Ziel war es, die Habsburger Monarchie nicht nur zu erhalten, sondern zur Führungsmacht einer »mitteleuropäischen« Föderation werden zu lassen. Der (letztlich gegen die Flügelmächte gerichtete) machtpolitische Akzent in Schwarzenbergs 70-Millionen-Konzept verband sich mit der wirtschaftspolitischen Zielsetzung seines Handelsministers v. Bruck, der eine auf die ökonomischen Interessen Österreichs zugeschnittene mitteleuropäische Zollunion von der Nord- und Ostsee bis zur Adria anstrebte, die gegenüber den schon stärker industrialisierten westeuropäischen Staaten geschützt werden sollte. Durch Zubilligung von Gebietserweiterungen, im Höchstfall einer Ausdehnung seines Einflußbereichs bis zur Mainlinie, sollte Preußen als Juniorpartner gewonnen werden.
Auch Schwarzenbergs preußischer Gegenspieler, der allein auf das Vertrauen des Königs Friedrich Wilhelm IV. angewiesene, in der Führungsspitze Preußens isolierte Frhr. v. Radowitz, wollte von Anfang an mehr als eine kleindeutsche Lösung unter Preußens Führung. Indem Radowitz ein festes Bündnis zwischen der »kleindeutschen« (ökonomisch auf die Interessen des industriell im Vergleich zu Österreich weitaus fortgeschritteneren Preußen hin orientierten und auf dem von Preußen geführten »Deutschen Zollverein« basierenden) »Union« mit der österreichischen Gesamtmonarchie anstrebte (dieses erst stellte in seiner Sicht die eigentliche »Union« dar), gingen sowohl die preußische als auch die österreichische Zielsetzung 1849/50 weit über die »großdeutsche« Alternative der Paulskirche hinaus. Ein Gelingen der einen wie der anderen Lösung hätte eine tiefgreifende Veränderung des Mächtesystems bedeutet, da ein preußisch-österreichischer Block unter Einbeziehung des »Dritten Deutschland« an die Stelle der beiden relativ schwachen, auf Rußland mehr oder weniger angewiesenen Großmächte getreten wäre. Das »Patt« des Olmützer Vertrages vom November 1850 setzte sowohl der einen wie der anderen Zielvorstellung ein vorläufiges Ende. Obwohl tatsächlich die Entscheidung zugunsten des Zurücksteckens innerhalb der preußischen Führung aus gesellschaftspolitischen und ideologischen Gründen erfolgte und

Radowitz deshalb vom König fallengelassen wurde, herrschte bei der deutschen Nationalbewegung der Eindruck vor, als sei Preußen dem Druck Rußlands gewichen. So blieben die Hoffnungen der national-liberalen Kräfte in Deutschland über Olmütz hinaus auf Preußen gerichtet, zumal da es in den fünfziger Jahren unter der Ministerpräsidentschaft Manteuffels verstand, den harten Kern der preußischen Deutschlandpolitik aus der Zeit der »Union«, den »Deutschen Zollverein«, über alle Krisen hinweg und gegen den zeitweilig überwältigend stark scheinenden Druck Österreichs zu behaupten, bis sich durch den Krimkrieg eine neue europäische Konstellation abzeichnete. Hinzu kam, daß Preußen trotz der im konservativen und reaktionären Sinne revidierten oktroyierten Verfassung vom Januar 1850 und trotz der in der Reaktionszeit bis 1858 geübten polizeistaatlichen Repressionspolitik ein (entwicklungsfähig scheinender) Verfassungsstaat blieb, an den die liberale Bewegung ihre Hoffnungen knüpfte, während die oktroyierte Verfassung des österreichischen Gesamtstaates überhaupt nicht in Kraft trat und das Habsburgerreich in die Phase eines bürokratisch-zentralistischen Absolutismus zurückfiel, mit dem es Sympathien und Attraktivität für die deutsche Nationalbewegung verlor.
Unter der Oberfläche der scheinbar 1850 wieder restaurierten Verhältnisse waren im europäischen Mächtesystem Risse entstanden, die zum Ausgangspunkt der Konflikte der nächsten Jahrzehnte werden sollten. Die wichtigste Veränderung betraf Frankreich. Das Empire Napoleons III. war mit dem Regime des Bürgerkönigs Louis Philippe kaum noch zu vergleichen. Es strebte zwar die gleichen außenpolitischen Ziele an, die Befreiung Frankreichs aus den »Fesseln« der Pariser und Wiener Verträge von 1815. Jedoch Dynamik und Wendigkeit im Einsatz der hierfür verwandten Mittel, die unmittelbare wechselseitige Abhängigkeit von bonapartistischer Staatsspitze und divergierenden gesellschaftlichen Kräften – weitaus stärker und unvermittelter als in den traditionellen Monarchien des Kontinents –, vor allem aber der jederzeit mögliche Rückgriff des Empire auf die Unterstützung nationalrevolutionärer Bewegungen gegen die eine oder andere gegnerische Großmacht ließen das Frankreich Napoleons III. zu einer Großmacht anderer Qualität im Vergleich zu den übrigen Mächten werden.
 Die zweite wichtige Veränderung gegenüber der Zeit vor 1848

betraf das Verhältnis der beiden deutschen Großmächte zueinander, die sich jetzt in offener Rivalität auf dem Felde der deutschen Politik befanden. Eine dritte Veränderung zeichnete sich im Verhältnis Österreich–Rußland ab. Während Preußen nach der verwirrenden Aktivität in der Revolutionsphase, sodann unter Radowitz wieder im Rahmen des erneuerten konservativ-reaktionären Konsenses sozusagen unter den Schutzschirm der östlichen Führungsmacht zurückkehrte, strebte das mit Hilfe russischer Truppen erst wieder Herr im eigenen Hause gewordene Österreich eine eigenständige Rolle nicht nur im deutschen und italienischen Bereich, sondern auch auf dem Balkan an. Die stärkere Aktivität im Vergleich zur resignierenden Passivität in der späten Metternich-Zeit mußte die Spannungen zu Rußland steigern, weil auch die Dynamik der russischen Außenpolitik in den gleichen südosteuropäischen Raum wies.

Es war so kein Zufall, daß die Risse im europäischen Mächtesystem, die durch die 1848er Revolution entstanden oder deutlicher geworden waren, zu einem Konflikt führten, der sich nicht an einer mitteleuropäischen Frage, sondern am orientalischen Problem entzündete. Die enge Verbindung, die Interdependenz der Mächteauseinandersetzungen auf dem kontinentaleuropäischen Schauplatz und im Bereich des östlichen Mittelmeers und des Orients war schon in der Krise von 1840/41 mit dem Hinüberspringen der Auseinandersetzung um die türkischen Meerengen zum Konflikt um Frankreichs Ostgrenze erstmals in voller Schärfe zutage getreten. Nun, 1853, ließen nationalistische Tendenzen im Rußland Nikolaus' I. und die im Bonapartismus »aufgehobenen« revolutionär-expansionistischen Kräfte in Frankreich die bisher seit 1815 in allen Großmächtekonflikten eingehaltene Grenze zum Krieg sprengen. Zwar kam es nicht zu der sich anfangs ankündigenden großen ideologischen und gesellschaftspolitischen Auseinandersetzung zwischen »Ost« und »West«, sondern der Krieg hielt sich trotz anfänglich anders laufender intensiver Bemühungen der drei kriegführenden Großmächte England, Frankreich und Rußland im Rahmen machtpolitischer Konflikte traditioneller Art. Es zeigte sich damit, daß selbst auf diesem Höhepunkt des sich seit 1815 anbahnenden ideologisch-gesellschaftspolitischen Konflikts diese – gegenüber dem 18. Jahrhundert neuartige – Komponente in der Mächtepolitik nicht imstande war, das überlieferte Mächtegefüge insgesamt in Frage zu stellen und eine neue gesellschaftlich-ideologisch fundierte Strukturierung des Mächtesystems auf lange Sicht einzuleiten. Ansätze dazu hatte es seit 1815 schon mehrfach gegeben. Die »Heilige Allianz«, unter Metternichs Redaktion sozialkonservativ umgestaltet, später die liberale Prinzipienpolitik Englands, dann die ideologische Blockbildung zwischen England und Frankreich nach 1830, ferner die anfänglichen Versuche Frankreichs in der 1848er Revolution, neue ideologisch-gesellschaftspolitische Fronten quer durch die und jenseits der tradierten Gegensätze der etablierten Staatenwelt zu bilden, waren herausragende Fälle, in denen es darum ging, in der einen oder anderen Richtung über das rein machtpolitisch begründete, an der spätabsolutistischen Staatsräson orientierte Mächtesystem hinauszugelangen. Es zeigte sich jedoch stets, daß von den Verfechtern einer ideologischen Blockbildung in ihren Konzeptionen machtpolitische Elemente zum Nutzen ihres eigenen Staates aufgenommen waren, so daß im entscheidenden Augenblick die staatsegoistischen Tendenzen die Oberhand über noch so wichtig angesehene ideologische Gemeinsamkeiten gewinnen konnten.

Immerhin wurde schon in der Zeit vor dem Krimkrieg eine Veränderung in der Großmächtepolitik offenbar. Bestimmten nach 1815 zunächst noch im wesentlichen eine spätabsolutistische Staatsauffassung und die Vorstellung von einer die Interessen aller anderen Großmächte mit zu berücksichtigenden Staatsräson – sei es im uneingeschränkten, sei es in Gestalt des aufgeklärten Absolutismus – die Politik der Großmächte, so daß bei aller Wahrung der Staatsinteressen und des Leitgedankens einer Machtsteigerung doch weder der Rahmen des Mächtesystems als Ganzes gesprengt noch die Interessen einer anderen Großmacht grundsätzlich in Frage gestellt werden durften, man vielmehr vom Mächtesystem insgesamt aus die eigene Politik leitete, so traten in der Folgezeit sowohl bei den hinsichtlich der inneren Struktur gleich gebliebenen Mächten wie Rußland, als auch bei den Staaten, die wie Frankreich mehrfach Staatsform und – in mehr oder weniger tiefgreifendem Maße – auch ihre Gesellschaftsordnung wechselten, nationalstaatliche, nationalistische und – je mehr industriewirtschaftliche Gesichtspunkte in den Vordergrund rückten – auch bereits imperialistische Tendenzen aus der Gesellschaft in die Sphäre der

Staatspolitik hinüber. Diese veränderten – in unterschiedlichem Maße – die Mächtepolitik. Eine solche Transformation ließ sich bei allen Großmächten erkennen, selbst bei dem von nationalistischen Strömungen in der Staatsführung noch am wenigsten berührten Österreich, wie dessen dynamische Politik seit 1851, besonders während des Krimkrieges, vor allem auf dem Balkan, zeigte. Diese Veränderungen hatten insgesamt bis zum Krimkrieg bereits einen solchen Grad erreicht, daß, zumindest in der Programmatik, die Mächtepolitik nicht mehr mit den Maßstäben »klassischer« Staatsräson des 18. Jahrhunderts umschrieben werden konnte. Jedoch führten die zum Teil sehr stark divergierenden Zielvorstellungen innerhalb der Führungsspitze – dies galt besonders für Preußen und Österreich – in der praktischen Politik dazu, daß scheinbar doch noch die Epoche konventioneller, begrenzter Kriegsziele fortdauerte und schließlich auf der Pariser Friedenskonferenz 1856 noch einmal, allerdings zum letzten Mal, das »Konzert« der Mächte als Ganzes in Erscheinung trat.

Das in manchen Einzelbestimmungen gewiß konventionell scheinende Ergebnis des Krimkrieges zeigte jedoch in einigen wesentlichen Punkten bereits deutlich die Tendenz zur Überwindung und Zerstörung des Mächtesystems. Vor allem die Schwarzmeerklauseln des Pariser Friedens, die die Großmacht Rußland in ihrer Souveränität in einem Bereich vitaler Interessen trafen, stellte ein unter »klassischen« Bedingungen nicht vorstellbares Ergebnis eines begrenzten Krieges dar. Nicht mehr nur wie im 18. Jahrhundert wurde nun der Friede zwischen den Großmächten aufgrund des Kompensationsprinzips auf Kosten von Klein- und Mittelstaaten geschlossen, sondern das – weniger aufgrund militärischer Niederlagen, vielmehr infolge der ungelösten sozialen und innenpolitischen Probleme dringend des Friedens bedürftige – Rußland wurde als Großmacht direkt über ein nach den alten Konventionen weit hinausgehendes Maß getroffen, und zwar gerade auf Drängen Englands, das bis dahin noch am wenigsten in den Grundlagen seiner Politik von den erwähnten Veränderungen betroffen schien. Allerdings traten nun gerade hier die Konsequenzen nicht nur der den übrigen europäischen Ländern weit vorausgeeilten industriellen Entwicklung, sondern auch der inneren Reformen auf die Außenpolitik der See- und Handelsmacht heraus, indem der bisher leitende

Gesichtspunkt der Aufrechterhaltung des Gleichgewichts auf dem Kontinent zwar nicht aufgegeben wurde, jedoch eine bis dahin nicht vorhandene antirussische Spitze erhielt, die über den Friedensschluß hinaus fortwirkte.

Das Mächtegefüge hatte sich durch den Krimkrieg gründlich verändert, die traditionellen Bindungen zwischen den Mächten waren gelockert, teilweise sogar zerrissen. Rußland, das seit 1815 eine bis weit nach Mitteleuropa hinein wirkende Führungsposition inne gehabt hatte, war zwar nicht territorial, aber gleichsam als »Gewicht«, das auf Mitteleuropa lastete, weit zurückgedrängt. Unter dem neuen Zaren Alexander II. konzentrierte es sich zunächst stark auf die notwendigen inneren Reformen. Der »Stellenwert« der Außenpolitik war somit unter Alexander II. innerhalb der russischen Gesamtpolitik ein anderer als unter Alexander I. und Nikolaus I. Die deutliche Abkehr von der auf der russischen Militärmacht beruhenden massiven Druckpolitik erschwerte das Bestreben Napoleons III., den Faktor Rußland in seinem Sinne ins europäische Spiel, vor allem gegen Österreich, zu bringen, auch wenn der pro-französische Kurs des Außenministers Gortschakow auf seiten Napoleons III. leicht zu einer Fehleinschätzung des russischen Engagements in der »Großen Politik« führen konnte.

Österreich, das während des Krimkrieges in Anlehnung an die Westmächte eine dynamisch ausgreifende Politik auf Kosten Rußlands zu führen versucht, jedoch nicht gewagt hatte, in den Krieg einzutreten, war schließlich fast völlig isoliert. Es stand in scharfem, lange nachwirkendem Gegensatz zu Rußland und in aktuellen Spannungen zu Frankreich wegen des Italien-Problems. Das Verhältnis zu Preußen war durch die Wendungen der österreichischen Diplomatie im Kriege schwer belastet worden. Nun suchte Österreich, das zugunsten Preußens verlorene Terrain bei den deutschen Klein- und Mittelstaaten (die sich der preußischen Neutralitätspolitik angeschlossen hatten) zurückzugewinnen, um den Verlust der zu Beginn des Krimkrieges besetzten Donaufürstentümer Moldau und Walachei, die die Ausgangsbasis für eine österreichische Vormachtstellung im Südosten hätten werden können, zu kompensieren.

England, dessen Bündnis mit Frankreich während des Krimkriegs mehr das Ergebnis einer Zufallskonstellation gewesen war, hatte sich schon vor der Pariser Friedenskonferenz, auf der

Napoleon III. eine pro-russische Sonderrolle zu spielen versucht hatte, wieder von Frankreich distanziert und sich auf die Wahrung jener für die meisten kontinentaleuropäischen Staatsmänner so schwer zu deutenden, weil nicht dem gleichen Machtstaatsgedanken verpflichteten »British interests« konzentriert. Um einem zu erwartenden weiteren Vordringen Frankreichs in Italien entgegenzuwirken, boten sich zwei Möglichkeiten an: entweder Österreich, den traditionellen Partner, in seinem Widerstand gegen Sardinien und das hinter ihm stehende Frankreich zu stützen oder selbst die italienische Einigungsbewegung zu fördern mit dem Ziel, Frankreich als Protektor zu verdrängen und Italien in die eigene Einflußsphäre zu ziehen.

Sardinien, bis 1855 ein Mittelstaat, der nur in den regionalen Revolutionen von Fall zu Fall in den Jahrzehnten seit 1815 die Aufmerksamkeit der Großmächte gefunden hatte, war durch Cavours überlegene Diplomatie im Dienste des »sacro egoismo«, durch seine Teilnahme am Krimkrieg und seine Rolle auf der Pariser Friedenskonferenz, als sechste (quasi-)Großmacht akzeptiert. Es hatte sich in Paris an die Stelle Preußens geschoben, das nicht zu den Verhandlungen zugelassen worden war. Dennoch täuschte die formale Zurücksetzung Preußens über die zu seinen Gunsten eingetretene Wendung nur bei oberflächlicher Betrachtung hinweg. Seine Stellung im europäischen Mächtesystem war jetzt weitaus günstiger als vor dem Kriege: sein Rivale, Österreich, hatte seinen Rückhalt an Rußland verloren, das sich seitdem wieder stärker auf das Zusammengehen mit Preußen stützte. Solange die konservative Prizipienpolitik allerdings an ihrem prinzipiell antifranzösischen Kurs festhielt, konnte das potentiell mögliche Zusammengehen Preußens mit Rußland und Frankreich mit der Aussicht auf Machterweiterung auf Kosten Österreichs nicht genutzt werden.

Napoleon III. schließlich betrachtete sich mit Recht als der eigentliche Gewinner des Krimkrieges: Frankreich war aus der Rolle einer geringer wertigen Großmacht, die es seit 1815 hatte einnehmen müssen, endlich hinausgelangt. Zwar war das Wiener Vertragssystem noch nicht vollkommen zusammengebrochen, jedoch gab es jetzt einen »Hebel«, um dieses Ziel zu erreichen: Italien.

Das Fazit lautet: Mit dem Krimkrieg ging eine Epoche in der Geschichte des europäischen Mächtesystems zu Ende. Sie war von der Einsicht geprägt gewesen, daß eine zumindest partielle Solidarität der Großmächte im Rahmen des europäischen »Konzerts« zwecks Sicherung des notwendigen allgemeinen Friedens erforderlich sei. Der tiefe Graben, der England und Rußland nunmehr wegen der als demütigendes Diktat betrachteten Schwarzmeerklauseln des Pariser Friedens trennte, der innere Bruch zwischen Rußland und Österreich, der nicht mehr reparabel war, die Schlüsselstellung schließlich, die sich das auf Veränderungen drängende Frankreich als Großmacht anderer Qualität erworben hatte, ließen neue schwere Erschütterungen des bereits in seinem Fundament zerbröckelnden Mächtesystem erwarten. Die Dynamisierung der Politik durch Napoleon III. drohte auf alle Mächte ansteckend zu wirken, die nicht mehr aus konservativer Prinzipientreue am Status quo festhalten wollten. Unter Ausnutzung des alles überwölbenden englisch-russischen Gegensatzes konnten sowohl Napoleon III. weitere Machtverschiebungen zugunsten Frankreichs ohne das Risiko eines allgemeinen Krieges (wie noch 1840/41 und 1848) anstreben als auch Preußen in bisher nicht gekannter Bewegungsfreiheit, zugleich den Gegensatz Österreich–Rußland nutzend, auf dem Wege über eine Pressionspolitik und eine – duellartige Kriege einschließende – wendungsreiche Aktivität an eine Wiederholung der 1850 gescheiterten Anstrengungen, die Länder des »Deutschen Bundes« ohne Österreich unter seiner Führung zusammenzufassen, unter wesentlich günstigeren Bedingungen herangehen. Unter dem die traditionelle Staatsräson (und ihre Vorbehalte im Rahmen einer umfassenden Solidarität im Rahmen des Mächtesystems) überwindenden neuen Leitgedanken des »sacro egoismo«, der »Realpolitik«, war für alle auf Machterweiterung hin orientierte Staaten zwischen England im Westen und den verfeindeten ehemaligen Hauptverbündeten der Ostgruppe, Rußland und Österreich, eine »Chance« gegeben. Die Idee der Begründung einer allgemeinen europäischen Friedensorganisation, die in den Jahren nach 1815 unter dem Eindruck der fast 25jährigen europäischen Kriege lebendig gewesen war, auch wenn sich die Realisierung schließlich als unmöglich erwiesen hatte, lebte nach dem nur als begrenzter Krieg in der Ferne erfahrenen Krimkrieg nicht wieder auf. Im Gegenteil: die Auseinandersetzung zwischen den Großmächten erreichte einen neuen Härtegrad. Das – bildlich gesprochen – in Auswirkung des

Krimkrieges geöffnete Tor bot die Möglichkeit zu großen Erfolgen einer klug kalkulierenden Machtpolitik Preußens. Sie ließ aber auch unter Ausnutzung seiner jetzt erst zu Buche schlagenden geostrategischen Position in Mitteleuropa Anfangserfolge eines hasardierenden Vabanque-Spiels zu, solange die den Kontinent umklammernden Flügelmächte England und Rußland in der aus dem Krimkrieg erwachsenen Konfrontation verharrten, ohne ihre Macht- und Einflußbereiche wieder bis ins Zentrum des Kontinents vorzuschieben.

2. Die Ausprägung von Bismarcks außenpolitischen Zielvorstellungen in den 1850er Jahren

Otto v. Bismarcks außenpolitische Leitvorstellungen haben sich in den 1850er Jahren in permanenter Auseinandersetzung mit den »Realitäten« der sich rasch wandelnden Mächtekonstellation und mit der Ideenwelt des hochkonservativen Kreises in der preußischen Führung um die Brüder v. Gerlach entwickelt. Aus seinem Briefwechsel mit diesen sowie mit den verantwortlichen Ministern, vor allem dem Ministerpräsidenten Otto v. Manteuffel, läßt sich seine zunehmende Entfernung von der konservativen Prinzipienpolitik, die er im ganzen bis 1848/49 mit vertreten hatte, und die Ausbildung eines eigenen Bezugssystems ablesen. Der außenpolitische Kerngedanke der konservativen Prinzipienpolitik war die Überzeugung, daß nur durch ein festes Zusammengehen aller konservativen Mächte unter der Führung Rußlands die von Frankreich ausgehenden revolutionären Gefahren gebannt werden konnten. Frankreich, unter welcher Staatsführung und in welcher Verfassung auch immer, wurde als »Hort« der Revolution, als »absoluter« Feind, ja als Inkarnation des »Bösen« angesehen. Jeder Zwist unter den konservativen Mächten mußte vermieden werden, da nur Frankreich und die revolutionären Kräfte in Europa den Nutzen daraus ziehen würden. Von dieser politisch-moralischen Position aus verwarfen die Brüder v. Gerlach und ihr Kreis die »Unions«-Politik v. Radowitz' 1849/50 und sahen in Olmütz die Rückkehr zu der allein sinnvollen alten Linie der preußischen Außenpolitik. Sie setzten sich bei König Wilhelm IV. für die Berufung Bismarcks als preußischen Gesandten beim wiedereröffneten Bundestag in Frankfurt ein, weil dieser in einer viel beachteten Kammerrede die Vereinbarung verteidigt hatte, obwohl hier bereits erstmals die Argumente nicht mehr mit denen seiner konservativen Gesinnungsfreunde übereinstimmten. Sein Bekenntnis zum »staatlichen Egoismus«, seine Andeutung, daß nicht prinzipiell, sondern nur unter den gegebenen Bedingungen der ungünstigen Mächtekonstellation und der mangelnden Rüstung Preußens ein Krieg habe vermieden werden müssen und insofern Olmütz zu rechtfertigen sei, deuteten auf eine Denk- und Handlungsebene machtpolitischen Kalkulierens, die den Gerlachs fremd war.

In Frankfurt erkannte Bismarck dann sehr schnell, daß Österreich seinerseits nicht daran dachte, in die Bahnen der Kooperation mit Preußen im Stile der Metternich-Zeit zurückzukehren, sondern unter Ausnutzung der Vorteile, die es infolge der russischen Hilfe im ungarischen Aufstand von 1849 erlangt hatte, später dann, nach dem Krimkrieg, auch um die gescheiterte Expansion auf dem Balkan durch Gewinne im deutschen Bereich wettzumachen, darauf bedacht war, seine vor 1848 nur formal gehandhabte Präsidialfunktion im »Deutschen Bund« zu einer Führungsrolle auszubauen und Preußen in die Position eines abhängigen Juniorpartners zu drücken. Preußen und Österreich »pflügten denselben umstrittenen Acker«, da beide darauf abzielten, ihre Stellung in Deutschland zu stärken, so faßte Bismarck die Situation kurz nach dem Krimkrieg plastisch zusammen. »Es würde mich nicht ängstigen, wenn wir vor dem möglichen Sturm dadurch Schutz suchten, daß wir unsere schmucke und seefeste Fregatte an das wurmstichige alte Orlog-Schiff von Österreich koppelten ... Die großen Krisen bilden das Wetter, welches Preußens Wachstum fördert, indem sie furchtlos, vielleicht auch sehr rücksichtslos von uns benützt werden.« Je mehr für ihn Österreich zum Hauptgegner einer preußischen Machterweiterung in dem dafür allein in Frage kommenden deutschen Raum wurde, um so mehr relativierte sich für ihn der Gegensatz zu Frankreich, der unter ideologischem Aspekt für alle Konservativen der alles übrige überlagernde war. In der unterschiedlichen Beurteilung Napoleons III. durch die Brüder v. Gerlach und Bismarck wurde die Verschiedenartigkeit des politischen Denkens und der Zielsetzung für die künftige preußische Politik manifest. Normale, ja gute Beziehungen zu Frankreich waren für Bismarck »ein Gebot der Selbsterhaltung und nicht des Ehrgeizes«. In den Begegnungen, die Bismarck mit Napoleon 1855 und 1857 hatte, bestätigte sich für ihn die schon vorher vertretene Auffassung, daß Preußen mit Frankreich Interessenpolitik wie mit jeder anderen Großmacht treiben könne und im Sinne des preußischen Staatsegoismus auch treiben müsse: »Schon der äußere Anschein intimer Beziehungen zwischen Preußen und Frankreich« werde unter den veränderten politischen Weltverhältnissen nach dem Krimkrieg dem preußischen Ansehen zugute kommen. Je besser sich Preußen mit Napoleon stehe oder mindestens zu stehen scheine, desto größer werde sein Einfluß in Deutschland. Napoleon war für ihn nicht der Exponent, sondern der Überwinder der Revolution, der als faktischer Herrscher über Frankreich im gleichen Sinne ein Faktor in der preußischen Außenpolitik war wie die legitimen Herrscher der konservativen Großmächte. Den Gerlachs antwortete Bismarck auf den Vorwurf des Prinzipienverrats am 11. 5. 1857: »Im Jahre 50 wurde ich von unseren Gegnern verräterischer Hinneigung zu Österreich angeklagt, und man nannte uns die Wiener in Berlin; später fand man, daß wir nach Juchten rochen, und nannte uns Spreekosaken. Ich habe auch damals auf die Frage, ob ich russisch oder westmächtlich sei, stets geantwortet, ich bin preußisch, und mein Ideal für auswärtige Politik ist die Vorurteilsfreiheit, die Unabhängigkeit der Entschließungen von den Eindrücken der Abneigung oder Vorliebe für fremde Staaten und deren Regenten.«

Bedeutete dies eine Absage an die konservative Politik insgesamt? Hatte sich Bismarck mit seinem Plädoyer für eine am staatsegoistischen Maßstab orientierte Außenpolitik völlig von der Basis sozialkonservativer Politik gelöst? Gegenüber allen Versuchen, Bismarck zu einem Kronzeugen für einen die Gesamtpolitik der Staaten bestimmenden »Primat der Außenpolitik« zu machen, ist darauf zu verweisen, daß die gesellschaftspolitische Grundlage, auf die seine gesamte Politik, auch die Außenpolitik, bezogen war, unverändert blieb. Sein Brief an Leopold v. Gerlach vom 30. 5. 1857 belegt nicht nur für jene Zeit die Kontinuität seiner Grundposition, sondern gibt auch einen Hinweis darauf, wo Bismarck die eigentliche Gefahr für die Verwirklichung seiner außenpolitischen Zielsetzung, ja für die Gesamtpolitik Preußens sah: »Das Prinzip des Kampfes gegen die Revolution erkenne ich auch als das meinige an, aber ich halte es nicht für richtig, Louis Napoleon als den alleinigen oder auch nur katexochen als den Repräsentanten der Revolution hinzustellen ... Wenn Louis Napoleon sich den ›élu de sept millions‹ nennt, so erwähnt er damit eine Tatsache, die er nicht wegleugnen kann ...; daß er aber, nachdem er im Besitz der Herrschaft ist, dem Prinzip der Volkssouveränität praktisch zu huldigen fortführe und von dem Willen der Masse das Gesetz empfinge, wie das jetzt in England immer mehr einreißt, kann ich von ihm nicht sagen.« Bismarck, dem England und der leitende Gesichtspunkt der englischen Außenpolitik, die Wahrung der sich primär aus der Sonderentwicklung des »Handelsstaates« ergebenden »British interests«, im Gegensatz zu den Leitlinien der Außenpolitik Österreichs, Rußlands und Frankreichs, die er in den fünfziger Jahren gründlich zu analysieren und zu deuten gelernt hatte, fremd und im Grunde unklar geblieben waren, sah – so seltsam das klingen mochte – in dieser Zeit nicht das Empire Napoleons III., sondern England als »Herd« der Revolution an: »Der Bonapartismus unterscheidet sich dadurch von der Republik, daß er nicht das Bedürfnis hat, seine Regierungsgrundsätze gewaltsam zu propagieren ... Fremde Staaten mit Hilfe der Revolution zu bedrohen, ist heutzutage seit einer ziemlichen Reihe von Jahren das Gewerbe Englands.« Als »revolutionäre« Gefährdung einer – wie es Bismarck gerade in einem geostrategisch so exponierten Staat wie Preußen für unabdingbar ansah – am Staatsegoismus orientierten Politik betrachtete er eine praktische Verwirklichung der Theorie der Volkssouveränität, allgemeiner gesagt: eine Abhängigkeit der Regierung vom Wählerwillen, von den wechselnden Stimmungen der Massen. Die fortschreitende Parlamentarisierung in England und der zunehmende Einfluß der öffentlichen Meinung auch auf die englische Außenpolitik stellte seiner Auffassung nach zwar nicht für England in seiner Rand- und Sonderlage, wohl aber bei einer Übertragung auf kontinentale Staaten für diese eine Existenzgefährdung dar. Die Wunschvorstellung der preußischen Liberalen, das englische Vorbild zu übernehmen und Preußen in eine parlamentarische Monarchie zu verwandeln, lief Bismarcks Ziel, eine starke, von allen solchen Einflüssen unabhängige Regierung eine aktive, nach allen Seiten bewegliche, auf Machterweiterung abzielende Außenpolitik führen zu lassen, diametral zuwider. Nur ein schlagkräftiges vergrößertes Preußen aber konnte seiner Auffassung nach als stabilisierender Faktor im veränderten europäischen Mächtesystem dem allgemeinen Ziel der Wahrung der bestehenden Sozialordnung im Kreise einer insgesamt ihrer inneren Struktur nach sozialkonservativen Staatengruppe dienen. Machterweiterung Preußens und sozialkonservative Grundorientierung schlossen sich bei Bismarck nicht aus, sondern bedingten einander.

Für eine aktiv-dynamische Außenpolitik plädierte Bismarck bereits während des Krimkrieges, dessen Beginn er als eine große Chance für Preußen betrachtete. Er riet, die preußischen Truppen »bald und unvermutet in Österreich einrücken zu lassen«. Als diese Chance von der preußischen Regierung seiner Ansicht nach nicht genutzt wurde, warnte er Ministerpräsident Otto v. Manteuffel am 2. 6. 1857: »Ein passives Abwarten der Ereignisse, ein Bestreben, uns von der Berührung durch dieselben fernzuhalten, ist in der Mitte Europas nicht durchzuführen; der Versuch kann leicht ebenso beklagenswerte Folgen haben wie die unentschlossene Planlosigkeit, welche die Signatur der preußischen Politik 1805 war; und wenn wir uns nicht die Rolle des Hammers vorbereiten, so bleibt leicht nur die des Amboß übrig.« Dieses wegen seiner Zweideutigkeit und wegen der radikalen Alternative des »Entweder-Oder« umstrittene Bild von der Rolle Preußen(-Deutschlands) in Zentraleuropa darf nicht isoliert, sondern muß mit anderen grundlegenden Äußerungen Bismarcks aus dieser Zeit zusammen gesehen werden. Am 10. 5. 1856, also unmittelbar nach Unterzeichnung des Pariser Friedens, schrieb er an Leopold v. Gerlach: »Wir vermögen es nicht, die gegenseitigen Beziehungen der übrigen Großmächte zueinander nach unserer Wahl zu gestalten, aber wir können uns die Freiheit bewahren, die Gestaltungen, welche sich ohne unser Zutun und vielleicht gegen unsere Wünsche entwickeln, nach den Anforderungen unserer Sicherheit und unserer Interessen zu benutzen.«

In den Jahren zwischen dem Krimkrieg und dem italienischen Krieg von 1859 erwog Bismarck die von ihm für unausweichlich betrachtete Auseinandersetzung mit Österreich unter allen möglichen Mächtekonstellationen. Zwei Ebenen des Nachdenkens lassen sich dabei unterscheiden: einmal die mehr defensive Überlegung, wie die Bestrebungen Österreichs, die Führung in ganz Deutschland an sich zu ziehen, abgewehrt werden könnten, wobei sich als Lösung eine Art Kondominium oder eine Zweiteilung Deutschlands in einen von Preußen geführten Norden und einen von Österreich gelenkten Süden anboten. Daneben aber spielte schon in dieser Zeit die »große«, offensive Lösung eines völligen Hinausdrängens Österreichs aus Deutschland eine Rolle. Diese aufs Ganze zielende Lösung sollte der Errichtung eines den Hauptteil Deutschlands umfassenden »Großpreußen« dienen. Die feste gesellschaftliche Fundierung einer solchen Zielsetzung durch Verbreiterung der Basis des preußischen Militärstaates um die bürgerlich liberale Bewegung lag zu dieser Zeit noch außerhalb des Blickfeldes Bismarcks. In einer »Pressionspolitik«, mit Druck auf den Hauptgegner unter Ausspielen aller möglichen ad hoc gebildeten oder sich anbietenden Kombinationen, mußte es nach Bismarcks Auffassung gelingen, Österreich auf quasi-»friedliche« Weise aus Deutschland hinauszudrängen oder aber, wenn dies doch nicht zu erreichen war, in einem günstigen Moment in der europäischen Mächtekonstellation in einem regional begrenzten Krieg zum Verzicht auf seine deutsche Position zu zwingen.

Eine solche Chance meinte Bsimarck während des italienischen Krieges von 1859 zu sehen. Er war inzwischen – Folge des Überganges Preußens von der Reaktionszeit der letzten Jahre unter Friedrich Wilhelm IV. zur »Neuen Ära« des Prinzregenten Wilhelm – von Frankfurt als Gesandter nach Petersburg versetzt und – wie er meinte – »an der Newa kaltgestellt« worden. Seine Zielvorstellung, die Notlage Österreichs im italienischen Krieg rücksichtslos auszunutzen und in Kontakt mit Rußland wie mit Frankreich nach Süden vorzustoßen, um »Groß-Preußen« zu schaffen, sprach am deutlichsten aus einem Brief an den Generaladjutanten des Prinzregenten, den zur Gruppe der Hochkonservativen gehörenden General v. Alvensleben: »Die gegenwärtige Lage hat wieder einmal das große Los für uns im Topf, falls wir den Krieg Österreichs mit Frankreich sich scharf einfressen lassen und dann mit unserer ganzen Armee nach Süden aufbrechen, die Grenzpfähle im Tornister mitnehmen und sie entweder am Bodensee oder da, wo das protestantische Bekenntnis aufhört vorzuwiegen, wieder einschlagen. Wo ist denn außer uns noch ein europäischer Staat, dem 18 oder, wenn ich die Katholiken in Oberbayern und Oberschwaben abrechne, 14 Millionen zwischen seinen schlecht zusammengefügten Gliedern herumliegen und nichts weiter von ihm wollen, als ihm angehören? Alle diese Leute schlagen sich ja 24 Stunden, nachdem wir sie in Besitz genommen haben, für uns besser als je für ihre frühere Obrigkeit, besonders wenn der Prinzregent ihnen den Gefallen tut, das Königreich Preußen in Königreich Deutschland umzutauschen.«

Diesem ganz vom Gedanken an die Auseinandersetzung mit Österreich um die Herrschaft über Deutschland bestimmten Konzept Bismarcks setzte der noch kaum bekannte Chef des (damals nur ein wenig beachtetes Planungsbüro bildenden) Generalstabes des preußischen Heeres, Helmuth v. Moltke, ein gänzlich anderes außenpolitisches Ziel entgegen. Er forderte von dem Prinzregenten die Beteiligung am national gedeuteten Krieg gegen Frankreich: »Nicht zur Abwehr einer unmittelbar zwingenden Bedrohung, sondern zur Vorbeugung künftiger Gefahren im Interesse Deutschlands, nicht für, aber mit Österreich.« In nuce steckte in dieser Aufforderung jener sich später in großen Denkschriften entfaltende Gedanke eines Präventivkrieges neuer Art, nicht zur Abwehr eines bevorstehenden militärischen Angriffs, sondern um eine nationale Kraftentfaltung zu ermöglichen und zu diesem Zweck eine als bedrohlich betrachtete künftige Entwicklung zu eigenen Gunsten zu verändern. Prinzregent Wilhelm indessen zögerte die Entscheidung hinaus, bis der plötzliche Vorfriedensschluß zwischen Napoleon III. und Kaiser Franz Joseph in Villafranca die »Chance« eines Eingreifens in dieser oder jener Richtung vorübergehen ließ. Ob eine Übernahme des Vorschlages Bismarcks – wie Siegfried August Kaehler 1945 aus der Rückschau angesichts der Katastrophe der verwirklichten Alternative der Schaffung einer preußisch-deutschen Großmacht im Alleingang meinte – einen grundlegend anderen Ausgangspunkt für ihre Geschichte bedeutet hätte, bleibt bedenkenswert: Nicht im Zuge einer »Pressionspolitik« mit wechselnden Stoßrichtungen, nicht auf dem Wege über duellartige Kriege gegen zwei Großmächte, sondern im Bündnis mit den beiden stärksten kontinentalen Nachbarn Frankreich und Rußland wäre die Führung Preußens in Deutschland dann zustande gekommen. Eine Absicherung durch einen allgemeinen Frieden mit genereller völkerrechtlicher Sanktion der Veränderungen in Mitteleuropa, nicht nur, wie es faktisch 1866 und 1871 der Fall war, durch zweiseitige, regional begrenzte Friedensverträge, wäre die Folge gewesen. Doch bleibt zweifelhaft, ob eine Entscheidung Preußens, gegen Österreich an der Seite Frankreichs in den Krieg einzutreten, wirklich diese Konsequenzen, die Zustimmung Frankreichs zur Errichtung eines sich als deutscher Nationalstaat verstehenden »Großpreußen«, gehabt hätte. Die Stellung eines Preußen, das sich mit dem »Erbfeind« gegen den noch immer als deutsche Präsidialmacht betrachteten eigenen Verbündeten gewandt hätte, wäre gerade bei der durch den italienischen Krieg wiederbelebten Nationalbewegung in Deutschland schwer erschüttert worden.

Die Auseinandersetzung mit dieser 1859 wieder zu größerer Bedeutung gelangten Nationalbewegung gehörte zu den wichtigsten Erwägungen Bismarcks in den folgenden Jahren, zunächst noch als Gesandter in Petersburg, 1862 für kurze Zeit als Gesandter in Paris. Die Nationalbewegung wurde schließlich für Bismarck zu einem »Hilfsmittel« für die von ihm angestrebte Machterweiterung Preußens. Sie sollte gleichsam in den Dienst des preußischen Staatsegoismus genommen werden. Der Gedanke, sie in einem deutschen Nationalparlament zur Geltung kommen zu lassen, in einer direkten Vertretung der deutschen Nation, allerdings ohne jede konkrete Einwirkungsmöglichkeit auf den Bereich der »großen Politik«, war bereits damals in seinen Überlegungen enthalten. Bismarck war klar, daß, selbst wenn in dieser Bewegung nicht die »kleindeutsche«, sondern die »großdeutsche« Richtung dominierend gewesen wäre, Österreich aus Existenzgründen nicht in der Lage war, in seiner Deutschlandkonzeption über eine indirekte Vertretung der Nation in Delegiertenversammlungen hinaus Konzessionen auch nur taktischer Art zu machen. Bismark erkannte, daß hier Preußen ein Trumpf in der Auseinandersetzung um die Herrschaft in Deutschland zugefallen war.

Nicht deutlich genug erfaßte er hingegen, wie sehr sich in den Jahren nach dem »halben« Erfolg in Italien die innenpolitische Position und damit die außenpolitische Entscheidungsfreiheit Napoleons III. veränderte, von dessen Haltung die Auseinandersetzung zwischen Preußen und Österreich in Deutschland wesentlich mitbestimmt wurde. Diese Unsicherheit trug zu den umstrittenen außenpolitischen Aktivitäten Bismarcks in den ersten Wochen nach Übernahme der Regierungsverantwortung erheblich bei.

3. Preußen in der Entscheidungssituation von 1862

Das nach der Niederlage im italienischen Krieg von 1859 von Österreich verfolgte Ziel, als Ausgleich für die Verluste in Oberitalien seine Stellung in Deutschland zu verbessern und im Endeffekt hier seine mitteleuropäische Vormachtposition neu zu begründen, fand in der Wiederaufnahme der »Mitteleuropa«-Pläne Schwarzenbergs und Brucks seinen besonderen Ausdruck. Eine Etappe auf dem Weg dorthin sollte der angestrebte Beitritt Österreichs zum »Deutschen Zollverein« sein. Dieses bisherige Instrument der liberalen preußischen Wirtschafts- und Außenhandelspolitik sollte – so wurde von österreichischer Seite beabsichtigt – in eine Wirtschaftsunion mit hohen Zollmauern nach außen im Interesse der zurückgebliebenen österreichischen Industrie umgeformt werden. Die Wiederannäherung der wichtigsten süd- und mitteldeutschen Staaten an Österreich nach 1859 als Folge des (unter dem Gesichtspunkt ihrer Sicherheit gegenüber einer stets befürchteten französischen »Aggression« höchst problematischen) Abseitsstehens Preußens im italienischen Krieg – hinzu kamen die negativen Ausstrahlungen der Heeresreformpläne des Prinzregenten Wilhelm und seines Kriegsministers Roon, die die 1858 verkündete »Neue Ära« in der deutschen Öffentlichkeit in einem zweifelhaften Licht erscheinen ließen – gab den Plänen des neuen österreichischen Außenministers, des Grafen Rechberg, eine beträchtliche Erfolgschance. Die beunruhigende Aktivität Napoleons III. mit seinen 1859 erkennbar gewordenen Expansionsbestrebungen in Richtung auf den Rhein führte auf österreichischer Seite zu dem Projekt eines Defensivbündnisses der beiden deutschen Großstaaten mit Spitze gegen Frankreich, ein Plan, der von den süd- und mitteldeutschen Staaten lebhaft begrüßt wurde. In einer Art »Umarmungstaktik« sollte Preußen in das Schlepptau der österreichischen Zielsetzung genommen werden. Als Fernziel schwebte die späte Verwirklichung von Schwarzenbergs Vision eines 70-Millionen-Reiches unter Führung Großösterreichs vor. Preußen konnte dem im diplomatisch-politischen Rahmen wenig entgegensetzen, da eine machtpolitisch durchaus zweckrationale Kooperation mit Frankreich seine ohnehin schwierige Stellung im »Deutschen Bund«, wo man seine zögernde Haltung 1859 als »nationalen Verrat« beurteilte, noch weiter verschlechtert hätte. Ein Ausweg sowohl für Napoleon III. – um der von Österreich ausgehenden Drohung einer Blockbildung entgegenzuwirken – als auch für Preußen – um seine allgemein-politische Handlungsunfähigkeit wirkungsvoll zu »unterlaufen« – bot sich auf dem Felde der Wirtschaftspolitik an. Am 23. 1. 1860 hatten England und Frankreich – unbeschadet aller fortdauernden politischen Spannungen zwischen ihnen – einen Handelsvertrag abgeschlossen (allgemein als Cobden-Vertrag bezeichnet, obwohl die Initiative dazu von Napoleon III. ausgegangen war), der in Verbindung mit einer radikalen Zolltarifsenkung Englands eine freihändlerische Interessengemeinschaft zwischen den beiden Westmächten begründete. Bereits wenige Tage nach Vertragsabschluß trat Napoleon III. an Preußen mit dem Angebot eines französisch-preußischen Handelsvertrages auf ähnlicher Basis heran. Dieses Angebot wurde von dem damaligen preußischen Außenminister Graf Schleinitz, der trotz aller Gegensätze die Verbindung mit Österreich als grundlegend für die preußische Außenpolitik betrachtete, abgelehnt. Da etwa gleichzeitig das Angebot Österreichs auf Unterzeichnung eines Defensivvertrages nach Berlin gesandt wurde, schien in der Alternative zwischen Frankreich und Österreich bereits die Entscheidung zugunsten Österreichs festzustehen. Jedoch der Prinzregent und die übrigen Minister des Kabinetts der »Neuen Ära« lehnten im Gegensatz zu Schleinitz eine klare »Option« ab; sie meinten, eine Entscheidung, die einer grundlegenden Weichenstellung gleichkam, solange umgehen zu können, wie das Interesse der beiden Flügelmächte England und Rußland an der Aufrechterhaltung der bestehenden labilen Situation in Mitteleuropa als sicherer Faktor in alle Überlegungen auf preußischer Seite einbezogen werden konnten: Ein Zwang zur Anlehnung, sei es an Österreich oder Frankreich, liege nicht vor; Frankreich »mit seinem unberechenbaren Kaiser«, so lautete die Argumentation, lasse die beiden deutschen Großstaaten ohnehin bis zu einem gewissen Grade aufeinander angewiesen sein. Eine »spezielle Allianz« mit Österreich sei gar nicht nötig. Das Handelsvertragsangebot Frankreichs wäre als Trumpfkarte gegenüber Österreich durchaus nützlich. Vor allem böten Handelsvertragsverhandlungen mit Frankreich Preußen die Möglichkeit, den gemäß preußisch-österreichischem Vertrag von 1853 im Jahre 1860 fälligen Verhandlungen zwischen dem »Deutschen Zollverein« und Österreich über eine Aufnahme Österreichs auszuweichen und damit die »Mitteleuropa«-Pläne der Wiener Regierung indirekt zu Fall zu bringen. Mit anderen Worten: die preußische Regierung entschied sich für eine Schaukelpolitik; sie begann die französische »Karte« gegen die österreichischen Absichten auszuspielen, um der Habsburger Monarchie stärker als sonst möglich auf dem Felde der deutschen Politik entgegenzutreten.

Ein erstes Treffen zwischen Napoleon und dem Prinzregenten Wilhelm in Baden-Baden Mitte Juni 1860 schuf die Voraussetzungen für die Aufnahme der Handelsvertragsverhandlungen. Einen Monat nach diesem Treffen fand, um die Offenheit nach beiden Seiten zu demonstrieren, eine Zusammenkunft zwischen dem Prinzregenten Wilhelm und Kaiser Franz Joseph sowie den Ministern Schleinitz und Rechberg in Teplitz statt, bei dem Rechberg Preußen einen »dualistischen« Ausgleich im »Deutschen Bund« wie in der Metternich-Zeit anbot. (Österreich steckte also vorerst gegenüber der seit Olmütz 1850 beanspruchten Führungsposition zurück.) Hingegen lehnte der österreichische Außenminister eine preußische Vorherrschaft im »Deutschen Bund« als Preis für das angestrebte Bündnis zwischen den beiden deutschen Großstaaten ab. Immerhin wurden als Folge des Treffens von Teplitz preußisch-österreichische Militärberatungen aufgenommen. Sie lösten auf französischer Seite das beabsichtigte Mißtrauen aus und steigerten dort nur das Angebot an Preußen.

Bei alledem ging es um weit mehr als nur um ein übliches Pokerspiel im Dreieck Wien-Berlin-Paris. Vielmehr handelte es sich um eine fundamentale Entscheidung über den künftigen außenpolitischen Weg Preußens: Eine Wendung zugunsten des Handelsvertrages mit Frankreich war zugleich eine weitreichende allgemeine Entscheidung für eine eigenständige Gesamtpolitik Preußens im Rahmen des europäischen Mächtesystems, im deutschen Bereich war sie gleichbedeutend mit einer Entscheidung gegen Österreich; eine Entscheidung für Österreich hingegen wäre dem Eingeständnis gleichgekommen, sich eine solche

Eigenrolle nicht zuzutrauen und sich mit der eines Junior-Partners der älteren deutschen Vormacht zufrieden zu geben.
Anfang Januar 1861 wurden zwischen dem Emissär Napoleons III., Le Clerq, und Rudolph v. Delbrück, dem faktischen Leiter der preußischen Wirtschaftspolitik und Promotor der preußischen Freihandelspolitik im Rahmen des »Deutschen Zollvereins«, Verhandlungen über ein handelspolitisches Zusammengehen Preußens mit Frankreich eröffnet. Sie zogen sich über ein Jahr hin, weil die Auseinandersetzungen in der preußischen Führung durch ständig neue Angebote Rechbergs immer wieder angefacht wurden. Erst eine zweite Begegnung zwischen König Wilhelm I. und Napoleon III. in Compiègne am 10. 10. 1861 und die kurz darauf folgende Entlassung von Schleinitz, dem Hauptbefürworter eines Zusammengehens Preußens mit Österreich, sowie seine Ersetzung durch den bisherigen preußischen Gesandten in London, Graf Bernstorff, kündigten das Ende der Auseinandersetzung in der preußischen Führung an. Am 29. 3. 1862 endlich wurde der preußisch-französische Handelsvertrag paraphiert, dessen unmittelbare Folge die wechselseitige Öffnung des preußischen und des französischen Marktes zugunsten freihändlerischer Betätigung war. Der Vertrag verbreiterte darüber hinaus die ökonomische Basis für eine eigenständige preußische Großmachtpolitik.
Preußen hatte den Vertrag mit Frankreich allein abgeschlossen, ohne seine Partner im »Deutschen Zollverein« zu konsultieren. Dies bot Rechberg die Chance zu einem Versuch, die allgemeinpolitisch ohnehin zu Österreich neigenden süd- und mitteldeutschen Staaten auch wirtschaftspolitisch zu sich herüberzuziehen, den »Deutschen Zollverein« zu sprengen und einen großen Schritt in Richtung auf das jetzt sogenannte »Großdeutsche Zoll-Einigungsprojekt« unter Ausschluß Preußens zu tun. Ehe es zu den erwarteten neuen schweren Auseinandersetzungen zwischen Preußen und Österreich hierüber kam, wurde aus innenpolitischen Gründen, um die Verfassungs- und Staatskrise zu meistern, nicht aber um einen außenpolitischen Kurswechsel herbeizuführen, Bismarck zum preußischen Ministerpräsidenten und Außenminister berufen (September 1862). Wenn auch die preußische Außenpolitik zunächst scheinbar kontinuierlich fortgeführt wurde auf dem Wege, der in den letzten Monaten davor schon eingeschlagen worden war, so trat doch nicht nur mit Bismarck

ein Faktor sui generis ins Entscheidungszentrum, sondern seine Berufung bedeutete zugleich für die preußische Gesamtpolitik eine tiefgreifende Wende.

Zwar war, wenn man es zuspitzen will, die wirtschaftspolitische Grundlegung für die »kleindeutsche« Lösung der deutschen Frage bereits geschaffen: zunächst in Abwehr, dann in politischer Gegenoffensive gegen die österreichischen »Mitteleuropa«-Pläne war mit dem preußisch-französischen Handelsvertrag der Anschluß an die Freihandelssphäre Westeuropas vollzogen, die Voraussetzung für den Fortgang und die Beschleunigung des wirtschaftlichen Aufstieges Preußens gegeben. In der den süd- und mitteldeutschen Staaten aufgezwungenen Alternative, sich entweder dem preußisch-französischen System als integrierendem Bestandteil eines revidierten »Deutschen Zollvereins« anzuschließen und damit am wirtschaftlichen Aufschwung zu partizipieren oder den politischen Sympathien für Österreich den Vorrang zu geben, was zugleich allerdings wirtschaftliche Stagnation oder Rückschläge angesichts des ökonomischen Zurückgebliebenseins der Habsburger Monarchie bedeutete, konnte von preußischer Seite die Entscheidung zuversichtlich abgewartet werden, wenn es gelang, die seit 1860 schwelende Krise, die sich vom Heeres- über den Verfassungskonflikt bis zu einer allgemeinen Krise über die Grundprinzipien des Staates ausgeweitet hatte, zu überwinden und nach außen wieder überzeugend in Erscheinung zu treten. 1862 aber schien alles in Frage gestellt.

Hier, in der Art der Überwindung dieser Krise, liegt der Ausgangspunkt nicht nur für die Verfestigung der sozialen Struktur und für die innenpolitische und verfassungsgeschichtliche Sonderentwicklung Preußens (und später Deutschlands), sondern auch – trotz aller wirtschaftspolitischen Vorentscheidungen in der Zeit kurz davor – für Preußens eigenständigen Weg zur führenden Großmacht in Mitteleuropa. In der Entscheidungssituation von 1862 war von den drei großen Möglichkeiten, einem Sieg der Liberalen (vor allem der stärksten Potenz, der »Deutschen Fortschrittspartei«), einem Erfolg der hochkonservativen Staatsstreichgruppe (um den Chef des Militärkabinetts Edwin v. Manteuffel) und der Möglichkeit, daß die 1850 mit der revidierten oktroyierten Verfassung inaugurierte Sonderform der konstitutionellen Monarchie erhalten blieb, die letzte zunächst, bis zur Berufung Bismarcks, die am wenigsten aussichtsreiche. Jede dieser Lösungen umschloß mit den innenpolitischen Konsequenzen (Übergang zur parlamentarischen Monarchie nach englischem Vorbild, Rückkehr zur absolutistischen beziehungsweise ständestaatlichen Monarchie oder Verfestigung der preußischen Sonderform) zugleich auch außenpolitische Festlegungen.

Mit der durch die Berufung Bismarcks dann doch zugunsten der dritten Möglichkeit gefallenen Entscheidung wurde – für die Gesamtpolitik Preußen-Deutschlands überhaupt das Wichtigste – der dem preußischen konstitutionellen System eigene umstrittene Dualismus an der Führungsspitze von quasi gleichberechtigten, neben- und gegeneinander stehenden höchsten zivilen und militärischen Gewalten »unterhalb« des allein als Klammer wirkenden Monarchen »verewigt«, auch wenn dies durch die persönliche Überlegenheit Bismarcks gegenüber den Militärs – wie die Auseinandersetzungen mit Moltke während des Krieges 1870/71 und in den folgenden Jahrzehnten zeigen sollten – vorerst für fast drei Jahrzehnte – noch verdeckt blieb. Institutionell jedenfalls – dies war der Preis, der in der 1862 so und nicht anders gefallenen Entscheidung lag – war der Vorrang der für die Gesamtpolitik verantwortlichen ›zivilen‹ Spitze nicht gesichert.

Damit aber war der Leitgedanke der zur Durchsetzung eines vermeintlich »reinen« Staatsinteresses als besonders »beweglich« betrachteten Außenpolitik des konstitutionellen Systems (in dieser Hinsicht am »klassischen« absolutistischen Staat des 18. Jahrhunderts orientiert) von dessen innerer Struktur her eingeschränkt und in letzter Konsequenz in Frage gestellt. Die Außenpolitik der konstitutionellen Monarchie in der zweiten Hälfte des 19. Jahrhunderts sollte ja gerade im Gegensatz zu der von den Liberalen erstrebten parlamentarischen Monarchie Privileg einer von allen Stimmungen, Willensbekundungen und Zwängen einer Parlamentsmehrheit sowie von Beeinflussungen durch die öffentliche Meinung sowie von Sonderinteressen freien Regierung sein, die ohne jede Bindung an irgendwelche Prinzipien allein nach dem herrschenden Gesichtspunkt der Staatsräson handelte.

In Anlehnung an die Grundsätze der geheimen Kabinettspolitik des 18. Jahrhunderts sollte sie alle Spannungen zwischen den übrigen Mächten in Europa, ohne Rücksicht auf dort dominierende soziale oder politisch-ideologische Tendenzen, geschickt und wendig zur Machtbehauptung und Machterweiterung Preußens nutzen. Dies war gleichsam das »Gesetz«, unter dem Preußen unter Bismarck seinen Weg zur führenden Großmacht in Europa antrat.

Eine zweite, in der 1862 gefallenen Entscheidung für den Eigenweg Preußens bereits implizierte Problematik muß hiermit zusammengesehen werden: Während das Dilemma einer nach liberalen oder nach hochkonservativen Prinzipien betriebenen, faktisch auf eine einseitige West- oder Ostorientierung hinauslaufenden und damit entweder zur Stagnation verurteilten oder aber mit hoher Wahrscheinlichkeit zu einem großen europäischen Krieg führenden Außenpolitik, die bei einem Sieg der Liberalen oder bei einem Erfolg der hochkonservativen Staatsstreichgruppe zu erwarten gewesen wäre, von Anfang an klar zutage lag, mußte das Dilemma einer auf Machterweiterung Preußens abzielenden eigenständigen »Pressionspolitik« im Stile der geheimen Kabinettspolitik, wie sie Bismarck sogleich virtuos handhabte, erst *nach* Abschluß der Kette angestrebter und auch errungener Erfolge von dem Zeitpunkt an offenbar werden, in dem der Übergang von einer Politik der Bewegung zu einer Politik der Bewahrung der erreichten Positionen und damit zur außenpolitischen Defensive im großen vollzogen wurde. Erfolge einer solchen Politik waren überhaupt nur möglich, solange die anderen Großmächte, vor allem die entscheidenden Flügelmächte England und Rußland, die Veränderungen in Mitteleuropa akzeptieren konnten, weil sie wohl das Kräfteverhältnis verschoben, aber das »europäische Gleichgewicht« nicht in seinen Fundamenten bedrohten.

Die Bedeutung der Persönlichkeit Bismarcks in der Entscheidungssituation Preußens 1862 kann kaum hoch genug eingeschätzt werden. Unter Abwägung der überindividuellen Zusammenhänge, der wirtschaftlichen und sozialen Bestimmungsgründe des politischen Verhaltens der einzelnen Gruppen und gesellschaftlichen Schichten kommt Lothar Gall zu folgendem Fazit: »Fest steht . . ., daß 1862 der Konflikt zwischen Krone und Volksvertretung, der Konflikt zwischen dem Exponenten der traditionellen Herrschafts- und Sozialordnung und den neuen, nach Veränderung strebenden politischen und sozialen Kräften einen Punkt erreicht hatte, an dem der regierende Monarch zu resignieren begann . . . Wilhelm I. erwog . . ., abzudanken und mit diesem dramatischen Akt, der die völlige Kapitulation des alten Systems bedeutet hätte, den Weg für eine grundlegende Neuordnung freizugeben. Die einzige Alternative dazu war, da er weiterhin jeden Kompromiß ablehnte, die Rückkehr zum Absolutismus oder, richtiger gesagt, da dessen geistige und politisch-gesellschaftliche Voraussetzungen längst zerstört waren: eine verfassungswidrige Diktatur auf Zeit.«

»Das Ergreifen dieser Alternative mit der Berufung Bismarcks erschien fast allen Zeitgenossen als eine Verzweiflungstat, und als ebenso verzweifelt galt die Situation des neuen Ministerpräsidenten; daß er sich länger als einige Monate im Amt würde halten können, nahm kaum jemand an. Auch Bismarck gab sich keinerlei Illusionen hin: ein diktatorisches Regime konnte höchstens eine Übergangsphase bilden, während sich die neue Regierung bemühen mußte, innenpolitisch eine neue Konstellation herbeizuführen und eine tragfähige Basis zu gewinnen. Dies aber war nur möglich – das hatte die Offenlegung des Stärkeverhältnisses (in den Wahlen zum preußischen Abgeordnetenhaus, die stets wachsende Mehrheiten für die ›Deutsche Fortschrittspartei‹ gebracht hatten) nur zu deutlich gezeigt –, wenn man einen Teil der neuen politischen und sozialen Kräfte gewann, also mit neuen Methoden das gleiche Ziel zu erreichen suchte, das Wilhelm I. schon mit dem Kurswechsel von 1858 (mit der Verkündung der ›Neuen Ära‹ und dem Programm ›moralische Eroberungen‹ in Deutschland machen zu lassen) verfolgt hatte: die traditionelle politische und soziale Ordnung durch taktische Zugeständnisse an ihre Gegner zu stabilisieren.«

»Die Möglichkeit dazu klar erkannt und mit seiner Politik realisiert zu haben, das war fraglos die ganz individuelle Leistung Bismarcks. Und von hier aus gesehen ist sein Anteil an der so entscheidenden Wende nach 1862 in der Tat außerordentlich gewesen, der bedeutende Einfluß der großen Einzelpersönlichkeit auf den geschichtlichen Prozeß hier gar nicht zu leugnen. Auf der anderen Seite hat er die Voraussetzungen und Bedingungen natürlich nicht selber geschaffen, die ihm diese Möglichkeit einräumten. Hier wirkten Kräfte und innen- und außenpolitische sowie wirtschaftlich-soziale Konstellationen zusammen . . ., die in vieler Hinsicht überindividueller Natur waren und nicht willkürlich durch einen einzelnen verändert werden konnten. Dies relativiert Bismarcks Rolle wieder und gibt den Blick frei auf von ihm unabhängige Zusammenhänge und Verantwortlichkeiten.«

II. 1862–1871

1. Die Auseinandersetzung mit Österreich. Von der Dezemberkrise 1862 bis zum Prager Frieden 1866

Die erste Phase der Außenpolitik Bismarcks nach seiner Berufung zum Ministerpräsidenten am 22. 9. 1862 bis zur Abstimmung im Bundestag in Frankfurt am 22. 1. 1863 gehört zu den Zeiten seiner außenpolitischen Tätigkeit, die noch immer etwas »im Dunkeln« liegen und die noch immer kontrovers sind (auch wenn in diesem Falle keine Auseinandersetzung in jüngster Zeit stattgefunden hat). Weder die Ziele noch die Motive, die Bismarck bei seiner vorprellenden Dynamik auf dem Felde der Außenpolitik in dieser Zeit leiteten, sind eindeutig geklärt. Man muß zu ihrem Verständnis von der außerordentlich schmalen innenpolitischen Basis ausgehen, über die Bismarck verfügte, als er vom König »in den Dienst genommen« wurde, um gegen die liberale Mehrheit des Abgeordnetenhauses die Heeresreform in der von Wilhelm I. starr vertretenen militärpolitischen und militärpädagogischen Form (dreijährige Dienstzeit in der »Schule der Nation«) abzuschirmen und budgetmäßig durchzudrücken. Bismarcks sogleich einsetzendes Bemühen, sich größere Bewegungsfreiheit im Innern zu verschaffen und durch die Berufung einiger Liberaler als Minister in sein Kabinett die eigene Plattform zu verbreitern, scheiterten an der geschlossenen Abwehrhaltung seiner innenpolitischen Gegner. Sein viel zitiertes Wort vor der Budgetkommission des Abgeordnetenhauses vom 30. 9. 1862 (»Nicht durch Reden und Majoritätsbeschlüsse werden die großen Fragen der Zeit entschieden – das ist der große Fehler von 1848 und 1849 gewesen –, sondern durch Eisen und Blut«) gehört in den Rahmen des allerdings vollständig mißglückten Versuchs, zu einer schnellen Verständigung mit der scharf antiösterreichisch eingestellten und durchaus zur Durchsetzung der »kleindeutschen« Lösung auch kriegsbereiten liberalen Mehrheit auf der Basis einer Einigung über eine gemeinsam zu tragende aktive Außenpolitik Preußens in Deutschland zu gelangen. Der Vorrang, den damals die »Deutsche Fortschrittspartei« der Verfassungsfrage vor dem nationalen Teil ihrem Programm in der Antwort an Bismarck gab, ließ den Regierungschef bald erkennen, daß seine Bemühungen vorerst aussichtslos waren.

Hat Bismarck nun – so lautet die offene Frage – in dieser für ihn außerordentlich schwierigen Situation im Innern und angesichts der isolierten Stellung Preußens im »Deutschen Bund« seit Annahme des österreichisch-mittelstaatlichen Vorschlags einer – der erwarteten Zusammensetzung nach – pro-österreichischen Delegiertenversammlung im Rahmen einer Reform des »Deutschen Bundes« am 14. 8. 1862 sozusagen eine »Flucht nach vorn«, in eine Art »Blitzkrieg« gegen Österreich zur gewaltsamen Erkämpfung »Großpreußens« erwogen oder diesen gar vorübergehend ernsthaft geplant? Darum geht es in der Kontroverse, die sich an den herausfordernden Äußerungen Bismarcks in den Gesprächen mit dem österreichischen Botschafter in Berlin Karolyi im Dezember 1862 entzündete. Bereits in dem ersten Gespräch am 4. 12. führte Bismarck eine ungewöhnlich offene Sprache gegenüber dem ihm aus der Zeit der gemeinsamen Botschaftertätigkeit in Petersburg bekannten Diplomaten: sein Ziel sei es, Preußens Vorherrschaft zumindest in Norddeutschland zu sichern. Dies könne »so oder so«, mit oder gegen Österreich erreicht werden. In jedem Fall sei es für Preußen eine »Lebensfrage«, sich in seinem »natürlichen Rayon« Norddeutschland »frei« bewegen zu können: »Hannover und Kurhessen (an dem sich der preußisch-österreichische Konflikt 1850 fast bis zum Krieg ausgeweitet hatte) dürfen keinem andern als preußischem Einfluß zugänglich sein.« Käme es zum Krieg, so würde Preußen »beim ersten Kanonenschuß« Hannover besetzen. Österreich müsse zur Politik Metternichs zurückkehren, die Bismarck im Sinne seiner eigenen Intentionen so umdeutete, daß angeblich damals, vor 1848, Preußen freie Hand auf dem Felde der deutschen Politik gelassen worden sei, um auf diese Weise als Stütze für die österreichische Mitteleuropapolitik Bedeutung zu behalten. Als Gegenleistung für die geforderte Überlassung
 Norddeutschlands bot Bismarck Österreich ein Bündnis an, das

eine doppelte Zielsetzung haben sollte: es sollte Österreich gegenüber anderen Großmächten, das heißt gegen Rußland und Frankreich, schützen, und gleichzeitig der Habsburger Monarchie Beistand für die Aufrechterhaltung der inneren Ordnung, gegen »revolutionäre Bewegungen«, sichern. Selbst die preußische Armee könne zur Niederwerfung von Aufständen in Österreich eingesetzt werden: »Ich kann wohl sagen, daß ich nur ein Wort habe, und zudem werden Sie nicht so bald einen preußischen Staatsmann finden, der so entschieden und so unbeirrt durch die öffentliche Meinung reine Kabinettspolitik zu machen geneigt wäre, weil niemand die öffentliche Meinung so sehr verachtet wie ich.« Die angebotene Gesamtgarantie Österreichs verband Bismarck jedoch mit der Forderung, daß die Wiener Regierung die alten Schwarzenbergschen Ziele endgültig aufgeben, sich nach Südosteuropa hin orientieren und das Schwergewicht Österreichs nach Ungarn verlagern müsse.

Dies alles schien auf ein Alternativ-Programm in der außenpolitischen Zielsetzung Bismarcks hinzudeuten: entweder Kooperation auf der Grundlage einer Teilung Deutschlands in »Interessensphären« Österreichs und Preußens etwa auf der Main-Linie (allerdings mit dem Fernziel, auch Süddeutschland in die preußische »Sphäre« einzubeziehen) sowie mit einer Umorientierung Österreichs in Richtung auf den Balkan – oder aber Kampf Preußens gegen Österreich auf allen Gebieten, mit wirtschaftlichen, politischen und gegebenenfalls militärischen Mitteln. In einem weiteren Gespräch mit Karolyi am 13. 12. – insgesamt fanden vier Unterredungen in etwa gleichem Tenor statt – drohte Bismarck offen mit dem Ausscheiden Preußens aus dem »Deutschen Bund«. Dann würden die Waffen sprechen: »Nous croiserons les bajonettes.« Über den französischen Gesandten in Berlin ließ der Ministerpräsident sondieren, wie sich Frankreich im Falle eines Krieges zwischen Preußen und Österreich verhalten würde. Er selbst hatte im Oktober bei einem Besuch in Paris aus Napoleons vagen Äußerungen bereits eine Neutralität Frankreichs herausgelesen. Bismarck ging bei seiner Kalkulation wohl davon aus, daß Rußland bei einem Waffengang Preußens gegen Österreich aus Abneigung gegen die Habsburger Monarchie, aus alter Verbundenheit mit Preußen, vor allem aber wegen der gerade anlaufenden inneren Reformen im Zarenreich abseits bleiben würde. Mit Englands Desinteressement rechnete er ebenfalls als Folge seines Engagements im amerikanischen Sezessionskrieg, so daß es vor allem auf die Haltung Napoleons III. ankam, ob ein duellartiger, isolierter Krieg Preußens gegen Österreich möglich war.

Auf dem Höhepunkt der Krise, am 25. 12. 1862, verfaßte Bismarck ein Memorial für den König, in dem er den großen Zusammenhang seiner Zielsetzung offenbarte: »Das Handelssystem, welches durch die Verträge Frankreichs mit England, Belgien, Preußen und der Schweiz geschaffen wird, hat eine Bedeutung, welche es der Mehrzahl der Zollvereinsstaaten fast unmöglich macht, demselben ihrerseits nicht anzugehören.« Deswegen »muß« und »kann« mit der Nichterneuerung des bisherigen »Deutschen Zollvereins« und mit der »Befreiung« Preußens »aus dem Netz der Bundesverträge« die Neuorganisation Deutschlands unter Preußens Führung durchgesetzt werden, und zwar »noch in diesem Jahr« (also in wenigen Tagen?), »spätestens bis zum Jahre 1866« (dem Endtermin des Vertrages mit Frankreich). Bis dahin – so legte die Argumentation nahe – konnte mit einer Rückendeckung durch Frankreich gerechnet werden. Napoleon jedoch lehnte dies in seiner Antwort entschieden ab. Er verweigerte eine Veränderung des »alten deutschen Organismus«, das heißt Frankreich blieb an der Aufrechterhaltung des lockeren »Deutschen Bundes« mit der ihm innewohnenden deutsch-österreichischen Spannung interessiert und wollte nicht das Wagnis einer straffen Zusammenfassung Deutschlands unter preußischer Führung eingehen. Anders als bei dem ersten Vorschlag von 1860 lehnte Napoleon auch den von Bismarck geforderten Zusatz zum preußisch-französischen Handelsvertrag ab, demzufolge Frankreich sich verpflichten sollte, keinen gesonderten Handelsvertrag mit einem Mitglied des Deutschen Zollvereins abzuschließen. Eine solche Vereinbarung – das war jetzt deutlich – hätte den preußisch-französischen Handelsvertrag zu einem Instrument der preusischen Politik gemacht, in dem die Nutznießung der Vorteile eines Anschlusses an die westliche Freihandelssphäre nur auf dem Wege über Preußen möglich geworden wäre.

Napoleon blieb bestrebt – zumindest solange das französische Engagement in Amerika andauerte –, jede Veränderung der Verhältnisse in Mitteleuropa zu verhindern. Da das Risiko einer Intervention Frankreichs zu groß war, lenkte Bismarck gegen-

über Österreich sehr schnell wieder ein. In jedem Fall war nun durch die wie immer motivierte und mit welchen »letzten« Zielen unternommene »Pression« auf Österreich die Mächtekonstellation in Europa deutlicher, nachdem die Position der entscheidenden Mächte überprüft worden war. Da die zumindest erwogene schnelle machtpolitische Entscheidung nicht herbeizuführen war, verlegte Bismarck den Schwerpunkt seiner gegen Österreich gerichteten Politik nun auf die Indienstnahme der nationaldeutschen Bewegung, das heißt quasi-revolutionärer Kräfte, nachdem er eben noch Karolyi gegenüber die anti-revolutionären Grundsätze seiner Politik bekundet hatte.
Wie schon erwähnt, hatte der »Deutsche Bundestag« unter österreichischem Einfluß wenige Wochen vor der Ernennung Bismarcks den die nationaldeutsche liberale Bewegung völlig unbefriedigenden vorläufigen Beschluß gefaßt, die viel diskutierte Bundesreform durch die Einberufung einer Delegiertenversammlung aus den deutschen Einzelstaaten in Gang zu setzen. Mit der Drohung, daß Preußen bei endgültiger Annahme dieses Beschlusses den Bund verlassen würde, gelang es Bismarck, die norddeutschen Länder, gerade auch die preußenfeindlichen Länder Hannover und Kurhessen umzustimmen und gegen diesen Plan zu mobilisieren. Die Furcht, Preußen könne nach Verlassen des Bundes seine norddeutsche Einflußzone mit Gewalt arrondieren, bestimmte diesen Umschwung. Das Endergebnis war, daß Österreich in der entscheidenden Abstimmung im Bundestag in Frankfurt am 22. 1. 1863 unterlag. Die Mehrheit der deutschen Staaten stimmte mit Preußen gegen die österreichischen Reformpläne. Zur völligen Überraschung verlas anschließend der preußische Gesandte Usedom auf Weisung Bismarcks eine Erklärung, in der sich Preußen für eine aus direkten, geheimen, gleichen Wahlen hervorgehende Volksvertretung, also für ein deutsches Nationalparlament, aussprach. Mit dieser Übernahme einer alten Forderung der liberalen deutschen Bewegung hatte Bismarck den Übergang zur politischen Offensive in Deutschland vollzogen. Erstmals war, ausgerechnet von dem »Konfliktminister« Preußens, der gegen den Willen einer breiten Mehrheit des preußischen Abgeordnetenhauses regierte, das in den Augen der monarchischen Souveräne revolutionäre Mittel eines deutschen Parlaments ins Spiel der offiziellen Politik gebracht worden. Die Ablehnung des Vorschlages durch Österreich und die deutschen

Mittelstaaten verstand sich von selbst. Mit einhelliger Empörung lehnte ihn aber auch die Nationalbewegung ab. Diese pauschale Abweisung war zwar angesichts der wegen des preußischen Verfassungskonflikts emotional aufgeladenen Atmosphäre begreiflich und dennoch problematisch. Denn so blieb die Frage ungeklärt, welche Funktion und welche Kompetenzen das von Bismarck vorgeschlagene deutsche Nationalparlament in einem von Preußen geführten Deutschland eigentlich haben sollte. Für die Liberalen blieb später, 1866, als die außenpolitischen Erfolge Bismarcks eklatant und das Erreichen des verkündeten Ziels der Nationalversammlung über die Waffenerfolge Preußens nahe war, nur die Alternative, sich auf den Boden der Bismarckschen »Tatsachen« zu stellen und sich mehr oder weniger mit seiner Auffassung von der recht begrenzten Rolle des Parlaments zumindest vorläufig (mit der Hoffnung auf Reform im Sinne einer späteren Parlamentarisierung der deutschen Regierung) abzufinden oder aber in fruchtloser prinzipieller Opposition zu verharren.

Der »Stein«, den Bismarck am 22. 1. 1863 »ins Wasser geworfen« hatte, zeigte zunächst auch deshalb nicht die erwarteten Wirkungen, weil am gleichen Tage der Aufstand in Kongreßpolen gegen die russische Herrschaft begann, der nicht nur die öffentliche Meinung in Preußen und Deutschland, sondern ganz Europas in seinen Bann zog und von der preußischen Regierung wie 1830/31 und 1846 bei den vorausgegangenen Aufständen in Polen eine politische Grundentscheidung verlangte. Bismarck erfaßte sogleich die Chance, sich sozusagen über eine feste Brücke zu Rußland hinüber eine solide Ausgangsbasis für eine neue Kraftprobe mit Österreich auf der ihm gemäßeren Grundlage von Großmacht gegen Großmacht zu schaffen. Zar Alexander II. war mit seinem Versuch, durch eine Wiederherstellung der Sonderrolle Polens innerhalb des Russischen Reiches wie vor 1830 die drohende Insurrektion abzuwenden, an der auch für den liberalsten Zaren indiskutablen Forderung der gemäßigten polnischen Führer gescheitert, Polen in den Grenzen von 1772 wiederzuerrichten. Es verstand sich von selbst, daß die Liberalen und Demokraten in ganz Europa, die preußischen allerdings nicht ganz so einhellig, den Kampf der Polen mit Sympathie verfolgten. Für ein Hineinwirken Napoleons auf Grund seiner
 allgemeinen, die nationalrevolutionären Bewegungen fördern-

den Politik stellte sein seit 1859 verstärktes Werben um Rußland vorerst ein Hemmnis dar. In anderer Weise als bisher trat damit das Dilemma der französischen Ostpolitik seit der Großen Revolution erneut ein: jede offizielle Unterstützung der Polen, denen Frankreich aus der revolutionären Tradition besonders verbunden war, störte das Verhältnis zum zaristischen Rußland; jede Kooperation mit dem Zaren wirkte wie Verrat an den Polen und der gemeinsamen revolutionären Tradition.

Bismarck hatte seit jeher, längst vor seinem Regierungsantritt, die Auffassung vertreten, daß ein polnischer Nationalstaat, gleich welchen Umfangs, eine schwere, existenzgefährdende Bedrohung Preußens darstelle: »Jeder Erfolg der polnischen Nationalbewegung ist eine Niederlage Preußens«, hatte er 1861 seinem Vorgänger als Außenminister, Bernstorff, erklärt. Polen würde immer danach streben, über Posen hinaus zur Ostsee vorzudringen, und dabei »Preußens beste Sehnen« durchschneiden. In der Ablehnung der Polen ging Bismarck bis zu biologistisch deutbaren Vergleichen, so wenn er seiner Schwester 1861 aus Petersburg schrieb: »Haut doch die Polen, daß sie am Leben verzagen; ich habe alles Mitgefühl für ihre Lage, aber wir können, wenn wir bestehen wollen, nichts anderes tun, als sie ausrotten; der Wolf kann auch nichts dafür, daß er von Gott geschaffen ist, wie er ist, und man schießt ihn doch dafür tot, wenn man kann.« Aus solchen Äußerungen trat mehr heraus als nur die in jener Zeit allgemein in der Großmachtpolitik übliche Geringschätzung und Mißachtung von Klein- und Mittelstaaten. In Bismarcks Denken vom Staat aus und im Rahmen einer Staatenwelt mit Sonderrechten der Großmächte waren nationale Bewegungen nicht mehr als ein Mittel, das der Staatspolitik eine breitere und stärkere Entfaltungsmöglichkeit bieten konnte, das positiv zugunsten der Machtsteigerung eingesetzt werden konnte, aber auch zerstörerisch auf den eigenen Staat zurückwirken konnte, ein Mittel, das allerdings zur Schädigung feindlicher Mächte brauchbar war. In jedem Falle handelt es sich um eine Art »Wildwuchs«, dem mit tiefem Mißtrauen begegnet werden mußte. Aus dieser allgemeinen Haltung heraus sowie seiner Poleneinstellung entsprechend teilte Bismarck dem preußischen Generalkonsul in Warschau auf die ersten Meldungen vom Aufstand als »Richtschnur« für die eigene Politik mit: Preußen werde stets ein natürlicher Gegner der autonomen und nationalen Entwicklung des Königreiches Polen bleiben müssen. Selbst wenn die für einen polnischen Staat fehlenden »Lebensbedingungen« vorhanden wären, würde das einmal – Ende des 18. Jahrhunderts – »dem geschichtlichen Selbstvernichtungsprozeß« verfallene Königreich in der »scheinbaren« Wiederherstellung »nur zu einer ruhelosen, unbefriedigten und unsere Staatszwecke gefährdenden Existenz sich erheben können«. Auf der Niederhaltung Polens (im Zusammenwirken mit Rußland) beruhte nach Bismarcks Auffassung die Großmachtstellung Preußens, die in den östlichen Provinzen ihre Grundlage hatte.

Als in der ersten für die Polen erfolgreichen Phase des Aufstandes nach dem 22.1.1863 bekannt wurde, daß der Zar erwog, die russischen Truppen auf die Weichsel-Linie zurückzunehmen, als er gar schwankte, ob er nicht Kongreßpolen ganz aufgeben sollte, um die militärischen Kräfte Rußlands nicht in einen aller Voraussicht nach langen und opferreichen Kampf zu verstricken, um sein Reformprogramm nicht zu gefährden und um die Verbindung mit dem mit den Polen sympathisierenden Frankreich nicht abreißen zu lassen, plante Bismarck, den von den Russen geräumten Teil Polens sogleich von preußischen Truppen besetzen zu lassen und, falls sich der Zar tatsächlich zur vollkommenen Aufgabe dieses Gebietes entschließen sollte, es durch Preußen direkt oder indirekt »übernehmen« zu lassen. Diese Absicht beruhte weniger auf einem Expansionsdrang nach Osten, als daß sie eine Notlösung für den Fall darstellte, daß das Hauptziel, mit dem Zaren zu einer Verständigung über die Niederwerfung des polnischen Aufstandes zu gelangen und damit Rußland auf einen strikt anti-polnischen Kurs mit der Konsequenz einer Abwendung von der Linie Gortschakows einer Verbindung Rußlands zu Frankreich festzulegen, nicht zu erreichen war. Alle eingeleiteten Schritte, vor allem die Verlegung von insgesamt vier Armeekorps an die Ostgrenze mit dem Zweck, eine Infiltration der aufständischen Polen in die Provinz Posen zu verhindern, dienten dem Hauptziel, den Zaren im Sinne einer Entscheidung gegen die Polen zu beeinflussen.

Da sich infolge des militärischen Aufmarsches an der preußisch-russischen Grenze die Notwendigkeit eines Zusammenwirkens der Befehlshaber auf beiden Seiten ergab, schien eine militärische Absprache zwischen ihnen sinnvoll. Zur Klärung dieser Fragen wurde – von Bismarck politisch gezielt vorbereitet – der

Generaladjutant König Wilhelms, General v. Alvensleben, ein Exponent der in der Verfassungskrise auf einen Staatsstreich abzielenden hochkonservativen Gruppe um den Chef des Militärkabinetts, General Edwin v. Manteuffel, nach Petersburg entsandt. Seine Aufgabe im Sinne Bismarcks bestand darin, an Gortschakow vorbei im Auftrage des Königs von Preußen – sozusagen von Monarch zu Monarch, von oberstem Kriegsherrn zu oberstem Kriegsherrn – eine Verständigung über die Maßnahmen zu erzielen, die von beiden Staaten gemeinsam zur Unterdrückung des polnischen Aufstandes »oder weiterer ähnlicher Vorgänge« angewendet werden könnten. Im Zuge der Zusammenarbeit der Militärs sollte auch ein Überschreiten der Grenzen bei der Verfolgung polnischer Insurgenten gestattet werden. Auf Weisung Bismarcks schloß v. Alvensleben nach dreitägigen Verhandlungen mit dem Zaren Alexander II. mit dem Außenminister Gortschakow (der sich dem Zaren fügte) am 8. 2. 1863 eine Konvention, die Bismarck vorsichtshalber nur als eine »Punktation«, das heißt eine sachlich und zeitlich begrenzte Vereinbarung, aufgefaßt wissen wollte, obwohl ihm gerade an einer schriftlichen Fixierung der Vereinbarung besonders gelegen war.

Um die Alvenslebensche Konvention hat sich eine historische Kontroverse entwickelt, bei der es um die Frage geht, ob diese Konvention wirklich für Bismarck einen Erfolg darstellte oder ob sich aus ihrem Abschluß nicht gerade erst für Bismarck gefährlichse Konsequenzen in der internationalen Politik entwickelten. Die Antwort fällt je nach dem aus, ob man die Konvention im engeren Sinne meint, also die Geschichte der bald wieder aufgehobenen Vereinbarung selbst, oder ob man die im Endeffekt doch erreichte Neubegründung des preußisch-russischen Verhältnisses im Auge hat. Entscheidend für Bismarck war, die seit dem Krimkrieg möglich gewordene, jedoch durch die – zwar primär gegen Österreich gerichteten, jedoch Preußen mit berührenden – Kontakte Gortschakows mit Frankreich nicht zustande gekommene enge Verbindung zwischen dem Zarenreich und Preußen (anders als in der einseitigen Abhängigkeit in der Zeit vor 1853) in die Wege zu leiten. Der Zar mußte sich künftig Preußen gegenüber als in einer Verpflichtung befindlich betrachten, nicht umgekehrt der König von Preußen dem Zaren gegenüber, wie es auf Grund der Befreiungskriege 1813/15 (die nur mit Rußlands Hilfe möglich waren) in den Jahrzehnten zwischen dem Wiener Kongreß und dem Krimkrieg der Fall gewesen war. Bismarck erschien es nach der Abweisung seiner Sondierungen bei Napoleon III. im Dezember 1962 notwendiger denn je, in Rußland einen festen Rückhalt für die zur Dynamik drängende preußische Außenpolitik zu gewinnen. Der Schwebezustand Rußlands zwischen Frankreich und Preußen mußte beseitigt, die in Petersburg seit jeher bestehende Alternative außenpolitischer Grundorientierung: mit dem Westen gegen die Mitte Europas oder mit der Mitte gegen den Westen, durch Zurückdrängung der die erstere Möglichkeit favorisierenden Gruppe um Gortschakow in der russischen Führung klar zugunsten einer Unterstützung Preußens entschieden werden. Dazu galt es, den Zaren bei allen Liberalen in Europa als Unterdrücker der polnischen Freiheit in Mißkredit zu bringen. Dieses Ziel hat Bismarck trotz aller Komplikationen im Zusammenhang mit der Konvention Alvensleben erreicht. Um einer Rückwendung des Zaren zur außenpolitischen Linie Gortschakows vorzubeugen, verkündete Bismarck nach Unterzeichnung der Konvention öffentlich, Preußen werde seine Truppen nachrücken lassen, wenn sich die Russen aus Zentralpolen zurückzögen, und das Land in einer Personalunion mit Preußen verbinden. Auch bei diesem Schachzug ging es Bismarck darum, Rußland aus Prestigegründen einen solchen Rückzug geradezu unmöglich zu machen. Er nahm dabei in Kauf, daß die anderen Großmächte alarmiert wurden, weil sich hier eine Machtverschiebung größeren Ausmaßes anzukündigen schien. »Europa würde eine solche Eroberungspolitik nicht dulden«, erklärte der britische Gesandte in Berlin und erläuterte auf Bismarcks Frage »Wer ist Europa?« »Europa bedeutet: mehrere große Nationen.« Dieses oft zitierte Wortspiel hat für Bismarcks politische Konzeption insofern symptomatische Bedeutung, als für ihn »Europa« mit dem Großmächtesystem gleichbedeutend war, der britische Gesandte also mit seiner Erläuterung die Ebene traf, auf der Bismarck politisch dachte, während »Europa« als Inbegriff einer bestimmten politisch-moralischen Ordnungsvorstellung an Bismarcks machtorientiertem Denken vorbeiging.

Was den preußischen Ministerpräsidenten in der ersten Zeit nach Abschluß der Konvention Alvensleben am meisten irritierte, war die im Interesse der Stellung Frankreich liegende kluge Zurückhaltung Napoleons III. Im Gegensatz zu der öffentlichen Meinung Frankreichs wie Englands, die sich einhellig zugunsten der aufständischen Polen engagierten, hatte sich der Kaiser der Franzosen zunächst gar nicht zu den Vorgängen im Osten geäußert, die seinen politischen Zielen in mehrfacher Hinsicht zuwiderliefen. Erst einige Zeit nach Unterzeichnung der Alvenslebenschen Konvention gab Napoleon, gedrängt von der öffentlichen Meinung seines Landes, seine abwartende Haltung auf, bezog Stellung zugunsten der Polen und stimmte in den Chor der Erregung der europäischen Öffentlichkeit ein, wobei sich die Spitze seines politischen Engagements bezeichnenderweise nicht gegen Rußland und den Zaren, sondern gegen Preußen und Bismarck richtete, der erst den Zaren zu seiner harten Haltung verleitet habe. Napoleons Wendung hatte innen- und außenpolitische Ursachen. Innenpolitisch ging es um den Versuch, die Liberalen und die Konservativen wieder zu festeren Stützen seines Kaisertums zu machen, konnte doch ein Einsatz für das um seine Freiheit kämpfende katholische Polen einen geradezu idealen Kristallisationspunkt für die divergierenden Kräfte der zunehmenden innenpolitischen Auseinandersetzung über den Sinn des zweiten Empire bilden. Außenpolitisch kam es darauf an, Preußen und Rußland möglichst schnell wieder auseinanderzumanövrieren, Rußland aber als künftigen Partner einer französischen Ostpolitik nicht zu verprellen. Daher wurde die Stoßrichtung der diplomatisch-politischen Offensive Napoleons gegen Preußen geführt. Ein Kurswechsel der französischen Politik gegenüber dem bisher als »Feind« betrachteten Österreich war eine wichtige Konsequenz aus der neuen Aktivität. So wie Bismarck die Dezember-Krise 1862 zugunsten einer Klärung und Verbesserung der Position Preußens auszuwerten bemüht gewesen war, so suchte nun Napoleon III. die Februar-Krise 1863 zu einer Aufwertung seiner Stellung in Europa zu nutzen, allerdings – erstmals in den Überlegungen des Kaisers – nicht mehr im Zusammenspiel mit Preußen gegen Österreich, sondern umgekehrt auf Kosten Preußens im Zusammengehen mit Österreich. Ob die Pläne für eine Umgestaltung der europäischen Landkarte, die Napoleons Gemahlin Eugenie entwarf, sich mit den Zielvorstellungen des Kaisers deckten, steht dahin. Immerhin skizzierte Eugenie im Gespräch mit dem österreichischen Gesandten eine Neuordnung im Stile des 18. Jahrhunderts, die

Frankreich die Rheinlinie, Italien Venezien, Österreich Schlesien und Preußen Sachsen und Hannover verschaffen sollte. Aus der Sicht Österreichs waren jedoch weder die revolutionären Ziele der Polen noch eine solche Umgestaltung im Stile alter Kabinettspolitik, obwohl sie Schlesien zu versprechen schien, akzeptabel. Trotz allen Mißtrauens gegenüber Bismarck hatte Rechberg folglich doch die Konvention Alvensleben als Element einer erneuerten konservativen Ostmächtepolitik begrüßt.

Insgesamt aber schien Bismarck die durch die politische Offensive Napoleons eingeleitete neue Phase der internationalen Auseinandersetzung so ernst, daß er mit dem Zaren Ende Februar 1863 die Aufhebung der Konvention vereinbarte – mit der Begründung, daß sie ihr Ziel schon erreicht habe. Zwar lehnte die britische Regierung, bei der Napoleon wegen einer Veränderung der europäischen Machtverhältnisse ebenfalls sondiert hatte, die der gegenüber Österreich offerierten ähnliche Anregung ab mit der Folge, daß Napoleon solche weitgehenden Erwägungen aufgab, um nicht die Fortdauer der 1860 im Cobden-Vertrag eingeleiteten Kooperation mit Großbritannien zu gefährden, doch stieß nun die britische Regierung ihrerseits nach, um eine für Englands Schlüsselstellung als besonders bedrohlich betrachtete russisch-französische Allianz langfristig auszuschließen. Sie forderte Napoleon auf, gemeinsam gegen die russische Polenpolitik offiziell beim Zaren zu protestieren. Damit wurde das Dilemma Napoleons offenkundig: Er mußte sich nun entweder zu einem Affront gegenüber Polen oder einem Affront gegenüber Rußland entscheiden. Eine Unterstützung der Unterdrückung Polens war – vom Ansatz seiner gesamten Europapolitik wie von seiner innenpolitischen Position her gesehen – ausgeschlossen. So blieb nur eine Beteiligung an dem an sich höchst unerwünschten Schritt der britischen Regierung in Petersburg. Damit aber war der Bruch mit Rußland vollzogen. Gortschakows politischer Konzeption war zumindest längerfristig die Basis genommen. Den Nutzen aus dieser Wendung aus der Krise zog Bismarck. Er war jetzt der Sorge vor einer bis dahin immer noch möglichen russisch-französischen Kombination mit anti-preußischer Spitze enthoben. Der Rückendeckung durch den Zaren sicher, konnte er nun eine aktivere Politik in Mitteleuropa als bisher betreiben, ohne wie in der Dezemberkrise 1862 im entscheidenden Augenblick zurückstecken müssen.

Österreich hatte unter Ausnutzung der Schwierigkeiten Preußens während des polnischen Aufstandes einen letzten Vorstoß unternommen, um eine Reform des »Deutschen Bundes« nach seinen Zielvorstellungen doch noch zu verwirklichen. Überschaut man die lange Reihe der Versuche der Habsburger Monarchie seit der Zeit Schwarzenbergs und Brucks, in Mitteleuropa die politische Führung zu übernehmen und Preußen in eine Art Juniorpartnerschaft zu versetzen, dann stellt der im wesentlichen auf den liberal-großdeutsch eingestellten Ministerpräsidenten v. Schmerling zurückgehende, vom konservativen Außenminister Graf Rechberg nur unter Bedenken akzeptierte Plan einer Bundesreform vom August 1863 mit dem Ziel, die führende Stellung Österreichs darin eindeutig zu verankern, nicht nur das letzte, sondern auch das schwächste Glied der Kette dar. Die wirtschaftspolitische Grundentscheidung in dem Ringen zwischen Preußen und Österreich war ja mit Abschluß des preußisch-französischen Handelsvertrages im März 1862 schon gefallen; an eine Verwirklichung der so lange von Österreich angestrebten, an seinen Interessen orientierten mitteleuropäischen Wirtschaftsunion war nicht mehr zu denken. Was blieb, war der Versuch, durch eine politisch entgegengesetzte Entscheidung innerhalb des »Deutschen Bundes« die auf Preußen sozusagen zulaufende Entwicklung zu bremsen und die Übernahme auch der politischen Führung Preußens in Deutschland zu verhindern. Dabei schien die Situation jetzt für Österreich günstiger als im Januar 1863, als Bismarck den Bundestag mit seinem Vorschlag eines deutschen Nationalparlaments in Verlegenheit versetzt hatte. Durch sein Verhalten während des polnischen Aufstandes, vor allem durch die enge Bindung an den Zaren hatte sich Bismarck nach verbreiteter Auffassung in Deutschland nicht nur vollends in seiner antiliberalen Haltung demaskiert, sondern konnte es auch infolge der neu eingegangenen Bindungen an Rußland nicht wagen, auf seinen Vorschlag vom 22. 1. 1863 zurückzukommen. Es kam nun auf schnelles Handeln Österreichs an, um die Gunst der Zeit nicht vorübergehen zu lassen.

Die in einem Memorandum niedergelegten Zielvorstellungen einer auf Österreichs Interessen zugeschnittenen, den föderalen Charakter des Bundes erhaltenden, also nicht von Staatenbund zum Bundesstaat vorstoßenden Bundesreform (unter anderem nur ein Delegiertenparlament, das von den Landtagen der weiterhin souveränen Einzelstaaten bestellt werden sollte) waren so ausgeklügelt, daß bei ihrer Verwirklichung in den verschiedenen vorgesehenen Gremien aller Voraussicht nach Preußen und sein Anhang unter den kleineren Ländern in der Minderheit bleiben mußte. Falls Preußen sich dem Vorschlag widersetzen sollte, so wurde in der Denkschrift ausgeführt, sollte ein engerer Bund zwischen Österreich und den daran interessierten deutschen Ländern in Aussicht genommen werden. Es wurde also eine Art »Unions«-Politik – wie sie Preußen 1849/50 versucht hatte – nun von österreichischer Seite angekündigt. König Wilhelm wurde das Memorandum von Kaiser Franz Joseph am 3. 8. 1863 in Bad Gastein übergeben, dabei gleich die Einladung zu einem deutschen Fürstentag am 16. 8. ausgesprochen, bei dem das Projekt beraten und beschlossen werden sollte. »Nur durch Überrumpelung«, die bei Wilhelm I. tatsächlich zunächst auch Erfolg zeitigte, hatte Schmerling gemeint, überhaupt ans Ziel gelangen zu können. Es bedurfte in der Tat einer massiven Einwirkung Bismarcks auf seinen Monarchen, diesen zu einer Absage zu bewegen und auf diese Weise die österreichischen Pläne eines deutschen Fürstentages zum Scheitern zu bringen. Wie am 22. 1. 1863 so forderte Bismarck, nachdem er den Verlauf des Rumpf-Fürstentages sorgfältig beobachtet hatte, in einer Stellungnahme auf das österreichische Memorandum entgegen allen Erwartungen wieder die Bildung eines aus geheimen, direkten, gleichen Wahlen hervorgegangenen deutschen Parlaments anstelle der von Österreich vorgesehenen Delegiertenversammlung aus den deutschen Landtagen, das heißt er blieb konsequent bei der einmal vorgelegten Deutschland-Konzeption und bei dem – wenn auch vorerst aussichtslosen – Werben um die deutsche Nationalbewegung, deren Wünsche er übernommen, ja soweit es die Liberalen betraf, die am Dreiklassenwahlrecht festhalten wollten, mit der auf die ländlichen konservativen Wähler zielenden Forderung nach gleichem Wahlrecht noch übertroffen hatte.

Die Ablehnung des Fürstentages und des österreichischen Projekts durch Preußen zog das allgemeine Scheitern dieses Planes nach sich. Zu einem Sonderbund mit Österreich waren die wichtigsten der Mittelstaaten nicht bereit, da eine solche Entscheidung mit hoher Wahrscheinlichkeit zu einer Zerreißprobe zwischen ihren wirtschaftspolitischen Interessen und Bindungen an Preußen und den »Deutschen Zollverein« einerseits sowie den neuen

Verpflichtungen gegenüber Österreich andererseits führen würden. Dennoch war deutlich geworden, daß die Mehrheit der deutschen Staaten nach wie vor zu Österreich hielt, weil ihnen die Dynamik der preußischen Politik bedenklich schien. Daher war Bismarcks Argument in der erwähnten Antwort an das österreichische Memorandum vom 22. 9. 1863, daß eine Bundesreform, die diese Bezeichnung verdiene, nur durch ein unmittelbar vom Volk gewähltes Parlament möglich sei, weniger noch als am 22. 1. 1863 kein aktuelles Programm, vielmehr eine Aussage über eine scheinbar noch weit in der Zukunft liegende Möglichkeit. Immerhin kam es Bismarck in der gegenwärtigen Situation darauf an, die Kontinuität seiner Zielsetzung in Deutschland zu demonstrieren. Indem er sein (unter den gegenwärtigen Bedingungen nicht zu realisierendes) Programm dem österreichischen Programm offen entgegenstellte, das sich ebenfalls, wie der negative Verlauf des Fürstentages gezeigt hatte, als undurchführbar erwiesen hatte, gab er zugleich indirekt zu verstehen, daß er bei Zurückstellung der beiderseitigen Maximalziele zu einer Kooperation mit Österreich in pragmatischer Weise von Fall zu Fall (wenn beide Seiten auf die unmittelbare Weiterverfolgung ihrer ausgreifenden Programme verzichteten) bereit sei.

In dieser Auffassung traf er sich mit dem österreichischen Außenminister Graf Rechberg, der die von Schmerling forcierte Reformpolitik im »Deutschen Bund« ohnehin nur unter Bedenken übernommen hatte, weil er bei einer Fortführung des scharf anti-preußischen Kurses der Wiener Politik eine zunehmende Abhängigkeit Österreichs von Frankreich voraussah. Rechbergs Fernziel war eine – so weit wie irgend möglich anzustrebende – Wiederherstellung des traditionellen Zusammengehens der drei Ostmächte, eine Zielsetzung, deren Fragwürdigkeit allerdings angesichts der gegenüber der Epoche vor dem Krimkrieg grundlegend veränderten Bedingungen offenkundig war. Es lag daher nahe, daß Rechberg mit einer solchen Zielsetzung statt in die befürchtete Abhängigkeit von Frankreich in die Abhängigkeit von Bismarck geriet, da dieser – anders als Rechberg – die Kooperation zwischen den beiden deutschen Großmächten nicht als Dauerlösung, sondern als ein bei günstiger Konstellation zu überwindendes Zwischenstadium betrachtete. Daher mußte – so paradox dies klingen mochte – jeder Erfolg in der Zusammenarbeit zwischen Preußen und Österreich das Ende eben dieser Kooperation beschleunigen. Diesen Zusammenhang hat Rechberg, ausgehend von seiner Grundüberzeugung, daß alle drei Ostmächte infolge der sozialkonservativen Orientierung in ihrer Gesamtpolitik, an der Bewahrung der bestehenden Ordnung auch in Mitteleuropa interessiert sein müßten, nicht erfaßt. Die Auseinandersetzung um Schleswig-Holstein von 1863–1865 zeigt die Kurve im Auf und Ab in der preußisch-österreichischen Kooperation, zugleich ein Mit- und Gegeneinander von älterer und modernerer Auffassung von Großmachtpolitik, in besonders anschaulicher Weise.

Von Bismarck aus gesehen kam es bei der Ende 1863 noch einmal als europäisches Problem auftauchenden Schleswig-Holstein-Frage, die 1848 entscheidend zum Scheitern der deutschen Nationalstaatsgründung beigetragen hatte, weniger oder jedenfalls erst in zweiter Linie darauf an, das Gebiet für Preußen zu gewinnen, als vielmehr die Gunst dieser Situation zu nutzen, um dieses Problem aus seinem europäischen Zusammenhang herauszulösen und damit die Möglichkeit eines Einwirkens der außerdeutschen Großmächte in die weitere, von Preußens Dynamik bestimmte Entwicklung in Deutschland wenn nicht auszuschließen, so doch wenigstens zu verringern. Daß dies gelang, war zweifellos eine diplomatisch-politische Leistung ersten Ranges.

So klar das Ziel Bismarcks bei seinem Engagement in der Schleswig-Holstein-Frage war, so widersinnig scheint bei vordergründiger Betrachtung die österreichische Haltung. Weder ging es der Wiener Regierung, die, formal gesehen, als Präsidialmacht des »Deutschen Bundes« zur Stellungnahme aufgerufen war, letztlich um das Schicksal der Herzogtümer, noch kann man sagen, daß Österreich lediglich infolge der überlegenen Diplomatie Bismarcks gleichsam wider Willen in den Konflikt gezogen wurde. Vielmehr handelte es sich für Österreich um die Behauptung seiner von den nationalstaatlichen Tendenzen bedrohten Großmachtstellung in Europa, um sein vitales Interesse an der Aufrechterhaltung der – nach ihrer bereits weit fortgeschrittenen Auflösung noch verbliebenen – Reste der alten, auf dem Zusammenwirken, der Solidarität des »Konzerts der Großmächte« beruhenden europäischen Ordnung, in diesem Fall speziell an der durch die von König Christian IX. verkündete neue, die Inkorporation Schleswigs in das dänische Königreich verfügende Verfassung in Frage gestellten Weitergeltung der im Londoner Protokoll von 1852 international festgelegten Ordnung des Schleswig wie Holstein umfassenden auf dreifacher Personalunion begründeten dänischen Gesamtreichs. War Österreich somit tatsächlich an der Weitergeltung beziehungsweise Erneuerung des Londoner Protokolls interessiert, so gab Bismarck dies nur vor. Sein Bestreben lief darauf hinaus, die von den verschiedenen Mächten vorgetragenen Vorschläge sich möglichst gegenseitig aufheben zu lassen und durch wendiges Taktieren und Ausspielen der Mächte und ihrer Interessen gegeneinander eine Einigung zu hintertreiben, um zu verhindern, daß wieder wie 1852 eine internationale Regelung für die Elbherzogtümer zustande kam, die nur belastend auf die Lösung der deutschen Frage im preußischen Sinne sein konnte. Vordergründig setzte sich Bismarck allerdings energisch für die Weitergeltung der international garantierten Ordnung ein, gerade weil er davon überzeugt war, daß die Spannungen zwischen den Mächten infolge des Krimkrieges, des italienischen Krieges und des polnischen Aufstandes so stark geworden waren, daß ein Versuch, ihre Übereinstimmung auch in einer relativ begrenzten Frage zu erreichen, mit höchster Wahrscheinlichkeit scheitern würde. Preußen durfte nur nicht – wie 1848 – mit einer Übernahme nationaler Forderungen die Spannungen auf sich ziehen und selbst eine Einheitsfront der übrigen Mächte gegen sich zustande bringen. War erst einmal das Scheitern der Versuche zu einer Wiederholung des Londoner Protokolls zu gelangen, endgültig, hatte Preußen volle Bewegungsfreiheit nicht nur in Schleswig-Holstein, sondern – entscheidend – in der deutschen Politik insgesamt gewonnen.

Als es zu der erwarteten internationalen Konferenz in London (April–Juni 1864) kam, erwies es sich für die Position der beiden verbündeten deutschen Großmächte als vorteilhaft, daß sich zu dieser Zeit nicht nur Schleswig und Holstein, sondern bereits auch große Teile Jütlands in ihrer Hand befanden, sie also in der Lage waren, ihre Friedensbereitschaft zu bekunden. Da sich Rußland – anders als 1848–1850 – nicht hinter Dänemark stellte, obwohl der Zar an sich für den Verbleib beider Herzogtümer bei Dänemark war, somit erstmals die von Bismarck mit der Konvention Alvensleben eingeleitete Zusammenarbeit Preußen-Rußland in einer wichtigen internationalen Frage nach außen klar erkennbar wurde, setzte die dänische

Regierung ihre Hoffnung ganz auf England. Bei Wiederaufnahme des Krieges, bei weiterem preußisch-österreichischem Vordringen in Richtung auf die Ostseeausgänge, so lief die dänische Kalkulation, werde Großbritannien im eigenen Interesse eingreifen müssen, werde sich in der britischen Regierung wie beim Krimkrieg die interventionsbereite Gruppe um den Premierminister Palmerston gegenüber den für Zurückhaltung in kontinentalen Fragen plädierenden Kräften durchsetzen. Dänemark lehnte daher den Vorschlag des – als Kompromiß zwischen den divergierenden Gruppen gedeuteten – Vorschlags des britischen Kabinetts ab, zur Regelung des alten Londoner Protokolls zurückzukehren, und setzte auf die Karte einer britischen militärischen Intervention, wenn Preußen und Österreich nunmehr, wie allgemein erwartet, weiter vordrangen. Das Gegenteil war der Fall: Gerade eine Annahme dieses britischen Vorschlages durch Dänemark hätte die Situation für die beiden deutschen Mächte außerordentlich schwierig gestaltet, da eine Fortführung der Kampfhandlungen dann mit Sicherheit einen großen europäischen Krieg, ein Einlenken Preußens und Österreichs aber die – in Bismarcks Sicht höchst problematische – Rückkehr zum Status quo ante zur Folge gehabt hätte. Da Dänemark ablehnte, war die Gefahrenzone durchschritten. Die übrigen Initiativen einzelner Mächte auf der Londoner Konferenz ließen sich leicht ausmanövrieren.
Der auf der Linie seiner Nationalitätenpolitik liegende Vorschlag Napoleons III., eine Volksbefragung in Schleswig durchzuführen und danach eine Teilung des Herzogtums zwischen Dänemark und dem »Deutschen Bund« vorzunehmen, war für Rußland (nach der Unterdrückung des polnischen Aufstandes) mehr denn je, aber ebenso auch für Österreich aus prinzipiellen Gründen der eigenen Existenz nicht annehmbar, so daß Bismarck gar nicht erst in die Diskussion einzugreifen brauchte. Als Gegenzug zu dem französischen Vorschlag griff nun aber Österreich, um erstmals die eigenen (im Kern auch anti-preußischen) Interessen ins Spiel zu bringen, mit dem bisher nur von den deutschen Mittelstaaten favorisierten, von der deutschen Nationalbewegung mit Leidenschaft verfochtenen Plan eines neuen deutschen Mittelstaates Schleswig-Holstein unter dem Prinzen von Augustenburg, der Erbansprüche auf die Herzogtümer geltend machen konnte, nachdem Dänemark die diese ausschließende Regelung

des Londoner Protokolls nicht mehr anerkannte, in die internationale Diskussion ein. Um die eigenen Karten nicht aufdecken zu müssen, akzeptierte Bismarck zwar zunächst diesen seinen Zielen diametral entgegengesetzten Plan, machte aber in einer Unterredung mit dem Augustenburger die Annahme von so vielen, die Selbständigkeit des neuen Landes zugunsten Preußens einengenden Bedingungen abhängig, daß der Prinz verzichtete und der österreichische Vorschlag auf der Konferenz von selbst hinfällig wurde. Das einzige Ergebnis der Londoner Konferenz, die sich am 25. 6. 1864 ohne neuen Termin vertagte, war im Grunde die negative Feststellung, daß niemand von den Großmächten mehr an dem Londoner Protokoll von 1852 als Grundlage einer Lösung des Schleswig-Holstein-Problems festhielt. Die gegen Ende der Konferenz vorübergehend drohende Bildung einer Interventions-Front der beiden Westmächte England und Frankreich verflüchtigte sich, da England Napoleons daran geknüpfte weitgehende Forderungen, die auf die Schaffung eines französischen Einflußbereichs in Nordeuropa abzielte, nicht akzeptierte. Ebenso vergeblich war Napoleons anschließende Sondierung, unter Zugeständnissen an Frankreich in Westdeutschland ein französisch-preußisches Bündnis abzuschließen, das im Grunde nur den Sinn hatte, die aus der Sicht Napoleons höchst unerwünschte Kooperation zwischen den beiden deutschen Mächten zu untergraben. Schließlich verwarf das britische Kabinett unter dem Einfluß der Queen Victoria Palmerstons Interventionskurs, der daraufhin seinerseits eine Anpassung an die dominierende Richtung vollzog und sich für ein britisches Desinteresse an der deutschen Frage insgesamt aussprach. Von da an ist bis zur »Krieg-in-Sicht«-Krise 1875 die Linie der »Non-Intervention« in der britischen Politik erhalten geblieben, auch wenn die Möglichkeit eines Eingreifens Großbritanniens, besonders im deutsch-französischen Krieg 1870/71, von Bismarck nicht ausgeschlossen werden konnte.

Durch den in ihrem Sinne günstigen Ausgang der Londoner Konferenz gewannen Preußen und Österreich ihre militärische Handlungsfreiheit zurück. Da selbst die gegen das dänische Kernland (Übergang auf die Insel Alsen) gerichtete Operation nicht die von dänischer Seite immer noch erhoffte Intervention Englands auslöste, stand endgültig fest, daß Dänemark diesmal von den Großmächten, bei denen es 1848–1850 Rückhalt gefunden hatte, allein gelassen wurde. Die Solidarität der Mächte des europäischen »Konzerts« hatte sich auch in der bisher integrierend wirkenden Schleswig-Holstein-Frage als nicht mehr existent erwiesen. So blieb Dänemark nur die politische Kapitulation, die Abtretung beider Herzogtümer. Der entscheidende Artikel des Wiener Friedensvertrages vom 30. 10. 1864 lautete: »Der König von Dänemark entsagt allen seinen Rechten auf die Herzogtümer Schleswig, Holstein und Lauenburg zugunsten des Kaisers von Österreich und des Königs von Preußen und verpflichtet sich, die Verfügungen anzuerkennen, welche genannte Majestäten bezüglich dieser Herzogtümer treffen werden.« Der »Deutsche Bund«, der als solcher allerdings auch nicht Krieg geführt hatte, wurde im Friedensvertrag gar nicht erwähnt. Dies entsprach der Zielsetzung Bismarcks; Österreich hingegen hatte sich damit von der Basis seiner bisherigen Deutschland-Politik entfernt. Die Entscheidung, die Herzogtümer zugunsten beider deutscher Großmächte abzutreten, barg, wenn man nicht nur die unterschiedliche Entfernung von den Machtzentren beider deutscher Staaten, sondern auch das verschiedene Gewicht berücksichtigt, das Schleswig-Holstein im Rahmen ihrer außenpolitischen Interessen einnahm, von Anfang an die Wahrscheinlichkeit eines Konflikts in sich. Schließlich waren im Wiener Friedensvertrag auch die Nationalitätenprobleme in Nordschleswig unentschieden geblieben.

Kontrovers ist immer noch die Frage, ob Bismarck nach diesem Friedensschluß zielstrebig auf die große Auseinandersetzung mit Österreich um die »endgültige« Lösung der deutschen Frage im Sinne Preußens hingearbeitet hat oder ob er an der Kooperation als einer Zwischenlösung auf längere Sicht zunächst festhalten wollte, der Krieg von 1866 somit erst in einem relativ späten Stadium beschlossene Sache war. Es spricht viel dafür, daß Bismarck zwar sein eigentliches Ziel nie aus dem Auge verlor, jedoch mit viel größeren Zeiträumen zu seiner Realisierung rechnete. Jedenfalls entschied er sich noch Mitte 1865, als die europäische Mächtekoalition für eine militärische Wendung gegen Österreich besonders günstig war, zur Fortsetzung der – wenn auch modifizierten – Zusammenarbeit mit der Habsburger Monarchie.

Vier Phasen mit wechselvollem Verlauf der Beziehungen zwischen den beiden deutschen Großmächten bis zu dem Zeitpunkt, von dem an Bismarck ohne jeden Zweifel bewußt auf den kriegerischen Konflikt mit Österreich zusteuerte, lassen sich unterscheiden:

1. die Zeit der zwischen Vorfrieden und endgültigem Frieden von Wien liegenden Schönbrunner Besprechungen zwischen Bismarck und Graf Rechberg;
2. das Aufkommen der ersten größeren Spannungen im Frühjahr 1865,
3. der nochmalige Ausgleich in der Konvention von Gastein, August 1865, und schließlich
4. die eindeutige Wendung zum Krieg von Februar 1866 an.

In den Besprechungen zwischen Bismarck und Rechberg in Schönbrunn vom 20.–24. 8. ließ der preußische Ministerpräsident dem Partner im Kriege gegen Dänemark gegenüber erstmals durchblicken, daß er den Erwerb der Herzogtümer allein für Preußen anstrebte. Sein nicht präzisierter, aber in groben Umrissen doch deutlich genug formulierter Vorschlag lief darauf hinaus, daß Österreich für dieses Zugeständnis an Preußen die politische und gegebenenfalls auch die militärische Unterstützung bei einer Wiedergewinnung der 1859 verlorenen Lombardei erhalten würde. Es fällt allerdings schwer, an die Ernsthaftigkeit des Angebots, bei einem kriegerischen Konflikt zwischen Österreich und Italien preußische Hilfe zu leisten, zu glauben, da eine solche Intervention mit hoher Wahrscheinlichkeit nicht nur Napoleon III., sondern auch England, das sich als politischer Protektor Italiens seit der Enttäuschung (über die Annexion Savoyens und Nizzas durch Frankreich 1860) und der Distanzierung der italienischen Regierung von Frankreich betrachtete, auf den Plan rufen würde, so daß Preußen mit einem Zweifrontenkrieg nördlich und südlich der Alpen rechnen mußte. Da die Weiterverfolgung solcher Überlegungen an dem zu erwartenden und Bismarck sicher auch nicht ganz unwillkommenen Widerstand König Wilhelms scheiterte, blieb die Lösung des Schleswig-Holstein-Problems in den Schönbrunner Verhandlungen in der Schwebe: der endgültige Friedensvertrag in Wien übernahm einfach den bereits angeführten Artikel des Vorfriedens. Praktisch lief diese Entscheidung auf ein provisorisches Kondominium über die Herzogtümer hinaus. Die unterschiedliche Politik der »Besatzungsmächte« – Preußen ließ die Tendenz zur Annexion recht deutlich erkennen – führte fast zwangsläufig zu Spannungen. Bismarck geriet vorübergehend etwas in Schwierigkeiten, als die Wiener Regierung – im Gegenzug – auf den Gedanken verfiel, den bei der deutschen Nationalbewegung und den Mittelstaaten immer noch populären Augustenburger als künftigen Herrscher zu favorisieren. Bismarck ergriff daraufhin die »Flucht nach vorn«, indem er am 22. 2. 1865 seine bereits auf der Londoner Konferenz hierzu erteilte Zustimmung zugleich mit den Bedingungen mitteilte, die er damals daran geknüpft hatte. Da diese Kautelen, wie erwähnt, auf die völlige Abhängigkeit eines formal vom Augustenburger regierten Schleswig-Holstein hinausliefen, schreckten die deutschen Mittelstaaten vor einer solchen Lösung zurück, die leicht als Präzedenzfall für eine Einschränkung ihrer eigenen Souveränität im Falle eines preußisch-österreichischen Ausgleichs im größeren Rahmen angeführt werden konnte. Die österreichische Regierung, jetzt mit Graf Mensdorff als Nachfolger des verstorbenen Grafen Rechberg als Außenminister, lehnte die Bismarckschen Bedingungen kategorisch ab.

In dieser Situation drängten König Wilhelm und der Chef des Generalstabes Graf Moltke zur offenen Annexion der Elbherzogtümer unter Hinnahme des Kriegsrisikos. In dem entscheidenden Kronrat am 29. 5. 1865 drang jedoch Bismarck mit seinem Plädoyer für ein Einlenken durch. Die Unsicherheit, wie Frankreich sich im Kriegsfalle verhalten würde, trug wohl wesentlich dazu bei. Am 14. 8. 1865 kam es in Bad Gastein zum Abschluß einer aus 11 Artikeln bestehenden Konvention. Die dabei vorgenommene Teilung der Herzogtümer in zwei jeweils einer Macht überlassene Verwaltungszonen (Österreich in Holstein, Preußen in Schleswig mit einigen Sonderregelungen) unter fortbestehender gemeinsamer Oberhoheit stellte einen Kompromiß dar, der den Keim zu neuen Konflikten in sich barg, die je nach der politischen Zielsetzung unterdrückt oder hochgespielt werden konnten. Vorab aber mußte die Haltung Frankreichs so weit wie möglich geklärt werden. Bei einem Treffen in Biarritz im Oktober 1865 meinte Bismarck Napoleon III. endlich zu einer Offenlegung seiner Position bewegen zu können. Dies gelang aber nicht, da der Kaiser der Franzosen sich der Schlüsselstellung zwischen den beiden deutschen Staaten bewußt war, der gerade aus der Ungewißheit in Berlin und in Wien und dem Zwang für beide Seiten Nutzen zog, ständig in Paris sondieren zu müssen. Zugleich wurde aber für Bismarck immer deutlicher, daß mit dem vorauszusehenden Scheitern des mexikanischen Abenteuers Napoleons eine Aktivierung seiner mitteleuropäischen Politik zu erwarten war. Wenn überhaupt in absehbarer Zeit eine Entscheidung gegen Österreich in der deutschen Frage erzwungen werden sollte, dann mußte dies möglichst bald unter Inkaufnahme eines – im Laufe der nächsten Zeit nur zunehmenden – Risikos einer Intervention Frankreichs geschehen. Die tatsächliche Kriegsbereitschaft Napoleons wurde sowohl auf preußischer als auch auf österreichischer Seite weit überschätzt. In Wahrheit wollte wohl der Kaiser der Franzosen seine führende Stellung im westlichen Teil Europas wahren und nach Möglichkeit unter Ausnutzung preußisch-österreichischer Konflikte ausbauen. Aus dieser Erwartung ließ sich aber auf seiten beider deutscher Mächte auch die Schlußfolgerung ziehen, dieses erhöhte Interesse Frankreichs an Mitteleuropa zur Stärkung der eigenen Stellung gegen den Rivalen zu nutzen. Es bestand bei einem solchen Versuch allerdings die Gefahr, daß sich die nationaldeutsche Bewegung, die in Frankreich den »Erbfeind« Deutschlands sah, dann – bei Bekanntwerden einer Bindung einer deutschen Großmacht an Napoleon – endgültig dem Gegenspieler zuwandte. Es galt folglich, dem Rivalen diesen »schwarzen Peter« zuzuschieben.

Die Veränderung in der Haltung Frankreichs im Sinne zunehmender Aktivität ließ bei Preußen wie bei Österreich – unter dieser wie unter jener Argumentation – das bisher noch dominierende Bestreben nach Ausgleich und Kooperation in den Hintergrund treten und die auf kriegerische Entscheidung drängende Tendenz die Oberhand gewinnen, so viel retardierende Momente im einzelnen auch noch auftauchten. Seit dem Februar 1866 eskalierten die politischen und militärischen Schritte beider Seiten zunehmend.

Am 21. 2. faßte der österreichische Ministerrat, am 28. 2. der preußische Kronrat die ersten grundlegenden Entschlüsse. Während sich die österreichische Führung zu dem Willen bekannte, die Stellung der Habsburger Monarchie in Deutschland auf keinen Fall preiszugeben, einem Krieg nun nicht mehr auszuweichen und selbst auf die Gefahr eines Zweifrontenkrieges (gegen Preußen und das sich mit ihm verbindende Italien) keine weitere Nachgiebigkeit zu zeigen, wurde in Berlin als erstes die

Aufnahme von Kontakten mit der italienischen Regierung in Florenz beschlossen. Bismarcks Bemühungen um Italien hatten schnell Erfolg. Am 8. 4. wurde ein (die Verpflichtungen Preußens als Mitglied des »Deutschen Bundes« verletzender) geheimer preußisch-italienischer Offensiv- und Defensivvertrag unterzeichnet. In ihm verpflichtete sich Italien, Österreich anzugreifen, wenn dieses nach dem Scheitern eines preußischen Antrags im Bundestag in Frankfurt über eine Bundesreform den Krieg an Preußen erklären sollte. In diesen von Bismarck provozierten Verhandlungen in Frankfurt sollte Österreich vor der deutschen Öffentlichkeit ins Unrecht gesetzt werden, somit der Krieg Preußens gegen die Präsidialmacht des »Deutschen Bundes« als gerechtfertigt erscheinen. Ein reiner Kabinettskrieg ohne Vorbereitung der Öffentlichkeit widersprach allerdings der Zielsetzung Bismarcks, früher oder später doch noch wenigstens große Teile der deutschen Nationalbewegung zu gewinnen und in den Dienst der preußischen Großmachtpolitik zu nehmen. Daher setzte er sich gegen die italienischen Wünsche nach einem überfallartigen Krieg für die Vorschaltung eines diplomatischen Geplänkels im Scheinwerferlicht der Öffentlichkeit ein. Der preußisch-italienische Vertrag wurde auf drei Monate befristet, das heißt er lief am 8. 7. 1866 aus. Italien wurde Venezien als Kriegsziel zugestanden; Preußen verpflichtete sich, keinen Sonderfrieden abzuschließen, in dem nicht die Erfüllung dieses Kriegsziels von österreichischer Seite zugesichert wurde.

Wesentlich komplizierter als die Klärung der Haltung Italiens entwickelten sich die Sondierungen in Paris, da hier eine Art diplomatisch-politisches Dreiecksspiel stattfand. Napoleons Bestreben war darauf gerichtet zu verhindern, daß sich die Situation von Gastein wiederholte und aus der Krise schließlich ein neuer preußisch-österreichischer Kompromiß herauskam, während Frankreich leer ausging. Es kam vielmehr für Napoleon darauf an, beide deutsche Mächte so zu dirigieren, daß eine neue Verständigung zwischen ihnen ohne die Mittlerrolle Frankreichs ausgeschlossen war. Auf ihre Stärkung kam es ihm entscheidend an, um auf diese Weise die indirekte, für die beiden europäischen Flügelmächte England und Rußland nicht bedrohliche Führungsposition Frankreichs im westlichen Teil des Kontinents zu festigen. Wünschenswerte Kompensationen auf Kosten linksrheinischer deutscher Territorien waren diesem Ziel untergeordnet – ein zu großes Ausmaß, gar die Rheinlinie, die Hermann Oncken als Hauptziel der Napoleonischen Politik dieser Zeit unterstellte, konnte nur dazu führen, daß sich die übrigen Mächte gegen Frankreich zusammenfanden und alles wieder in Frage stellten, was das zweite Empire seit dem Krimkrieg erreicht hatte. Die zunächst, während der Vorphase und in der Anfangszeit des deutschen Krieges, recht vagen und widersprüchlichen Kompensationsforderungen Frankreichs gewannen erst nach der Entscheidung von Königgrätz, das heißt als der Krieg einen völlig anderen als den erwarteten, vor allem einen viel rascheren Verlauf nahm, deutlichere Konturen.

In dem Dreieck Berlin-Paris-Wien gingen im April/Mai 1866 die politischen Initiativen hin und her. In diesen Wochen konnte Bismarck die Andeutungen der französischen Seite unter dem Stichwort »Kompensationen« relativ leicht unter Hinweis auf Luxemburg und – hintergründig (um Bayern gegen Frankreich zu engagieren) die Rheinpfalz – abwehren oder »übersehen«, da bei einem zu starken Drängen Frankreichs (und einer Offenlegung eventueller Territorialziele) aus der Sicht Napoleons nur die Gefahr bestand, daß sich Preußen und Österreich wieder in einem Ausgleich fanden. Einen Rückzug auf die Linie der Kooperation mit Österreich galt es für Bismarck so lange wie möglich offen zu halten. Ein eventuelles Fallenlassen des italienischen Verbündeten bedeutete dabei für ihn wenig. Der »Stellenwert« der – sich im April/Mai auswirkenden – Beschlüsse des preußischen Kronrats vom 28. 2. liegt nicht darin, daß Bismarck nun bereits endgültig vom Kurs der Kooperation auf die militärische Lösung umgeschwenkt wäre, sondern daß innerhalb seiner seit dem Regierungsantritt 1862 betriebenen zweigleisigen Politik gegenüber Österreich nunmehr die Tendenz zur »ganzen« Lösung Vorrang vor den bislang im Vordergrund stehenden Zwischen- und Kompromißlösungen erhielt.

Bismarck befand sich Napoleon gegenüber bis zum tatsächlichen Kriegsbeginn insofern in einer viel günstigeren Position als Österreich, als er jederzeit wieder auf den Kooperationskurs gegenüber Österreich zurückschwenken konnte, während Österreich sich seit Bekanntwerden des preußisch-italienischen Vertrages in einer Zwickmühle sah und gegen Napoleon keine freie Hand mehr hatte, vielmehr um seine Gunst bemüht sein mußte, um über ihn Italien zur Zurückhaltung zu veranlassen. Dennoch

kamen die Verhandlungen zwischen Wien und Paris, wie es den Intentionen Napoleons entsprach, erst sehr spät, am 12. 6., zustande, nachdem Österreich eine offene Kampfansage an Preußen abgegeben hatte und keine »Bloßstellung« Napoleons mehr möglich war.
Schon einen Tag nach Abschluß des preußisch-italienischen Vertrages, am 9. 4., hatte Bismarck im »Deutschen Bund« die diplomatisch-politische Offensive gegen Österreichs Stellung in Deutschland begonnen. Der preußische Vertreter in Frankfurt brachte den Antrag ein, »die Reform des Bundes sofort damit in Angriff zu nehmen, daß zur Mitwirkung für die Neugestaltung der Verfassung durch Bundesbeschluß eine allgemeine deutsche Versammlung von gewählten Vertretern berufen werde«. Die direkte Wahl und das allgemeine Stimmrecht für dieses deutsche Nationalparlament seien allein geeignet, »die verschiedenen partikularen Verhältnisse (in Deutschland) einem Maßstabe dienstbar zu machen«. Mit anderen Worten: Bismarck wiederholte nun zum dritten Mal seine schon im Januar 1863 und dann nach dem Frankfurter Fürstentag im September 1863 erhobene Forderung nach Berufung eines deutschen Parlaments als Kampfinstrument gegen Österreich, um auf diese Weise das preußische Großmachtinteresse mit der deutschen Nationalbewegung zu verbinden. Der Antrag wurde diesmal nicht wieder bloß deklamatorisch, sondern in präziser Form gestellt. Bismarcks Erwartung, jetzt die deutsche Nationalbewegung endlich gewinnen zu können, was er als grundlegende Voraussetzung für eine genügend breite Basis eines von Preußen geführten Deutschland ansah, erfüllte sich allerdings auch dieses Mal nicht. Die deutsche öffentliche Meinung wandte sich erneut gegen ihn; auch die Mehrheit des preußischen Abgeordnetenhauses hielt an der Ablehnung des budgetlosen Regimes fest. Trotz wachsender Kriegsgefahr ließ der König am 9. 5. das Parlament auflösen und Neuwahlen ausschreiben. Sie sollten am 3. 7. stattfinden. An diesem Tage, an dem bei Königgrätz die Entscheidung im deutschen Kriege fiel, setzte, obwohl der militärische Triumph bei den Wählern noch nicht bekannt war, der innenpolitische Umschwung, der von Bismarck so lange vergeblich erwartete »Ruck nach rechts« ein, der sich allerdings erst langsam in vollem Maße zu seinen Gunsten auswirkte.
 Zunächst jedenfalls schien Bismarck nach dem Vorstoß beim

Bundestag am 9. 4. keinen Schritt weiterzukommen, obwohl seine Bemühungen, die Mittelstaaten von Österreich zu lösen, in einem Falle – Bayern – erfolgversprechend begonnen hatten. Bismarck lockte Bayern mit einer Art Zweierherrschaft über Deutschland nach einem Hinausdrängen Österreichs: Bayern sollte in Süddeutschland die Führungsrolle übernehmen. (Bis zu einem gewissen Grade stellte dieser Plan eine Vorwegnahme der Bundesratspraxis nach 1871 dar: alle Entscheidungen dort beruhten auf einer preußisch-bayerischen Vorklärung). Indessen machte gerade die vorübergehende Annäherung zwischen Bismarck und dem bayerischen Ministerpräsidenten von der Pfordten die übrigen deutschen Mittelstaaten mißtrauisch. Ein Teil von ihnen, voran Sachsen, schlossen sich daraufhin um so enger an Österreich an.

Das Bekanntwerden des preußisch-italienischen Vertrages und die italienischen Rüstungen hatten unterdessen in Wien die Militärs alarmiert. Wie 1859 konnte sich in der entscheidenden Ministerberatung darüber, ob eine Teilmobilisierung erfolgen oder ob man dem Gegner die Initiative dazu überlassen sollte, die militärische Führung gegen den Außenminister bei Kaiser Franz Joseph durchsetzen. Am 21. 4. wurde die Mobilisierung der Grenztruppen in Italien offiziell beschlossen und damit im großen die Kette der militärischen Maßnahmen auf beiden Seiten eingeleitet. Das militärische Vorprellen Österreichs, nachdem es sich durch das preußisch-italienische Bündnis schon politisch hatte verwirren lassen, bot Bismarck die Chance, durch betonte eigene Zurückhaltung Österreich als die zum Kriege treibende Macht erscheinen zu lassen. Auch in der deutschen Politik ging Österreich wenige Tage nach dem Mobilisierungsbeschluß im Süden zur Offensive gegen Preußen über, indem es am 26. 4. der Berliner Regierung mitteilte, daß es die Entscheidung über das Schicksal der Elbherzogtümer dem »Deutschen Bund« übertragen wolle. Damit versuchte Österreich unter Bruch des Wiener Friedensvertrages sowie der Konvention von Gastein zu einer Lösung der Schleswig-Holstein-Frage zu kommen, die seinen Interessen schon 1864 am meisten gedient hätte. Während es sich jetzt gleichsam wieder auf den »Deutschen Bund« zubewegte, von dem es sich seit der gescheiterten Reform auf dem Frankfurter Fürstentag distanziert hatte, war Preußen seit Abschluß des Bündnisses mit Italien und seit seinem Vorstoß im Bundestag am

9. 4. praktisch schon vom Boden des »Deutschen Bundes« weit entfernt. Wenn es in diesem Stadium der Krise überhaupt noch eine Ausgleichsmöglichkeit zwischen den beiden Staaten gab, dann – wie in der Phase der Kooperation – auf dem direkten Wege von Großmacht zu Großmacht mit dem Versuch einer Interessenabgrenzung ohne Rücksichtnahme auf den »Deutschen Bund«. Diesen Weg versuchte eine zunächst quasi privat am 20. 4., also einen Tag vor der Mobilisierung der österreichischen Truppen in Italien, eingeleitete Vermittlungsaktion des preußischen Abgeordneten Anton von Gablenz, dessen Bruder österreichischer Statthalter in Holstein war und der in Berlin wie in Wien über gute Verbindungen verfügte.

Grundlage des Vermittlungsplans von Gablenz', der seine Schritte mit Bismarck abstimmte, der im Gegensatz zu der österreichischen Regierung nach den ersten Tastversuchen von Gablenz' »zugriff«, war es, eine vertrauliche Verständigung über Schleswig-Holstein und über eine Reform des »Deutschen Bundes« herbeizuführen. Sein Ziel hieß, eine dualistische Führung Deutschlands auf der Basis zu erreichen, daß Preußen den Norden, Österreich den Süden mit dem Main als Trennlinie beherrschen sollten. Die Mittelstaaten sollten auf diese Weise zu politischer Bedeutungslosigkeit herabgedrückt werden. In einem geheimen Promemoria legte Bismarck im einzelnen dar, wie er sich die von Gablenz angeregte dualistische Lösung mit Österreich dachte: er verband dabei den Plan einer Zweiteilung Deutschlands mit seinem Gedanken eines deutschen Parlaments in der Weise, daß, sofern sich in diesem Parlament die Abgeordneten regional, Nord gegen Süd, gruppierten, die Abstimmung sozusagen »itio in partes« stattfinden sollte. Dies hatte wohl den Zweck, eine einheitliche Meinungsbildung in der Nordgruppe zu erreichen, um den preußischen Willen ungebrochen zum Ausdruck bringen zu können. Das Projekt im ganzen ließ somit einen engeren norddeutschen Bund unter Preußens Führung im Rahmen eines dualistisch geleiteten Gesamtbundes zu. Eine letzte Ausformung erhielt dieser Plan nicht, weil die österreichische Seite einen Eintritt in die Diskussion ablehnte.

Preußen hatte inzwischen seinerseits mobil gemacht. Zwar hatte es schon im März erste Vorbereitungsmaßnahmen getroffen, jedoch hatte sich Bismarck am 18. 4. zur Zurücknahme dieser Maßnahmen bereit erklärt, wenn Österreich seinerseits zum

Stand von Mitte März zurückkehrte. Am 21. 4. war dann, wie erwähnt, mit der österreichischen Teilmobilisierung im Süden die Eskalation weitergetrieben worden. Da Kaiser Franz Joseph eine Zurücknahme dieser Entscheidung wie eine Kapitulation vor Italien erschien, lehnte er den preußischen Vorschlag ab und befahl stattdessen auch die Mobilisierung der in Böhmen aufmarschierenden Nordarmee. Dies wieder führte zur preußischen Gesamtmobilmachung in der Zeit vom 5.–10. 5., weil für Preußen nun der Faktor Zeit eine wesentliche Rolle gewann. Seitdem rückten sich praktisch die Heere Preußens und Österreichs in den Aufmarschräumen immer näher. Die Versuche Österreichs, die Mittelstaaten zu einer militärischen Zusammenarbeit zu bewegen, scheiterten mit Ausnahme Sachsens.

Wie schon angedeutet, gelang es der österreichischen Diplomatie erst sehr spät, am 12. 6., mit Frankreich zu einer Vereinbarung zu kommen. Ziel der Verhandlungen auf österreichischer Seite war ursprünglich gewesen, Napoleon zu veranlassen, so starken Druck auf Italien auszuüben, daß es in dem erwarteten preußisch-österreichischen Krieg neutral blieb. Erreicht wurde schließlich nur die den Krieg in Italien von vornherein sinnlos machende Vereinbarung, daß im Falle eines Sieges der Österreicher in Deutschland Venezien an Napoleon abgetreten würde, der es an Italien weitergeben sollte. Sehr vage wurde von französischer Seite die neue mitteleuropäische Landkarte nach einem österreichischen Siege über Preußen skizziert: Österreich sollte Schlesien erhalten, die deutschen Mittelstaaten sollten auf Kosten der kleinen vergrößert und aus den Gebieten am Rhein sollte ein neuer »unabhängiger« deutscher Staat geschaffen werden. Dieser sollte nicht zu dem beträchtlich reduzierten »Deutschen Bund« gehören, sondern einen »souveränen« Pufferstaat zwischen Frankreich und dem verkleinerten »Deutschen Bund« bilden. Aus all dem ging hervor, daß Österreich bei Bekanntwerden dieser Kriegsziele jeden Rückhalt bei der deutschen Nationalbewegung verlieren mußte und folglich der Sieg Preußens trotz aller Ablehnung Bismarcks und seines Regimes auch im Interesse der deutschen Nationalbewegung lag.

Bismarck beschränkte sich nicht auf die militärischen Vorbereitungen und auf das italienische Bündnis, sondern entwickelte eine umfassende, einen nationalrevolutionären Krieg gegen die Habsburger Monarchie als wesentliches Element einbeziehende, für den Notfall auch einen deutschen Nationalkrieg gegen Frankreich ins Auge fassende Konzeption. Zum Verständnis dieser von Bismarcks Grundvorstellung von der Bedeutung des alle Großmächte, also auch Österreich, einschließenden europäischen Mächtesystem vollkommen abweichenden Planung muß man darauf hinweisen, daß es in dem Krieg gegen Österreich um die Existenz Preußens ging, das zu einem militärischen Alleingang gegen eine andere Großmacht mit dem Risiko des Eingreifens einer zweiten (Frankreich) antrat, dessen Ausgang schwer vorauszusehen war, weil niemand die Schlagkraft der reformierten preußischen Armee zutreffend einschätzen konnte. (Ihre Leistungen im Dänischen Krieg von 1864 waren nicht so eindeutig überzeugend gewesen.) Bismarck war sich bewußt, daß er Hazard spielte. Am 15. 6. äußerte er: »Der Kampf wird hart sein. Preußen kann verlieren, aber es hat dann wenigstens tapfer und ehrenvoll gefochten. Wenn wir geschlagen werden, kehre ich nicht hierher zurück. Ich falle dann in der letzten Charge. Man kann nur einmal sterben, und ehe man unterliegt, ist es besser, man stirbt.« Die Erinnerung an die friderizianische Tradition des »Sieg oder Untergang« überdeckte in dieser Entscheidungssituation die sonst machtpolitisch-nüchternen Kalkulationen Bismarcks. Er fürchtete, daß es wahrscheinlich zu sehr langwierigen Kämpfen auf dem böhmischen Hauptkriegsschauplatz kommen, daß dann Preußen mit dem Gros seiner Kräfte dort gebunden und den Pressionen Napoleons ungeschützt ausgesetzt sein würde. Wie aber konnte trotz dieser befürchteten militärischen Situation – an einen durchschlagenden Erfolg des Moltkeschen Operationsplans glaubte Bismarck nicht so recht – die notwendige schnelle Entscheidung gegen Österreich erzwungen werden? Die Durchsetzung des preußischen Machtanspruchs erschien Bismarck eine so vitale Notwendigkeit für die Zukunft der preußischen Machtstellung, daß er auch die Zerstörung der Habsburger Monarchie und damit die »Sprengung« des bisherigen Großmächtesystems als letzten Ausweg in die Wege leitete. Die Folgen hiervon für ganz Europa und auch für Preußen selbst waren unübersehbar, auch im einzelnen schwer vorstellbar, unter dem Gesichtspunkt sozial-konservativer Politik in jedem Falle katastrophal. Bismarck beabsichtigte, in weiten Teilen der Habsburger Monarchie Aufstandsbewegungen der nichtdeutschen Nationalitäten in die Wege zu leiten, also die nationalen Revolutionen

in den Dienst der preußischen Machtpolitik zu stellen. Alle Mittel waren ihm recht, um Österreich zur schnellstmöglichen Aufgabe des Kampfes zu zwingen.
Bereits seit 1862 pflegte Bismarck Kontakte zu führenden Vertretern der ungarischen Emigration wie Kossuth und Klapka. Ungarn sowie die zu Österreich gehörenden Teile Italiens sollten in Aufruhr versetzt werden, desgleichen die Tschechen in Böhmen. Auch Serbien war eine entsprechende Rolle im Hinblick auf die Mobilisierung der südslawischen Untertanen der Habsburger zugewiesen. Schließlich gehörte die von Bismarck geförderte Kandidatur von Karl von Hohenzollern-Sigmaringen, eines Sohnes des zeitweiligen preußischen Ministerpräsidenten und Chefs der süddeutsch-katholischen Linie der Hohenzollern, zum Fürsten von Rumänien mit in diesen Rahmen. Tatsächlich wurde Karl von den rumänischen Notabeln gewählt, zumal auch Napoleon III. aus anderen Erwägungen diese Kandidatur betrieb. Bismarck hoffte, Rumänien in den Aufstandsplan mit einbeziehen und so die siebenbürgischen und bukowinischen Rumänen gegen die Habsburger Monarchie ins Spiel bringen zu können. Das Wichtigste aber war trotz dieser Ausweitungen auf eine ganze Reihe von Nationalitäten die Aufstellung einer ungarischen Legion unter Klapka, die aus Mähren über die Slowakei in die ungarische Tiefebene vorstoßen und das Land wie 1849 in Aufruhr versetzen sollte.
Obwohl sich die italienischen Forderungen in den letzten Wochen vor Kriegsbeginn über Venezien hinaus steigerten und nun auch das Trentin und das obere Etschtal mit umfaßten, lehnte der italienische Ministerpräsident La Marmora die Aufstandspläne in Norditalien ab, da die Gefahr, daß das ganze Unternehmen aus der Kontrolle der königlich-italienischen Regierung glitt und in unerwünschte revolutionäre, republikanische Bahnen geriet, allzu groß war. Auch den »Rat«, die italienische Armee solle doch nach einer Landung in Dalmatien und nach einem Vorstoß nach Tirol hinein die in Venezien stehende österreichische Südarmee einschließen, so daß dann der weitere Vormarsch auf Wien frei stünde, befolgte die italienische Seite in richtiger Einschätzung ihrer militärischen Kräfte nicht. Italien entschied sich lediglich für einen »konventionellen« Vorstoß gegen das österreichische Festungsviereck an der venezischen Grenze.
Obwohl die Vorbereitungen für einen großen Krieg von Bis-

marck längst getroffen waren, ließ er den politischen Faden zu Österreich nicht abreißen. Noch am 23. 5. stellte er die Alternative: weitere Kooperation oder Krieg als gegeben hin. In seinem Auftrage erklärte von Gablenz an diesem Tage Kaiser Franz Joseph: »Eine Million Soldaten steht sich mobilisiert gegenüber, bei einer Einigung zwischen Preußen und Österreich aber stehen sie mit Blick nach außen geschlossen zusammen. Österreich und Preußen werden (bei Annahme von Bismarcks Vorschlag) an Stelle des Napoleoniden die Schiedsrichter Europas; in Deutschland aber werden widerstrebende Fürsten durch Einmarsch eines preußischen Korps im Norden, eines österreichischen im Süden zur Folgeleistung gezwungen; unter dem Druck der Waffen gewährt auch das Parlament (das – Bismarcks Vorschlägen entsprechend – gewählte deutsche Parlament) dem neuen Dualismus seine Zustimmung.«

Am 28. 5. lehnte jedoch Österreich endgültig den letzten Vermittlungsplan ab. Bismarck schlug daraufhin noch ein gemeinsames Auftreten beider deutscher Großmächte auf dem inzwischen, am 25. 4. zunächst inoffiziell, aber am 2. 5. dann auch öffentlich von Napoleon III. angeregten Kongreß der europäischen Mächte zur Klärung der deutschen Frage vor. Vor diesem Hintergrund erst wird ganz deutlich, warum Bismarck bis zuletzt die »Fäden« zu Österreich nicht vollkommen abschneiden wollte: die Sorge vor Frankreich und einer von ihm ausgehenden Initiative des »Konzerts der Mächte« bestimmte ihn, sich den Weg zum Ausgleich mit Österreich offen zu halten. In jedem Falle sollte Österreich den entscheidenden Schritt zum Bruch hin tun, sollte die Dynamik der preußischen Politik, die in Wahrheit auf die große Entscheidung hindrängte, verschleiert wurde. Österreich wurde von Bismarck die Entschlußfassung über Krieg oder Frieden zugeschoben.

Mit der Ablehnung der Vermittlung von Gablenz' am 28. 5. waren im Grunde bereits die Würfel gefallen. Am 1. 6. gab der österreichische Delegierte beim Bundestag in Frankfurt die Erklärung ab, daß das Schicksal der Elbherzogtümer vom »Deutschen Bund« entschieden werden sollte. Damit sagte sich Österreich öffentlich von der Gasteiner Konvention los. Als »Antwort« hierauf rückten preußische Truppen in Holstein ein. Der von Bismarck dabei erwartete militärische Zwischenfall, der das Signal zum Kriege geben sollte, blieb indessen aus. Der preußi-

sche Gouverneur in Schleswig, der frühere Chef des Militärkabinetts des Königs und Exponent der hochkonservativen Gruppe in der preußischen Führung, Edwin v. Manteuffel, der von seiner Konzeption her selbstverständlich ein Gegner des Krieges gegen Österreich war, verständigte sich mit dem österreichischen Gouverneur in Holstein, so daß die Ablösung der österreichischen und preußischen Truppen – entgegen den Intentionen Bismarcks – im gegenseitigen Einvernehmen erfolgte.
Bismarck mußte nun doch seinerseits die politische Offensive gegen Österreich forcieren, um den Bruch zu vollenden. Am 10. 6. teilte die preußische Regierung allen deutschen Staaten mit, daß sie eine Reform des »Deutschen Bundes« auf dualistischer Basis plane: Preußen solle im Norden herrschen, Bayern im Süden Vormacht sein. Von Österreich war nicht mehr die Rede: es sollte nicht mehr Mitglied des »reformierten« Bundes sein. Wieder wurde in der Erklärung von einem deutschen Nationalparlament gesprochen, zu dem aber auch keine österreichischen Vertreter mehr gehören sollten. Die Regelung der Beziehungen zwischen dem neuen Bund und seinen Mitgliedern zur Habsburgischen Monarchie sollte auf völkerrechtlicher Grundlage wie zu anderen fremden Staaten erfolgen.
Auf diese Kampfansage reagierte Österreich am folgenden Tage mit dem Antrag im Bundestag, »zum Schutz der inneren Sicherheit Deutschlands und der bedrohten Rechte der Bundesglieder« die nichtpreußischen Korps des Bundesheeres zu mobilisieren. Einen Tag später fand sich Napoleon zu der schon erwähnten geheimen Konvention mit Österreich bereit, die aus österreichischer Sicht nur als Versuch zu verstehen ist, Deckung von Frankreich zu erlangen. Sie stellte dennoch nichts als eine Bankrotterklärung der österreichischen Deutschlandpolitik dar.
Über den Antrag Österreichs im Bundestag vom 11. 6. wurde in Frankfurt am 14. 6. abgestimmt. Die Mehrheit der Delegierten der deutschen Staaten entschied sich jedoch nicht hierfür, sondern für einen als Kompromiß gedachten Antrag Bayerns, der nicht nur die preußischen Teile des Bundesheeres, sondern auch die österreichischen von der Mobilmachung ausnahm. Auf der Seite Preußens standen nur Luxemburg, die beiden Mecklenburg, Oldenburg, Anhalt, die Freien Reichsstädte (außer Frankfurt) und einige Zwergstaaten. Baden enthielt sich der Stimme, das heißt Bismarck blieb mit seiner gegen Österreich gerichteten Pressions-

politik im entscheidenden Augenblick allein und war faktisch ausschließlich auf den Erfolg der preußischen Waffen angewiesen. Nach der Abstimmung erklärte der preußische Gesandte auf Weisung Bismarcks den bisherigen Bundesvertrag für »gebrochen« und »erloschen«, seine Tätigkeit in Frankfurt für »beendet«. Den vorbereiteten Antrag auf Schaffung einer neuen Bundesverfassung ohne Österreich konnte er nicht mehr einbringen, da Österreich und Bayern ihm mit ihren Anträgen zuvorgekommen waren.

Der Bruch zwischen Preußen und Österreich war vollzogen, ohne daß eine förmliche Kriegserklärung von Großmacht zu Großmacht abgegeben wurde – ein Novum in der Geschichte der europäischen Kriege im 19. Jahrhundert. (Die Frankfurter Erklärung des preußischen Gesandten konnte allerdings als Kriegserklärung an den »Deutschen Bund« betrachtet werden.)

Worum es Bismarck in diesem Krieg gegen Österreich ging, hat in nachträglich stilisierter Form, aber doch im Kern präzis der Sieger von Königgrätz, Moltke, ausgesprochen: »Der Krieg 1866 ist nicht aus Notwehr gegen die Bedrohung der eigenen Existenz entsprungen, auch nicht hervorgerufen durch die öffentliche Meinung und die Stimme des Volkes. Es war ein im Kabinett als notwendig erkannter, längst beabsichtigter und ruhig vorbereiteter Kampf nicht um Ländererwerb, Gebietserweiterung oder materiellen Gewinn, sondern um ein ideales Gut – für Machterweiterung.«

In kurzfristig gehaltenen Ultimaten versuchte Bismarck, Hannover, Sachsen und Kurhessen von der Sinnlosigkeit eines Kampfes gegen Preußen zu überzeugen. Ihnen wurde die Integrität ihrer Gebiete zugesichert, wenn sie abrüsteten und dem preußischen Reformplan, also dem Ausschluß Österreichs, zustimmten. Nach Ablehnung dieses die politische Kapitulation einschließenden Vorschlags beschloß der Rumpfbundestag (ohne den Vertreter Preußens) die Einleitung der Bundesexekution gegen Preußen. Am 26. 1. begann der Vormarsch der preußischen Armeen über die böhmische Grenze. Alles kam jetzt darauf an, eine schnelle Entscheidung gegen Österreich zu erzwingen. Nicht nur Frankreichs Haltung selbst war undurchsichtig, sondern auch der französische Vorschlag einer europäischen Mächtekonferenz lag gleichsam »auf den Tisch«. Fand sie statt, dann wurde die deutsche Frage wieder »europäisiert« und der Alleingang Preußens angehalten.

In der unsicheren Situation des Kriegsbeginns, bei der auf seiten Bismarcks der Zweifel am durchschlagenden Verlauf der Operationen auf dem böhmischen Kriegsschauplatz ein ganz wesentliches Element war, wurde von ihm der Plan eines »Totalsieges« über Österreich allen Zweifeln zum Trotz auf dem Wege über eine Mobilisierung der Nationalitäten weiter verfolgt. In diesem Zusammenhang übergab der preußische Gesandte in Florenz, Usedom, der italienischen Regierung am 17. 6. die sogenannte »Stoß-ins-Herz«-Note, in der es hieß, Preußen schlage Italien einen »gründlichen Krieg« (guerre à outrance) vor. Wenn den Verbündeten (Preußen und Italien) das Waffenglück hold sei, »werden sich die beiden Mächte nicht mit den dazwischen liegenden Hindernissen aufhalten, sie werden vielmehr ihren Gegner ... bis zu seinen letzten Ressourcen zurückzudrängen suchen ... Italien (wird), um zur Vereinigung mit Preußen zu gelangen, sich nicht damit begnügen dürfen, zu den Nordgrenzen Veneziens vorzudringen; es wird sich den Weg an die Donau bahnen und im Zentrum der kaiserlichen Monarchie selbst Preußen die Hand reichen, es wird mit einem Wort nach Wien marschieren müssen. Um sich den dauerhaften Besitz Veneziens zu sichern, muß man zuvor die österreichische Macht ins Herz getroffen haben ... Übrigens existiert eine unfehlbare Agentschaft, um den beiden Armeen ihre wirksame Kooperation auf einem gemeinsamen Terrain zu sichern; dieses Terrain ist Ungarn ... Von Norden und von der Grenze Preußisch-Schlesiens könnte ein so viel wie möglich aus nationalen Elementen gebildetes fliegendes Korps in Ungarn eindringen und dort den italienischen Truppen und den nationalen Streitkräften, die sich bald bilden würden, die Hand reichen. Österreich würde in dem Maße verlieren, in dem wir gewinnen, und die Stöße, die dann gegen es geführt würden, träfen nicht mehr seine Extremitäten, sondern sein Herz.«
Der Krieg verlief indessen vollkommen anders, als es Bismarck erwartet hatte. Sieben Tage nach der »Stoß-ins-Herz«-Depesche erlitt das italienische Heer bei Custozza eine schwere Niederlage. Fünf Wochen später, am 20. 7., wurde auch die italienische Flotte bei Lizza vernichtet. An eine Landung in Dalmatien und an einen schnellen Vorstoß nach Ungarn konnte nun niemand mehr denken. Italien fiel als ernst zu nehmender militärischer und politischer Faktor in wenigen Wochen völlig aus. Die österreichi-

sche Südarmee konnte von Norditalien an die Donau gelenkt werden, um eine Verteidigungsstellung um Wien aufzubauen – in der Erwartung, dem Krieg, der durch die Schlacht von Königgrätz am 3. 7. eine erste grundlegende Wendung zugunsten Preußens genommen hatte, nach einer Intervention anderer Mächte eine abermalige Wendung zu geben.

Der von Bismarck nicht erwartete durchschlagende Erfolg der Operationsplanung Moltkes und seiner Leitung der Operationen auf dem Schlachtfeld änderte mit einem Schlage die Gesamtsituation. Für den preußischen Staat hatte er weittragende Konsequenzen hinsichtlich der Stellung des Chefs des Generalstabes innerhalb der militärischen Führung und für die militärische Führung insgesamt in ihrem Verhältnis zur politischen Führung. Das in der konstitutionellen Monarchie bereits angelegte »gleichberechtigte« Nebeneinander von politischer und militärischer Führung wurde nun durch den Triumph der Moltkeschen Führungskunst, die die Zweifel am Wert des militärischen Instruments mit einem Schlage beseitigten, erst richtig zementiert. Alles was seit Roons Heeresreformplan von 1859 in Preußen umstritten war, schien nun durch den Erfolg gerechtfertigt.

Militärisch war die Kriegsentscheidung gegen Österreich gefallen; die planlos nebeneinander her operierenden Armeen der Verbündeten Österreichs konnten – aufs Ganze gesehen – ohne Schwierigkeiten ausgeschaltet werden. Entscheidend war jetzt die Haltung Frankreichs, aber auch ob die anderen Mächte auf ihre immer noch möglichen, ja zeitlich dringend gewordenen politischen Interventionen verzichteten.

So wie Bismarck die Entscheidung von Königgrätz als überraschend günstige Wendung betrachtete, so bedeutete sie auch für Napoleon III. eine allerdings sein Konzept durcheinanderbringende Überraschung. Nicht so sehr die Tatsache, daß Preußen erfolgreich war, wirkte störend auf seine Kalkulationen; es war vielmehr die Größe des Erfolgs und der Zwang für Österreich, jetzt sehr schnell zu einer Verständigung mit dem Sieger zu gelangen, wenn Frankreich nicht doch noch – was Napoleon III. hatte vermeiden wollen – eindeutig Position bezog. Österreich wandte sich bereits in der Nacht nach der Niederlage von Königgrätz an Napoleon mit der Bitte um Vermittlung. Dieser gewann dadurch zwar die Möglichkeit, an dem Ausgleich zwischen den beiden deutschen Großmächten mitzuwirken; um den

Sieg Preußens »rückgängig« zu machen, bedurfte es jedoch eines militärischen Eingreifens auf seiten Österreichs – oder aber einer Einschaltung aller Großmächte über die von Napoleon schon vor Kriegsbeginn angeregte Konferenz. Für Bismarck war die Vermittlung Frankreichs zur Aushandlung der Friedensbedingungen zwischen Preußen und Österreich das »kleinste Übel« im Vergleich zum militärischen Eingreifen Frankreichs wie zur internationalen Konferenz, bei der Preußen nur seine Handlungsfreiheit verlieren konnte und weiter hätte zurückstecken müssen, als es bei der »rein« französischen Vermittlung der Fall war. Bismarck stimmte daher dem Angebot Napoleons bereits am 5. 7. zu, ließ allerdings vorerst den Vormarsch in Richtung Wien weiterlaufen, um Druck auf Österreich zum schnellen Abschluß auszuüben. Alles kam in Bismarcks Sicht darauf an, die Beratungen zu dritt als in der gegebenen Lage unvermeidlich zu akzeptieren, die allgemeine europäische Konferenz aber auszumanövrieren. So liefen die Verhandlungen in Paris wie im preußischen Hauptquartier mit großer Geschwindigkeit an, wobei nur die Schwierigkeiten der Nachrichtenübermittlung und die von Bismarcks Intentionen abweichenden Aktivitäten des preußischen Gesandten in Paris v. d. Goltz gewisse Verwirrungen stifteten. Ziel der Verhandlungen mußte es gemäß Bismarcks Konzeption sein, die Bildung eines »Norddeutschen Bundes«, eines Bundesstaates unter Führung Preußens, Napoleon nicht nur akzeptabel, sondern als logische Konsequenz der Entscheidung von Königgrätz erscheinen zu lassen, das politische Nicht-Überschreiten der Main-Linie hingegen, die militärisch von den preußischen Truppen längst überquert worden war, als ein preußisches Entgegenkommen gegenüber Frankreich wirken zu lassen, das an sich schon eine Art Kompensation für Frankreich darstellte, da der hier bisher vorherrschende Einfluß Österreichs nun beendet war und für Frankreich Möglichkeiten offen standen.

Goltz ging in Paris aus Furcht vor einem militärischen Eingreifen Frankreichs über diese politische Linie seines Regierungschefs hinaus, indem er eine Abtretung von Teilen der bayerischen Pfalz etwa mit den Grenzen von 1814 – Landau zu Frankreich – als möglich bezeichnete. Goltz glaubte auf solche Weise in Paris den gemäßigten Kaiser gegen den pro-österreichischen, forciert für territoriale Gewinne Frankreichs eintretenden

Außenminister Drouyn de Lhuys auf seine Seite ziehen zu können. Obwohl Napoleon das Stichwort »Kompensationen« gar nicht aufgriff, weil es ihm viel mehr auf seinen europäischen Einfluß ankam – ihm schwebte eine Zwei-Phasen-Lösung vor: zuerst Herstellung eines Präliminarfriedens, dann europäische Mächtekonferenz mit einer Neuverteilung der »Gewichte« auf dem Kontinent –, meinte Goltz durch seine Kompromißbereitschaft wesentlich zum Zustandekommen des Plans vom 14. 7. beigetragen zu haben, der die Basis für den preußisch-österreichischen Friedensvertrag bilden sollte. Vorgesehen war darin: Auflösung des »Deutschen Bundes«, das heißt Ausscheiden Österreichs aus den vorgesehenen Nachfolgeorganisationen, 1. dem von Preußen geführten »Norddeutschen Bund« und 2. einem eventuell durch freiwilligen Zusammenschluß der süddeutschen Staaten zu bildenden »Südbund«, der seine Beziehungen zum »Norddeutschen Bund« »durch ein freies gemeinsames Einverständnis« regeln sollte. Gedacht war offenbar an Kontakte von Bund zu Bund, nicht der einzelnen süddeutschen Staaten zum »Norddeutschen Bund«. Schleswig-Holstein sollte an Preußen fallen, jedoch in Nordschleswig – hier knüpfte der Plan an den Vorschlag Napoleons auf der Londoner Konferenz 1864 an – eine Volksabstimmung mit anschließender Teilung zwischen Dänemark und Preußen stattfinden. Erst nachträglich einigten sich Bismarck und Napoleon auch noch auf eine Erweiterung Preußens durch Annexionen in Norddeutschland, die vier Millionen Menschen umfassen durften.

Nachdem diese Einigung zwischen Frankreich und Preußen erreicht war, galt es für Bismarck, nicht nur Österreich hierfür zu gewinnen – was relativ leicht war, da nach der Zustimmung Napoleons für Österreich keinerlei Chance mehr bestand, militärisch das Schicksal noch zu wenden –, sondern auch seinem König und der militärischen Führung die – Österreich selbst völlig schonende – Lösung plausibel machen. König Wilhelm legte auf eine »Bestrafung« Sachsens besonderen Wert, lehnte hingegen Annexionen ab, die zu einem Totalanschluß ganzer Staaten an Preußen führten und an die Beseitigung der legitimen Herrschaft einzelner Dynastien geknüpft waren. Verlauf und Ausgang des Ringens im Hauptquartier zu Nikolsburg sind bekannt: am 22. 7. kam es zum Waffenstillstand, am 26. 7. zum Präliminarfrieden auf der von Bismarck als allein für vertretbar

erachteten Basis. Es war – von der internationalen Konstellation her gesehen – höchste Zeit, daß es zum Abschluß der Verhandlungen kam; denn einen Tag nach Unterzeichnung des Präliminarfriedens traf der formelle Antrag Rußlands, das durch die nationalrevolutionären Methoden der Kriegsvorbereitungen auf preußischer Seite aufs schwerste beunruhigt war, auf Einberufung eines europäischen Mächtekongresses zur Gesamtfriedensregelung in Mitteleuropa ein. Bismarck konnte nun unter Hinweis auf den soeben abgeschlossenen Vertrag, vor allem aber auf die Bereitschaft Preußens, Rußland bei der Beseitigung der Pontusklauseln des Pariser Friedens von 1856 – außerhalb der von Rußland nicht zuletzt aus diesem Grunde gewünschten europäischen Konferenz, die eine Revision des Pariser Friedens vornehmen sollte – die Petersburger Regierung zur Zurücknahme ihres Antrages veranlassen. Dies entsprach nun keineswegs dem Interesse Frankreichs, da Napoleon für die nun beginnende zweite Phase seines Friedenskonzepts das »Gewicht« der anderen Mächte benötigte. Im Zuge des angestrebten europäischen Arrangements visierte Napoleon jetzt auch größere territoriale Erwerbungen in Westdeutschland an. Da Bismarck dem russischen Konferenzplan gerade noch rechtzeitig hatte ausweichen können, blieb hierfür allerdings nur noch der Weg über zweiseitige Verhandlungen zwischen Frankreich und Preußen. (Daß Bismarck mit der Unterstützung Rußlands bei der Beseitigung der diffamierenden Schwarzmeerklauseln keine besondere Eile hatte, versteht sich von der preußischen Interessenlage her von selbst, hätte doch eine Regelung dieses Fragenkomplexes den wichtigsten Spannungsfaktor zwischen den beiden Flügelmächten England und Rußland beseitigt, der erst der preußischen Außenpolitik die auch weiterhin benötigte relativ große Handlungsfreiheit bot.)
Nur aus der wachsenden Unruhe in der französischen Öffentlichkeit über die als Niederlage Frankreichs betrachtete Schlacht von Sadowa-Königgrätz und aus der zunehmenden Kritik an der Außenpolitik des Kaisers ist die Weiterverfolgung und jetzt erst das eigentliche Hochspielen der Kompensationsfrage durch die französische Diplomatie erklärbar, obwohl die ursprünglich als Voraussetzung hierfür angesehene europäische Mächtekonferenz nicht stattfand. Bismarck erkannte bei dieser Gelegenheit, wie sehr Napoleon III. inzwischen zum Gefangenen seiner Pre-

stige-Politik und von innerfranzösischen Kräften abhängig geworden war. Am Tage des Abschlusses des Präliminarfriedens von Nikolsburg (26. 7.) hatte der Gesandte Napoleons, Graf Benedetti, Bismarck gegenüber erstmals eindeutige Territorialforderungen vorgebracht. Sie umfaßten neben Landau auch Teile des Saargebietes (also die Grenzen von 1814) sowie Luxemburg, das nach Auflösung des »Deutschen Bundes« nicht zum »Norddeutschen Bund« kommen sollte, somit als »Kompensationsobjekt« zur Verfügung stand. Diese Kompensationen sollten auf dem damals von Napoleon noch erwarteten europäischen Kongreß erhoben werden. Nachdem diese Konferenz endgültig aus der Diskussion verschwunden war, versuchte Napoleon, Bismarck auf einen Vertragsentwurf festzulegen, den Benedetti am 5. 8. überreichte. Darin war vorgesehen, nicht nur Abtretungen entlang der Grenzlinie von 1814 vorzunehmen, sondern Preußen sollte sich auch verpflichten, seinerseits auf Bayern und den Großherzog von Hessen Druck auszuüben, damit diese die fraglichen Gebiete Frankreich übertrugen. Etwas verklausuliert war die Forderung nach Abzug der preußischen Truppen aus der bisherigen Bundesfestung Luxemburg: Aus der Lösung aller bisherigen vertraglichen Bindungen Luxemburgs mit dem »Deutschen Bund« konnte eine »Neutralisierung« des Landes mit französischen Einflußmöglichkeiten gefolgert werden. Diesen zweiten Vorstoß Napoleons wies Bismarck, der bisher ausweichend operiert und keine klare Stellung zur Forderung nach den Grenzen von 1814 bezogen hatte, unzweideutig zurück. In Überschätzung der militärischen Aktionsfähigkeit Frankreichs glaubte er dabei ein beträchtliches Kriegsrisiko auf sich zu nehmen. Ihm schien jetzt eine Wiederaufnahme des Krieges durch Österreich mit Unterstützung Frankreichs, also ein Zweifrontenkrieg Preußens, durchaus möglich. Die ungarische Legion unter Klapka in Schlesien wurde daher auf seine Weisung hin weiter zusammengehalten. Sie sollte gegebenenfalls doch noch zum Einsatz gelangen. Bismarck sah in ihr die einzige wirksame Waffe, um notfalls einen schnellen vollständigen Zusammenbruch Österreichs herbeizuführen, um danach alle Kräfte in dem als deutschen Nationalkrieg gedachten Kampf gegen Frankreich zusammenzufassen. Napoleon lenkte jedoch am 11. 8. ein, entließ Drouyn de Lhuys und erklärte den Vorstoß vom 5. 8. für ein Mißverständnis. Das Schwanken zwischen der Einsicht in die militärische Handlungsunfähigkeit und dem Bewußtsein der Abhängigkeit von Stimmungen der öffentlichen Meinung zeigte sich erneut bei dem dritten Vorstoß, den Benedetti am 22. 8. unternahm. Diesmal war von Luxemburg und Belgien als Kompensationsobjekten die Rede. Napoleon folgte damit offensichtlich früheren Andeutungen Bismarcks, daß Frankreich doch nach solchen Gebieten Ausschau halten sollte, in denen französisch gesprochen werde und in denen – anders als in den westdeutschen Territorien – Sympathien für Frankreich vorhanden seien, so daß Kompensationen dort durchaus mit den nationalstaatlichen Tendenzen des Zeitalters in Übereinstimmung gebracht werden könnten. Der daraufhin von Benedetti aufgesetzte neue Vertragsentwurf diente Bismarck später, 1870, als Propagandamaterial gegen Frankreich, wobei er insbesondere auf die im Falle Belgiens leicht allergisch reagierende britische Öffentlichkeit abzielte. Hatte dieser zweite Entwurf Benedettis somit eine politische Fernwirkung, so nutzte Bismarck den ersten Entwurf unmittelbar, indem er in den Friedensverhandlungen mit den süddeutschen Staaten die französischen Ambitionen auf bayerische und hessische Territorien als Argument für die Notwendigkeit geheimer Schutz- und Trutzbündnisse dieser Staaten mit Preußen erfolgreich verwandte. Da Preußen auf jede Gebietsabtretung in Süddeutschland verzichtete, wurde das Ziel vollkommen erreicht: nacheinander unterzeichneten Württemberg, Baden und Bayern vom 13. bis 22. 8. die gewünschten Verträge, in denen sie sich verpflichteten (pro forma contra omnes, praktisch nur gegen Frankreich) »ihre volle Kriegsmacht unter dem Oberbefehl des Königs von Preußen zur Verfügung zu stellen«. Bismarck konnte auf diese Weise die in den Vereinbarungen mit Napoleon vom 14. 7. festgelegte Main-Linie zwischen dem von Preußen beherrschten Norden und dem »freien« Süden auch politisch wenigstens teilweise überschreiten, so daß das Fernziel, ganz Deutschland ohne Österreich unter preußischer Führung zusammenzufassen, in diesem Moment greifbar nahe zu liegen schien. Auch der Aufschwung und die Aussöhnung des größten Teils der deutschen Nationalbewegung, wie sie in der Gründung der Nationalliberalen Partei aus einem Teil der »Deutschen Fortschrittspartei« ihren sichtbaren Ausdruck fand, legten eine solche optimistische Prognose nahe. Einen Tag nach dem letzten diplomatisch-politischen Vorstoß Frankreichs, am 23. 8., wurde in Prag der endgültige Friedensvertrag zwischen Preußen und Österreich unterzeichnet. Dies war nicht zuletzt ein Zeichen dafür, daß Österreich jede Hoffnung auf eine militärische Intervention Frankreichs zu diesem Zeitpunkt bereits aufgegeben hatte. Die Vorstöße Frankreichs wirkten vor diesem Hintergrund wie Rückzugsgefechte in einem gescheiterten politischen Großunternehmen.

Der Prager Frieden übernahm alle wesentlichen Bestimmungen aus dem Nikolsburger Präliminarfriedensvertrag. Lediglich eine ausdrückliche Erwähnung des mit Napoleon in dem am 14. 7. ausgehandelten »Südbundes« schien Bismarck nunmehr zur Abwehr neuer französischer Initiativen geraten, während er in Nikolsburg noch geglaubt hatte, darüber hinweggehen zu können. Der Prager Frieden bildete zugleich den Schlußpunkt in der Kette von Verträgen, mit denen der Kriegszustand in Mitteleuropa beendet wurde. Der wichtigste Vertrag dabei war die Gründung des als Bundesstaat mit preußischem Übergewicht konstituierten »Norddeutschen Bundes« am 18. 8., dem sich bis Oktober 1866 alle ehemals zum »Deutschen Bund« gehörenden Staaten nördlich der Main-Linie mit Ausnahme Luxemburgs anschlossen, das Großherzogtum Hessen nur für seine Gebietsteile nördlich des Mains.

Zusammengefaßt: Der Prager Frieden bestätigte in seinem politischen Kern den Triumph der Bismarckschen Politik zur Machterweiterung Preußens in Deutschland und zur vollständigen Hinausdrängung Österreichs aus Deutschland, unter Abweisung aller Interventionsmöglichkeiten der übrigen Großmächte. Es hatte sich dabei – wider Erwarten – als möglich erwiesen, das Optimalziel, Österreich als Großmacht nicht zu zerstören, sondern – unter Verlagerung seines Schwergewichts nach Südosten – als Faktor des europäischen Mächtesystems zu erhalten. Die als Notlösung ins Auge gefaßte »Total«-Zerstörung Österreichs mit den darin implizierten unabsehbaren Folgen hatte – wozu nicht zuletzt auch die Schwierigkeiten der Realisierung beitrugen – vermieden werden können. Im einzelnen hatte Bismarck geschmeidig auf die durch den Faktor Napoleon III. gegebene Konstellation reagiert. Die Abtretung Veneziens an Italien als einziger Gebietsverlust der Habsburger Monarchie symbolisierte dies. Die Anerkennung der Auflösung des »Deutschen Bundes« durch Österreich und die Zustimmung zu einer – wie es im

Prager Friedensvertrag hieß – »neuen Gestaltung Deutschlands« ohne Beteiligung des Kaiserstaates gab den Weg frei für die schon eingeleitete Bildung des »Norddeutschen Bundes«, der eine »international unabhängige Existenz« haben sollte. Das heißt es wurde ein neuer Großstaat geschaffen, der qualitativ etwas anderes darstellte als nur ein vergrößertes Preußen: der »Norddeutsche Bund« verstand sich – und dies galt insbesondere für seinen auf Grund freier, gleicher, unmittelbarer Wahlen zustande gekommenen »Reichstag« und die die Mehrheit seiner Abgeordneten umfassende Nationalliberale Partei – als Kern eines deutschen Nationalstaates, dem früher oder später auch die süddeutschen Staaten in dieser oder jener Form angeschlossen werden sollten.

Die Annexionen Preußens in Norddeutschland, die Österreich pauschal anzuerkennen versprach, vollzog Preußen in zum Teil ungewöhnlich harter, zweckrational schwer begreiflicher demütigender Form für die Besiegten und Annektierten. Dies galt vor allem für Hannover und die Freie Reichsstadt Frankfurt. Die Annexionen konservierten und förderten die anti-preußischen Ressentiments, die durch die Entscheidung von 1866 gerade im Interesse eines Neubeginns hätten abgebaut werden sollen.

Das eigentlich Überraschende an dem Geschehen von 1866 ist die für die europäische Geschichte wohl einmalige Tatsache, daß eine so tiefgreifende Veränderung der Mächteverhältnisse in der europäischen Gesamtsituation, wie sie der Triumph Preußens über Österreich darstellte, in einem kurzen duellartigen Krieg zwischen den beiden deutschen Großmächten möglich war, ohne daß es – von Napoleons im ganzen doch begrenztem Mitwirken abgesehen – zu einer politischen oder militärischen Intervention der übrigen Großmächte gekommen wäre, ja daß nicht einmal die vollzogene Entscheidung sogleich eine größere Umorientierung innerhalb des Mächtesystems zur Folge hatte. Gewiß gab es – wie zu zeigen sein wird – Überlegungen für neue Bündniskombinationen; doch in der Realität hielt sich alles viel mehr in Grenzen, als es der tiefen Veränderung der Lage entsprach.

Die Aufgabe Veneziens durch Österreich war im Grunde nicht mehr als eine – nicht die letzte – Etappe im Zuge der Verdrängung der Habsburger Monarchie aus Italien, das Metternich 1815 als eine der beiden Grundpfeiler der österreichischen Stellung in Mitteleuropa betrachtet hatte. Der erzwungene Rückzug aus der zweiten, der deutschen Bastion war ungleich folgenreicher: für die innere Umgestaltung der Monarchie wie für die europäische Konstellation. Zu konstatieren ist bei der Kriegsbeendigung 1866 eine erneute Schwächung der gesamteuropäischen Solidarität und Verantwortung für die Friedensordnung. 1864 war in der Londoner Konferenz wenigstens noch ein konkreter Ansatz zu einer europäischen Regelung des in Frage stehenden Problems gemacht worden. 1866 kam man auf französischer wie auf russischer Seite über diplomatische Vorstöße in dieser Richtung, die bald wieder aufgegeben wurden, nicht hinaus, obwohl 1866 in ganz anderem Maße gesamteuropäische Entscheidungen zur Diskussion standen wie 1864. Schließlich war, auch wenn Österreich als Großmacht erhalten blieb, die 1814/15 errichtete Ordnung in Mitteleuropa, die auf das engste mit der gesamteuropäischen des Wiener Kongresses verknüpft war, zerstört worden. Davon wurde von allen Mächten Frankreich am stärksten betroffen, obwohl Napoleon III. dies zunächst nicht in voller Schärfe erkannte. Immerhin war es eine Konsequenz der ausgebliebenen europäischen Konferenz und der internationalen Absicherung der Veränderungen in Mitteleuropa, wenn Frankreich jetzt nach verstärkter Sicherung gegenüber dem von Preußen zusammengefaßten Norddeutschland strebte. Der Verlust gesamteuropäischer Verantwortung und das Ende der Solidarität der Großstaaten im »Konzert der Mächte« mußte nicht nur im Falle Frankreichs, sondern letztlich bei allen Mächten fast zwangsläufig zu einem verstärkten militärischen Sicherheitsstreben im nationalstaatlichen Rahmen führen. Daß Frankreich als erstes von dieser Problematik betroffen war, stellte insofern eine »Ironie« dar, als es ja Napoleon III. gewesen war, der zwecks »Sprengung« der »Fesseln« der Verträge von 1814/15 über Krimkrieg und italienischen Krieg die Aushöhlung der Mächtesolidarität vorangetrieben und damit ungewollt Bismarck und der preußischen Pressionspolitik vorgearbeitet hatte.

Das erstaunlich anmutende Desinteresse der nicht unmittelbar betroffenen Großmächte an den tiefgreifenden Veränderungen in Mitteleuropa 1866 ist wohl nicht zuletzt damit zu erklären, daß niemand unter den europäischen Staatsmännern sich voll bewußt war, was es für das Kräfteverhältnis – nicht so sehr aktuell, wohl aber im Blick auf die Zukunft – bedeutete, wenn der größte Teil Deutschlands unter der Führung Preußens zusammengefaßt wurde. Allerdings hatte das russische Regierungsblatt »Journal de St. Petersbourg« am 1. 8. 1866 bereits auf das durch den Triumph Preußens über Österreich aufgeworfene europäische Grundproblem hingewiesen: »Heutzutage spricht man so viel vom europäischen Gleichgewicht. Es ist daher leicht zu verstehen, wenn eine Nation sich vergrößere, daß dann die anderen Staaten ebenso berechtigt sich fühlten und ernsten Versuchungen unterworfen seien, ebenfalls ihre Grenzen zu verschieben.«

Aus der Rückschau von den Katastrophen der deutschen Geschichte des 20. Jahrhunderts her ist oft die Frage gestellt und der Wunsch laut geworden, daß doch die Entscheidung 1866 anders, zugunsten Österreichs, hätte ausfallen sollen: Eine föderale Lösung des deutschen Problems hätte auf die Dauer eher mit den Interessen der europäischen Mächte vereinbart werden können, hätte nicht so herausfordernd gewirkt wie die Bismarcksche, im Kern – trotz aller nationalliberaler Mitwirkung – großpreußischer Lösung. Diese Alternative ist hingegen, wenn man sie im engeren Sinne allein politisch sieht, nur sehr unvollkommen erfaßt; denn die tatsächliche militärische und machtpolitische Entscheidung von 1866 fügte sich nahtlos zu der vorausgegangenen wirtschaftspolitischen (»Deutscher Zollverein«, Anschluß Preußens und seiner Partner an die westeuropäische Freihandelszone). Eine im ursprünglichen Sinne »großdeutsche« Alternative gab es gar nicht mehr, wohl aber, wenn man die Möglichkeit eines Sieges Österreichs unterstellt, eine – wenn auch unter Einfluß Frankreichs reduzierte – »Mitteleuropa«-Lösung. Sie hätte ökonomisch entweder Stagnation und Rezession für die Länder der – auf die Interessen Österreichs zugeschnittenen – Zollunion von der Nord- und Ostsee bis zur Adria bedeutet oder aber hätte nach Überwindung der Anfangsschwierigkeiten einen wirtschaftlichen Aufstieg eingeleitet, der in Anbetracht des ja noch viel größeren Potentials trotz aller föderalen Elemente der politischen Ordnung ein Eigengewicht entfaltet, das erst recht von den übrigen europäischen Mächten als Herausforderung betrachtet werden mußte. Im Vergleich zu der – einmal angenommenen – Entfaltung der Energien dieses »Großraums« stellte die Bismarck-Lösung noch die für das übrige Europa akzeptablere dar. Die tatsächliche Entscheidung von 1866 hatte jedenfalls für das Zentrum Europas im engeren

Sinne eine durchaus Dauer verheißende Lösung gebracht (auch wenn man größere Modifizierungen – wie im Verhältnis von Norddeutschem Bund und süddeutschen Staaten im Sinne eines festeren Zusammenschlusses – mit berücksichtigt). Für »Mitteleuropa« im weiteren Sinne hatten sich hingegen die Probleme nur verschoben, räumlich gesehen, waren sie in die Randzone abgedrängt: Südosteuropa war jetzt zum Hauptspannungsfeld zwischen den europäischen Mächten geworden, nicht mehr nur eines unter einer Reihe anderer geblieben. Der aus Deutschland abgedrängten Habsburger Monarchie aber waren außerordentlich schwierige Probleme im Innern (die 1867 im »Ausgleich« mit Ungarn ebenfalls nur verschoben, nicht aber gelöst wurden) wie nach außen, in Blickrichtung Balkan, überlassen worden, alles Probleme, die Österreich-Ungarn auf die Dauer allein kaum austragen konnte. Vorerst vergrößerte allerdings diese Belastung, die die »Doppelmonarchie« lähmte, die außenpolitische Bewegungsfreiheit Preußens, jedenfalls solange es nicht selbst in diesem Teil Europas zum Engagement gezwungen war. Eine solche Bindung an Österreich und die Balkanprobleme so lange und so weit wie irgend möglich zu vermeiden, wurde nunmehr eine Leitlinie in Bismarcks Außenpolitik.

2. Erwerbsgemeinschaft oder Konflikt mit Frankreich? – Von den diplomatischen Aktionen im August 1866 bis zur Julikrise 1870

Während für Bismarck seit der Ausprägung seines außenpolitischen Programms in den 1850er Jahren feststand, daß die Zusammenfassung Deutschlands unter Führung Preußens nur im Konflikt mit Österreich möglich war, wieviele Zwischenstationen und Phasen der Zusammenarbeit zwischen den beiden deutschen Großmächten auch eingeschoben werden konnten oder mußten, weil die Voraussetzungen für die große Entscheidung noch nicht gegeben waren, war es für ihn auch nach der politischen Intervention Napoleons III. in der Schlußphase des Krieges von 1866 keineswegs sicher, ob ein Zusammenstoß zwischen Frankreich und dem über den Norddeutschen Bund hinaus zum »kleindeutschen« Nationalstaat strebenden Preußen-Deutschland unvermeidlich war oder ob nicht doch – in etwas freierer Anwendung des in der traditionellen Großmachtpolitik bewährten Kompensationsprinzips – ein Ausgleich in der Weise gefunden werden konnte, daß beide Seiten in Anlehnung und nicht in Konfrontation miteinander ans Ziel ihrer nationalen Ambitionen gelangen konnten. Konkret hieß dies, daß die jeweilige Expansion nicht gegeneinander, sondern gleichsam aneinander vorbei erfolgte mit dem Ziel einer Erwerbung Belgiens und Luxemburgs für Frankreich und des Zusammenschlusses des Norddeutschen Bundes mit den süddeutschen Staaten. Dies setzte allerdings voraus, daß es möglich war, Kabinettspolitik im Stile des 18. Jahrhunderts mit geheimen Absprachen über eine solche Aufteilung von Einfluß- und Interessensphären in einem Teil Europas zu betreiben, der bereits von nationalen Bewegungen und Emotionen breiter Bevölkerungsgruppen geprägt war. Das Paradoxe in der gegebenen Situation bestand darin, daß Bismarck die Auseinandersetzung mit Österreich mit Unterstützung der nationalen deutschen Bewegung hatte führen wollen und gezwungen gewesen war, als »Konfliktminister« von einer ganz schmalen innenpolitischen Basis aus Kabinettspolitik zu betreiben, während er nunmehr, nachdem die so lange vergeblich gesuchte Verbindung zwischen dem preußischen Staatsinteresse und der nationalen deutschen Bewegung endlich zustande gekommen war, am liebsten gegenüber Frankreich zur Kabinettspolitik zurückgekehrt wäre. Er mußte nun jedoch von einer völlig veränderten innenpolitischen Basis aus operieren. Sie enthielt neben allen übrigen – offen zutage liegenden – Vorteilen in außenpolitischer Hinsicht die Belastung mit mangelnder Flexibilität und Wendigkeit, weil die Blickrichtung der Nationalbewegung auf den »Erbfeind« Frankreich fixiert war. Die Unterstützung, die ihm nach Beendigung des Verfassungskonflikts in Preußen über den (zu seinen Gunsten getroffenen) Kompromiß der Indemnität nun vor allem die in der Nationalliberalen Partei zusammengefaßten starken politischen Kräfte in Norddeutschland gewährten, stellte einerseits eine unerläßliche Grundlage für seine künftige Gesamtpolitik dar, schränkte andererseits jedoch seinen außenpolitischen Manövrierraum beträchtlich ein. Der Versuch Bismarcks, an der Nationalbewegung gleichsam vorbei mit Napoleon im Stile geheimer Kabinettspolitik zu einem Arrangement zu gelangen, wie es seiner Frankreich-Politik seit der Regierungsübernahme 1862 entsprach, scheiterte in der Luxemburg-Krise 1867. Die Ursachen dieses Scheiterns aber lagen nicht nur in der geänderten preußisch-deutschen Situation, sondern auch in der ebenfalls erheblich gewandelten Stellung Napoleons in Frankreich. Die seit der Proklamation seines Kaisertums 1852 scheinbar unumschränkte Herrschaft, die von Anfang an – infolge der hochgespannten, sich zudem zum Teil widersprechenden Erwartungen der verschiedenen Kräfte in der französischen Oberschicht – an fortgesetzte außenpolitische Erfolge geknüpft war, geriet bereits durch den nur »halben« Erfolg des italienischen Krieges 1859 in die liberale wie in die konservative Kritik. Seit 1860 suchte Napoleon durch Entgegenkommen die sich von ihm lösenden Kräfte wieder an sich zu binden. Die außenpolitischen Unternehmen, die dies erreichen sollten, das mexikanische Abenteuer, dann die Intervention in den deutschen Krieg 1866 erwiesen sich jedoch nach Anfangserfolgen als Fehlschläge. Der preußische Sieg von Königgrätz und Bismarcks überlegenes diplomatisches Spiel zur Abwehr der verspäteten Einschaltung in diesen Krieg ließen die Kritik an der Gesamtpolitik des Kaisers beträchtlich anschwellen. Das Schlagwort »Revanche pour Sadowa« sollte nicht zuletzt auf Napoleon als »Stachel« wirken, um ihn auf die Bahn neuer außenpolitischer Erfolge und innerer Reformen voranzudrängen. Die Stoßrichtung der anvisierten außenpolitischen Erfolge lag dabei ebenso fest – die Verhinderung eines Überschreitens der Main-Linie durch Preußen – wie die anti-französische Allergie der deutschen Nationalbewegung. Unter diesen Vorbedingungen schien es schwer vorstellbar, daß Bismarck ernsthaft mit einer Verständigung mit Napoleon über die beiderseitigen Ziele rechnen konnte, zumal da sich damit auch das Problem der künftigen Vormachtstellung im westlichen Teil Europas verband. Dennoch steht diese Zielsetzung nach den neuesten Forschungen einwandfrei fest: wie schon früher, nun aber mit zunehmender Diskrepanz, überschätzte Bismarck die Position Napoleons III. in Frankreich und traute ihm ein Handeln über die Kritik seiner Politik hinweg zu. Seine Konzeption knüpfte an alte Überlegungen an: daß das weitere Vordringen Preußens nach Süden am besten durch ein Einvernehmen mit Frankreich abgesichert würde. Er dachte an eine Parallelunternehmung: Heranziehung der süddeutschen Staaten an den Norddeutschen Bund, wozu infolge der starken nationaldeutschen Bewegung in den süddeutschen Staaten in dieser Zeit sehr gute innerdeutsche Voraussetzungen bestanden, schließlich Verschmelzung beider Teile Deutschlands unter Führung Preußens, während etwa gleichzeitig Luxemburg und eventuell halb oder ganz Belgien Frankreich überlassen wurden, so daß sich die Gewichtsverschiebung beider Partner ungefähr die Waage hielt.

Bismarck wußte zwar, daß die deutsche Nationalbewegung – im Gegensatz zu der nach Frankreich hin orientierten Oberschicht Luxemburgs – das Großherzogtum als integralen Bestandteil des zu schaffenden »Deutschen Reiches« betrachtete, glaubte jedoch bei Gelingen der »Parallelschaltung« durch die mit französischer Billigung erreichte deutsche Einigung und damit die Erfüllung des Hauptziels der Nationalbewegung über dieses Problem hinwegzukommen. Unbedingt vermieden werden mußte allerdings ein Bekanntwerden des angestrebten Luxemburg-Handels, bevor die deutsche Einigung selbst in Sicht war. Die Bismarcksche Taktik, mit Napoleon Zug um Zug zusammenzuspielen und erst zuletzt »die Karten aufzudecken«, so daß das Ganze wie ein fait accompli wirkte, ließ sich nicht durchhalten. Zunächst lief zwar alles nach Plan, und noch im Dezember 1866 sprach Bismarck von einer preußisch-französischen Allianz als dem »natürlichen Ausdruck der dauernden Übereinstimmung der Interessen beider Länder«, die das Ziel der Unternehmung sei. Die französische Seite ging jedoch mit so großer Langsamkeit und offensichtlich unter so vielen Bedenken und Schwankungen an das Unternehmen, die auf die verschiedensten Einflüsse zurückzuführen waren, denen Napoleon ausgesetzt war, daß sich bei Bismarck die Zweifel mehrten, ob das Ziel tatsächlich erreichbar sei und Napoleon für die große Konzeption gewonnen und daran gebunden werden konnte. Es dauerte bis Mitte März 1867, ehe sich die Pläne Napoleons zum käuflichen Erwerb von Luxemburg konkretisierten. Nun nahm er Verhandlungen mit dem König der Niederlande Wilhelm III. auf, der in Personalunion zugleich der Landesherr des begehrten Objekts war. Die Tatsache, daß sich immer noch eine preußische Besatzung in der Festung Luxemburg befand, obwohl der »Deutsche Bund«, der die Rechtsgrundlage hierfür geboten hatte, inzwischen aufgelöst und Luxemburg nicht dem Norddeutschen Bund beigetreten war, bildete den Ausgangspunkt für die französisch-niederländischen Verhandlungen. Der König der Niederlande, der in das geheime Spiel zwischen Bismarck und Napoleon natürlich nicht eingeweiht worden war, hatte verständlicherweise Zweifel, ob ein Verkauf Luxemburgs an Frankreich, wozu er – und aus anderen Motiven auch seine Regierung – neigten, ihn nicht in einen unerwünschten Gegensatz zu Preußen bringen würde, zumal da ihn die französische Seite davor warnte, sich mit Preußen ins Benehmen zu setzen. Der König konnte nicht ahnen, daß Bismarck gerade darauf aus war, vor die vollendete Tatsache des Verkaufs des Großherzogtums an Frankreich gestellt zu werden. So tat er das, was Bismarck das Konzept verdarb: er richtete eine offizielle Anfrage an den König von Preußen, in der er versicherte, nicht ohne Wissen und nur im Einverständnis mit König Wilhelm von Preußen handeln zu wollen. Zu diesem Schritt des Königs der Niederlande trug ohne Zweifel die gerade zu diesem Zeitpunkt vorgenommene Veröffentlichung der bisher geheimen Schutz- und Trutzbündnisse der süddeutschen Staaten mit dem Norddeutschen Bund bei. Dies sah wie eine Warnung an Frankreich und wie ein Wink an den König der Niederlande aus, sich an Preußen zu wenden, obwohl dieser Schritt Bismarcks in einem anderen Zusammenhang, mit seinem inzwischen eingeleiteten Bemühen stand, die Vereinigung der süddeutschen Staaten mit dem Norddeutschen Bund schnellstens voranzutreiben. Auch hier drängte er auf rasche Entscheidungen bei den künftigen Partnern. Doch alles war zu verklügelt ineinandergeschachtelt, als daß den zeitgenössischen Beobachtern der eigentliche Sinn des Ganzen ohne Schwierigkeiten erkennbar gewesen wäre.

Versetzte schon die offizielle Anfrage des Königs der Niederlande Bismarck in arge Verlegenheit, da eine Zustimmung ihn bei einem späteren Bekanntwerden des Falles unvermeidlich in einen schweren, vielleicht unlösbaren Konflikt mit der deutschen Nationalbewegung gebracht hätte, so zerstörte die kurz danach durch Indiskretion erfolgende vorzeitige Bekanntgabe der noch laufenden französisch-niederländischen Verhandlungen endgültig seine Pläne. Wie von Bismarcks Warte aus zu befürchten war, ging eine Woge nationaler und nationalistischer Leidenschaft in ganz Deutschland hoch. Bismarck sah nun keine Möglichkeit mehr, im Zusammengehen mit Frankreich sein Ziel weiterzuverfolgen. Überhaupt war der Weg zur schnellen Vereinigung von

Nord- und Süddeutschland jetzt verbaut. Bismarck stand an einer Wendemarke seiner Außenpolitik, nicht in dem vereinfachenden Sinne, daß er jetzt nicht mehr als preußischer Außenminister, sondern als deutscher Staatsmann handeln mußte, wohl aber, daß erstmals die bisher von Bismarck einseitig verstandene Indienstnahme der deutschen Nationalbewegung für die von ihm betriebene preußische Großmachtpolitik sich – unvermeidlich – als wechselseitige Abhängigkeit manifestierte. Im großen war eine Kabinettspolitik im Stile des 18. Jahrhunderts nicht mehr möglich, nur noch im begrenzten taktischen Bereich; die Nationalbewegung aber mußte, wenn sie nicht seine eigene Politik beherrschen sollte, – so weit wie möglich – gelenkt werden. Die Pressepolitik bot einen wichtigen Ansatz dafür. Sie wurde von Bismarck mit wachsendem Erfolg eingesetzt, auch wenn sie erst nach 1871 die volle Virtuosität erreichte.

Nachdem das befürchtete Dilemma in der Luxemburg-Affäre eingetreten war, suchte Bismarck das Beste aus der verfahrenen Angelegenheit zu machen, indem er den Führer der Nationalliberalen im norddeutschen Reichstag, Bennigsen, am 1. 4. 1867 zu einer Interpellation aufforderte, in der dieser nach der Kenntnis der preußischen Regierung über die französisch-niederländischen Verhandlungen fragen und fordern sollte, an Luxemburg als altem deutschem Land festzuhalten und auch die preußischen Truppen in der Festung zu belassen. Bismarck beschränkte seine Antwort auf die öffentliche Erklärung, daß er den französisch-niederländischen Luxemburg-Handel nicht billigen könne, und gab insgeheim der niederländischen Regierung den Rat, den Verkauf Luxemburgs nicht zu tätigen, ohne sich jedoch hinsichtlich der von Bennigsen gestellten, sehr viel weitergehenden nationalen Forderung zu binden.

Der Kanzler des Norddeutschen Bundes hatte damit unter dem Druck der allgemeinen Entwicklung, nicht nur der nationalen Erregung in Deutschland, sondern auch einfach des Bekanntwerdens des Plans und der Haltung der ebenfalls empörten französischen Öffentlichkeit, eine Schwenkung vollzogen. Es galt nun, sozusagen die Spuren zu verwischen und den scheinbar lokalen Konflikt zu bereinigen. Unter Aufgabe des großen Zusammenhangs strebte er jetzt im engen Bereich der Luxemburg-Frage unter britischer Vermittlung einen preußisch-französischen Kompromiß an. Das britische Engagement führte er – indirekt –

selbst herbei, indem er, jetzt rein taktisch sein ursprüngliches Programm preisgebend und es als Mittel für das neue sehr begrenzte Ziel nutzend – Anfang April in London erklären ließ, er könne immer noch vom Bündnis mit der öffentlichen Meinung in Deutschland zu einem Bündnis mit Napoleon umschwenken; allerdings wäre dazu mehr als nur eine Überlassung Luxemburgs an Frankreich notwendig, was in England nur als Hinweis auf Belgien verstanden werden konnte. Die britische Regierung lud daraufhin die Vertreter aller Großmächte zu einer Konferenz nach London ein, auf der vom 7.–11. 5. 1867 eine Kompromiß-Lösung gefunden wurde: das Großherzogtum wurde für unabhängig und neutral erklärt; Preußen verpflichtete sich unter Aufgabe seines Besatzungsrechts zum Abzug seiner Truppen aus der Festung. Die Neutralität Luxemburgs wurde wie die Belgiens auf der Londoner Konferenz von 1831 von allen Großmächten kollektiv garantiert. Wirtschaftlich blieb Luxemburg im »Deutschen Zollverein« und gehörte daher weiter zum deutschen Zollgebiet.

Hat Bismarck hier gegen einen der Leitgedanken seiner Politik gehandelt, internationale Kollektivlösungen zu vermeiden, um das alte Mächtesystem nicht wieder zu beleben? Ihm kam es in der gegebenen Situation darauf an, Großbritannien gegen Napoleon ins Spiel zu bringen. Dies aber war bei der Abneigung der britischen Regierung, sich auf dem Kontinent politisch festzulegen, nur möglich, wenn alle Mächte mitwirkten. Im übrigen schloß in Bismarcks Sicht, seiner Vorstellung von souveräner Großmachtpolitik entsprechend, wie spätere Vorschläge auf eine Teilung Belgiens belegen, die Garantie einer Neutralität von Ländern wie Luxemburg und Belgien nicht aus, daß sich nicht doch die beiden überlegenen Mächte in diesem Gebiet, Preußen-Deutschland und Frankreich, über eine Teilung einigten. Nur eine einseitige Besitzergreifung durch Frankreich sollte durch den Londoner Vertrag verhindert werden.

Sowohl Napoleon III. als auch Bismarck beurteilten den schließlich erreichten Kompromiß als zufriedenstellend, nachdem sich die große Lösung als nicht realisierbar erwiesen hatte. Demgegenüber sahen sie sowohl die deutsche Nationalbewegung als auch die innenpolitischen Kritiker des Kaisers der Franzosen als Niederlage an. Auf dem Höhepunkt der Krise hatte der Chef des preußischen Generalstabes, Moltke, der der deutschen Nationalbewegung eng verbunden war, wie bereits im Kriege von 1859 dafür plädiert, die Gunst des Moments für einen allgemeinen deutschen Nationalkrieg gegen Frankreich zu nutzen, zumal da mit einem Abseitsstehen Rußlands wie Englands gerechnet werden konnte und Österreich noch nicht wieder zu einem Waffengang in der Lage war. Moltke betrachtete einen kriegerischen Zusammenstoß zwischen Frankreich und einem von Preußen geführten Deutschland früher oder später als zwangsläufig und unausweichlich. Es galt in seiner Sicht nur, in günstiger Konstellation »dem notwendigen Ereignis militärisch zuvorzukommen« (Rudolf Stadelmann). Bismarck bezweifelte wohl mit Recht die Bereitschaft der süddeutschen Staaten zur Mitwirkung an einem großen Krieg gegen Frankreich aus Anlaß des Streites um Luxemburg. Wichtiger aber war, daß er auch jetzt noch bestrebt blieb, einen deutschen Nationalkrieg gegen Frankreich zu vermeiden, weil ein solcher das deutsch-französische Verhältnis langfristig auf das schwerste belasten mußte und künftig die außenpolitische Handlungsfreiheit Preußen-Deutschlands in jedem Falle einschränkte.

Während sich Bismarck die Möglichkeit für eine spätere Kooperation zwischen den beiden Staaten offen halten wollte, wurde die Szene in Frankreich in immer stärkerem Maße von den nationalistischen Kräften bestimmt, die das Ergebnis der Luxemburg-Krise, das Napoleon III. selbst akzeptierte, als neue schwere Niederlage des Kaisers erklärten. Sie waren bestrebt, Frankreich jetzt auf eine grundsätzlich anti-preußische Linie festzulegen. Von dieser Zeit an schied in der Tat in den Überlegungen der Pariser Regierung eine politische Kombination mit Preußen-Norddeutschland praktisch aus, eine Kombinationsmöglichkeit, die bis dahin stets eine wechselnd gewichtige, in der Regel dominierende Rolle gespielt hatte. Darin liegt der Epochencharakter der Luxemburg-Krise für die Geschichte der preußisch-französischen Beziehungen. Von nun an waren alle Bündniserwägungen in Frankreich von dem Gesichtspunkt einer Frontstellung gegen Preußen-Norddeutschland bestimmt.

Am nächsten liegend schien der Versuch, den Hebel in Wien anzusetzen und dabei nach Möglichkeit Italien in die Kombination einzubeziehen, um Österreich an dieser neuralgischen Stelle zu entlasten, um eine Konzentration der Blickrichtung der

Habsburger Monarchie gegen Preußen zu ermöglichen. Immer wieder wurden Ansätze zur Ausbildung dieser »Südzange« unternommen. Daß das Ziel nicht erreicht wurde, hing entscheidend mit den Schwierigkeiten Österreich-Ungarns zusammen, in zweiter Linie auch mit den weiteren Zielen Italiens.
Der Leiter der Gesamtpolitik der nunmehrigen »Doppelmonarchie« Österreich-Ungarn, der Reichskanzler Frhr. v. Beust, der frühere sächsische Ministerpräsident, der seine alte Bindung an Österreich durch den Übertritt in den Dienst des Kaiserstaates gekrönt hatte, betrachtete als sein Fernziel die Rückgängigmachung der Entscheidungen von Königgrätz und Prag, ein Ziel, das er jedoch nicht direkt, sondern nur auf großen Umwegen ansteuern konnte. Zum einen wandten sich die Deutschen in der westlichen Reichshälfte strikt gegen jede Kampfstellung gegen die deutsche Einigungsbewegung, gar noch im Bunde mit Frankreich, das seine anti-deutschen Ziele in der Konvention mit Österreich vom 12. 6.1866 enthüllt hatte. Ein erneutes Zusammengehen mit Frankreich hätte selbst bei einem militärischen Sieg keine Basis für eine deutsche Stellung Österreichs gebracht, da sich in einem solchen Fall die deutsche Nationalbewegung an die Seite Bismarcks und Preußens gestellt hätte. Zum anderen lehnte die ungarische Reichshälfte unter dem Ministerpräsidenten Graf Andrassy nicht nur jedes Bündnis mit Frankreich gegen Preußen ab, sondern strebte umgekehrt ein enges Zusammengehen mit Preußen-Norddeutschland an, um eine Rückendeckung für eine aktive Balkanpolitik der Doppelmonarchie zu gewinnen. Da Ungarns Sonderstellung innerhalb der Habsburger Monarchie auf der »Ausgleichs«-Lösung von 1867 beruhte, die Ungarn nach dem Hinausdrängen Österreichs aus seiner deutschen Stellung ein ganz anderes Gewicht gab, als es im Falle einer Fortdauer der österreichischen Führungsrolle im »Deutschen Bund« gewesen wäre, hatte die östliche Reichshälfte gar kein Interesse an einer Rückverschiebung in Mitteleuropa zugunsten Österreichs. Ungarn blickte vielmehr in scharf anti-russischer Frontstellung (eine Fernwirkung der Niederwerfung der ungarischen Revolution durch die Armee des Zaren 1849), in Rivalität zu Rußland, nach Südosteuropa. Beust sah unter diesen Voraussetzungen – die unterschiedlichen Interessen der beiden Reichshälften mußten jetzt bei der Festlegung der Politik der Habsburger Monarchie stets berücksichtigt werden – nur eine

Chance, das Fernziel einer Revanche für 1866 zu erreichen: auf dem Umweg über einen Krieg Österreich-Ungarns gegen Rußland mit Rückendeckung durch Frankreich, einen Krieg, in den nach Möglichkeit Preußen (an der Seite Rußlands) hineingezogen werden sollte, so daß dann an der scheinbaren Nebenfront die Entscheidung zur Erreichung des Fernziels erkämpft werden konnte. Danach konnte bei siegreichem Ausgang die ungarische Reichshälfte in Richtung Balkan erweitert werden und die westliche gewissermaßen als Kompensation in Deutschland eine neue Position gewinnen. Kurzum: die Stoßrichtung einer österreichungarischen Kombination mit Frankreich mußte im Sinne Beusts primär gegen Rußland und durfte nur hintergründig gegen Preußen gerichtet werden. Er ging davon aus, daß Napoleon III. schon in der Vorgeschichte des Krimkrieges die treibende Kraft der anti-russischen Frontenbildung der Westmächte gewesen war, und setzte jetzt auf eine Wiederholung unter gewandelten Bedingungen. Er unterschätzte dabei – ähnlich wie Bismarck – die Veränderung, die die Stellung Napoleons III. in Frankreich inzwischen erfahren hatte. Daß die französische Außenpolitik seit der Luxemburg-Krise auf die direkte Konfrontation mit Preußen-Norddeutschland fixiert war, mußte Beust bereits bei dem ersten Treffen zwischen Napoleon und Franz Joseph Mitte August 1867 in Salzburg erfahren. Der vor allem von dem französischen Botschafter in Wien, Herzog von Gramont, vorangetriebene Plan für eine Allianz beider Mächte bestand im Kern darin, daß Frankreich und Österreich die Führung in Süddeutschland gemeinsam übernehmen, also eine Art Schutzherrschaft über das südlich des Main gelegene Deutschland errichten sollten, ein Vorschlag, auf den Beust unter den gegebenen Verhältnisse nicht eingehen konnte, weil eine Annahme das nach sich gezogen hätte, was unbedingt vermieden werden mußte: die direkte Frontstellung der Wiener Regierung gegen die nationale deutsche Bewegung. So war schließlich nur noch von einer französisch-österreichischen »Entente« die Rede, die sich für die Erhaltung des Status quo in Deutschland wie auf dem Balkan aussprach, letzteres ein Zugeständnis an Frankreich, das sich die Möglichkeit zu einer Kombination mit Rußland, der von Bismarck gefürchteten »Ostzange«, offen halten wollte.
Beust strebte nunmehr, 1868, danach, durch eigene Aktivität auf dem Balkan die gewünschte Situation herbeizuführen, die

Rückendeckung Frankreichs für österreich-ungarische Aktionen in Südosteuropa zu erhalten und auf diese Weise Frankreich mit in eine anti-russische Position hineinzudrängen. So versuchte er nacheinander, die regionalen Spannungen, die sich in dieser Zeit um Rumänien, Griechenland und Kreta entzündeten, zur Formierung eines französisch-österreichischen Bündnisses gegen Rußland zu nutzen. Dabei war es Beust offensichtlich nicht bewußt, wie sehr er damit Bismarck in die Hand arbeitete; denn es lag nahe, daß jeder österreichisch-ungarische Druck auf Rußland, gar noch unterstützt durch Frankreich, das Zarenreich nur um so enger an Preußen herandrängte, so daß die in Bismarcks Sicht seit 1863 mehrfach drohende Möglichkeit einer Lockerung der russisch-preußischen Beziehungen – wie es dem Ziel der französischen Diplomatie und der pro-französischen Gruppe in der Petersburger Führung entsprach – nicht nur nicht eintrat, sondern einer festeren Verbindung zwischen dem Zarenreich und Preußen die Bahn ebnete, als es der Interessenlage Rußlands entsprach. Im März 1868 unterbreitete Alexander II. Bismarck einen Bündnisvorschlag: für den Fall, daß Preußen von Frankreich oder Österreich angegriffen würde, bot der Zar an, ein Heer von 100 000 Mann an der galizischen Grenze aufmarschieren zu lassen, um Österreich »lahmzulegen«. Preußen hingegen sollte sich zu einer vergleichbaren Unterstützung bereit erklären, wenn Österreich allein oder im Bunde mit Frankreich Rußland angreifen würde.

Dieses Angebot des Zaren war symptomatisch für die tiefgreifende Veränderung im Verhältnis Rußland-Preußen. Zum ersten Mal seit seinem Eintritt in den Kreis der Großmächte wurde Preußen von russischer Seite nicht als zweitrangig oder allenfalls als Juniorpartner behandelt, sondern als gleichrangige, militärpolitisch bedeutsame Potenz umworben. Die Versuchung, darauf einzugehen, war auf seiten Preußens groß; für Bismarck stellte sich damit jedoch erstmals die später für ihn zu einem zentralen Problem werdende »Options«-Frage. Eine Entscheidung für das Bündnis mit Rußland hätte gleichzeitig eine langfristige Festlegung gegen Österreich bedeutet, hätte dieses auf die Allianz mit Frankreich angewiesen. Insgesamt wären feste politische Fronten auf dem Kontinent entstanden. Die Folge einer solchen Blockbildung aber wäre eine Alternative zwischen allgemeiner Stagnation oder Machtverschiebungen durch einen großen Krieg gewesen. Veränderungen im Alleingang schieden aus. In der Situation von 1868 war am wahrscheinlichsten die Gefahr, daß Preußen dann in einen russisch-österreichischen Krieg über Balkanfragen hineingezogen wurde. Infolge seiner dann bestehenden Bündnisverpflichtungen war ein Waffengang zwischen Frankreich und Preußen-Norddeutschland vorauszusehen, den Preußen allein ausfechten mußte, weil Rußland, seinen Interessen entsprechend, sich militärisch in Südosteuropa engagierte. Schließlich widersprach ein solches Bündnis (mit den zu erwartenden Folgen) der Grundlinie Bismarckscher Außenpolitik, Balkanprobleme und westeuropäische Probleme getrennt zu halten, weil nur so die Entscheidungsfreiheit Preußens in der »großen Politik« gewahrt blieb. Die Möglichkeit eines Zusammengehens nicht nur mit Rußland, sondern auch mit Österreich-Ungarn für die Zukunft nicht auszuschließen, ohne die russische und die österreich-ungarische Balkanpolitik mit zu übernehmen, war ein wichtiger Teilaspekt seiner Konzeption in diesem Rahmen.

So lehnte Bismarck formell das Bündnisangebot des Zaren ab, gab jedoch gleichzeitig klar zu verstehen, daß im Falle eines Angriffs Österreichs und Frankreichs gegen Rußland, »die Solidarität der Interessen Preußens und Rußlands jede der beiden Mächte zur Unterstützung der anderen nötige«. Das heißt er stellte eine Situation als möglich hin, in der die Interessen Preußens ein Eingreifen an der Seite Rußlands ohnehin geboten. So weit wie möglich ausgeschlossen werden sollte hingegen, daß Rußland zielstrebig auf Grund eines Bündnisses mit Preußen eine Situation herbeiführte, die Bismarck im Interesse der außenpolitischen Handlungsfreiheit Preußens gerade vermeiden wollte. Wie auf der Gegenseite – im Verhältnis Frankreichs zu Österreich – war es somit zu keiner Allianz, sondern nur zu einer Art »Entente« gekommen. Allerdings war die Interessenübereinstimmung zwischen Rußland und Preußen doch größer als die der beiden anderen Mächte. Dies zeigte sich bei den nachfolgenden Bemühungen der französischen Diplomatie, die »Südzange« doch noch zustande zu bringen. Die Anstrengungen konzentrierten sich 1869 auf Italien. Auch hier erwiesen sich die Schwierigkeiten als unüberbrückbar, weil Napoleon die Ambitionen der Florenzer Regierung auf Inbesitznahme Roms mit Rücksicht auf die klerikalen Kräfte in Frankreich nicht billigen konnte und die Forderung der Italiener, als »Ersatz« dafür

wenigstens weitere Teile Österreichs (Istrien und Triest) zu erhalten, nur die Kombination Frankreichs mit Österreich vollends in Frage stellte, statt zu der angestrebten Dreierverbindung beizutragen. Zudem machte eine diplomatische Intervention Großbritanniens in Florenz deutlich, daß England eine Einbeziehung des als britische Einflußsphäre betrachteten Italien in eine von Frankreich geführte Allianz nicht hinnehmen würde. So blieb der Vertragsentwurf eines französisch-österreichisch-italienischen Dreierbündnisses vom 10. 5. 1869 ein Stück Papier.
Diese wenig erfolgreiche außenpolitische Aktivität trug erheblich dazu bei, die Krise des »Régime personnel« Napoleons III. zu verschärfen. Der Kaiser versuchte, durch begrenzte Erweiterung der Befugnisse des Parlaments die Mißstimmung zu beseitigen. Die Wahlen von 1869 zeigten dann aber das ganze Ausmaß der Vertrauenskrise. Napoleon zog daraus die Konsequenz, zum Experiment eines pseudo-parlamentarischen Kaisertums, zum »Empire libéral«, überzugehen. Die Übernahme der Regierung durch Repräsentanten der bisherigen Opposition (Kabinett Ollivier im Januar 1870) bildete den formalen Abschluß dieses Versuchs, die auf eine Republik hindrängende Entwicklung Frankreichs aufzufangen. Welche Auswirkung diese Veränderungen im innenpolitischen System Frankreichs auf dessen außenpolitische Haltung, namentlich in der Deutschlandfrage, tatsächlich hatten und wie sie von Bismarck eingeschätzt wurden, ist bis heute umstritten. Die jüngste Untersuchung von *Josef Becker* schließt sich der in der neueren Forschung dominierenden Auffassung an, daß eine grundsätzliche Änderung der an der Aufrechterhaltung des Status quo in Deutschland orientierten Leitlinie der bisherigen französischen Politik nicht eintrat. Die Tendenz nach größerer Empfindlichkeit gegenüber allen auch geringen Verschiebungen in Deutschland steigerte sich allerdings seit der Übernahme des Außenministeriums durch den bisherigen Botschafter in Wien, Herzog von Gramont, am 15. 5. 1870. Sowohl für die Pariser Regierung als auch für die öffentliche Meinung galt, daß die französisch-preußischen Beziehungen trotz oder wegen des Übergangs zum »Empire libéral« keine größeren Belastungen ertrugen. Wie in Deutschland so herrschte auch in Frankreich in der öffentlichen Meinung eine Psychose, in der die Vorstellung von einem unvermeidlichen Krieg dominierte. »Sie zu überspielen, hätte wohl nur dann eine Chance bestan-

den, wenn sich in Süddeutschland eine Mehrheit für den Anschluß an den Norden gebildet hätte und ›die deutsche Einigung wirklich gewachsen und das Ergebnis einer längeren Entwicklung gewesen wäre‹«.

Tatsächlich war die unmittelbar nach dem Kriege von 1866 schon greifbar nahe erschienene Möglichkeit einer schnellen Einigung von Nord und Süd als Folge der damaligen Stärke der Nationalbewegung in Süddeutschland in der Zwischenzeit einer völlig veränderten Situation gewichen. Daß der im preußisch-französischen Kompromiß vom 14. 7. 1866 vorgesehene »Südbund« nicht zustande kam, weil Baden, Hessen und Württemberg darin ein Übergewicht Bayerns befürchteten, lag noch im Interesse Bismarcks; denn Verhandlungen mit Einzelstaaten, die gegeneinander ausgespielt werden konnten, versprachen leichter zu werden als solche zwischen zwei Bündnisblöcken. Hingegen löste die in den Schutz- und Trutzverträgen vereinbarte militärpolitische und militärtechnische Angleichung der Heere der süddeutschen Staaten an das preußische Heer Abwehrreaktionen aus, die den Trend zum Anschluß an den Norden verlangsamten. Nach der Luxemburg-Krise, die Bismarck im Bereich der »großen Politik« zum Halt zwang, trat der Rückschlag erst voll zutage. Die Veröffentlichung der Schutz- und Trutzbündnisse durch Bismarck im Alleingang wirkte auf die süddeutschen Staaten abschreckend, weil sie nun erst klar erkannten, daß diese Bündnisse für Bismarck primär ein Instrument zum Vorantreiben der Einigungsfrage waren. Jetzt suchten die süddeutschen Regierungen sie zu reinen Defensivvereinbarungen souveräner Staaten für den Fall einer Aggression Frankreichs zu reduzieren. Zu einem Schritt nach vorn im Sinne Bismarcks und der Nationalliberalen sollten die Wahlen zu einem Zollparlament 1868 werden, mit dem eine Umwandlung des »Deutschen Zollvereins« zu einer bundesstaatsähnlichen Vorstufe des künftigen Reiches eingeleitet werden sollte. Die Wahlen zum Zollparlament im März 1868 ergaben jedoch nicht die erhoffte klare Mehrheit für die »kleindeutschen« Kräfte in Süddeutschland, vielmehr errangen gerade in Württemberg und Bayern »großdeutsche«, demokratische und partikularistische Parteien und Gruppen ein Übergewicht. In Württemberg etwa gelang es nicht einem einzigen pro-preußischen Kandidaten, ins Zollparlament einzuziehen. Da der Zollvereinsvertrag bis 1877 lief, konnte vor diesem Zeitpunkt vom

»Zollverein« her kein Hebel mehr für das Vorantreiben der Vereinigung von Nord und Süd gefunden werden.
Hinzu kam, daß sich die Folgen von Bismarcks Weigerung, die Allianz mit Rußland zu schließen, in der Weise zeigten, daß die russische Regierung stärker als bisher ihr Interesse an der Aufrechterhaltung des 1866 erreichten Status quo in Deutschland bekundete. Die Beziehungen dynastischer Art zu den süddeutschen Höfen dienten dazu, deren Streben nach Aufrechterhaltung ihrer ja erst 1866 voll erreichten Souveränität zu unterstützen. Rußland habe »keinen Grund, eine Machterweiterung Preußens zu wünschen«, betonte Zar Alexander II. bei seiner Rundreise durch Süddeutschland im Juni 1870. Auch gegenüber König Wilhelm von Preußen wandte der Zar sich »ganz entschieden« gegen ein »weiteres Übergreifen« Preußens auf den Süden.
Von Bismarcks Warte aus war diese Tendenz der russischen Deutschlandpolitik um so problematischer, als sie sich mit der britischen Politik traf. Der Außenminister Clarendon (in dem seit 1868 amtierenden liberalen Kabinett Gladstone) vertrat zwar die Auffassung, daß die deutsche Einigung als Ergebnis eines evolutionären Vorgangs wahrscheinlich und als solche dann auch von Großbritannien zu akzeptieren, daß jedoch eine preußische Pressionspolitik zur Überwindung der Main-Linie für Großbritannien nicht tragbar sei. Auch vor einer Fehleinschätzung der französischen Haltung in der deutschen Frage warnte Clarendon in Berlin wie bei den süddeutschen Staaten und wirkte damit indirekt im Sinne der Politik Napoleons, der den Status quo als Grundlage für ein relatives Übergewicht Frankreichs in Westeuropa und seiner herausgehobenen Stellung im Rahmen des Mächtesystems ansah. International gesehen war somit der Weg zur Vollendung der »kleindeutschen« Lösung blockiert, wenn nicht in einer besonders günstigen Konstellation ein Desinteressement Rußlands und Englands an der Aufrechterhaltung der Main-Linie und bei einem isolierten preußisch-französischen Krieg die Rechtfertigung der Haltung Preußens allgemein einleuchtend war.
Alle Versuche, die Main-Linie wenigstens an einer Stelle politisch zu überschreiten, scheiterten am Widerstand der anderen Mächte. Dies galt auch für die Versuche des bayerischen Ministerpräsidenten Fürst Clodwig v. Hohenlohe-Schillingfürst, eine lockere Verklammerung der süddeutschen Staaten mit dem Norddeut-

schen Bund zu erreichen, die Bismarck favorisierte, ebenso für den Anfang 1870 ventilierten Plan, den Norddeutschen Bund zum Kaiserreich zu machen, gegen den Frankreich ebenso wie der britische Außenminister Clarendon Stellung bezogen, sowie für die Erwägungen über einen Beitritt Badens zum Norddeutschen Bund im Frühjahr 1870. Die Deutschland-Politik Bismarcks schien längerfristig festgefahren, wenn nicht der »Hebel« an einer völlig unerwarteten Stelle angesetzt wurde. War die spanische Thronkandidatur des süddeutschen Hohenzollernprinzen Leopold ein von Bismarck bewußt angesetzter »Hebel« in diesem Sinne oder wirkt die vom Kanzler betriebene Geheimpolitik auf dem scheinbar abgelegenen Felde Spanien auf einen die Frage nach der Verantwortung für den deutsch-französischen Krieg überdenkenden Historiker nur entsprechend, wenn er wesentliche Äußerungen Bismarcks unbeachtet läßt wie etwa den an den preußischen Gesandten in München gerichteten Erlaß vom 26. 2. 1869: »Daß die deutsche Einheit durch gewaltsame Ereignisse gefördert werden würde, halte auch ich für wahrscheinlich. Aber eine ganz andere Frage ist der Beruf, eine gewaltsame Katastrophe herbeizuführen, und die Verantwortlichkeit für die Wahl des Zeitpunktes. Ein willkürliches, nur nach subjektiven Gründen bestimmtes Eingreifen in die Entwicklung der Geschichte hat immer nur das Abschlagen unreifer Früchte zur Folge gehabt; und daß die deutsche Einheit in diesem Augenblick keine reife Frucht ist, fällt meines Erachtens in die Augen ... Wir können die Uhren vorstellen, die Zeit geht deshalb aber nicht rascher, und die Fähigkeit zu warten, während die Verhältnisse sich entwickeln, ist eine Vorbedingung praktischer Politik.« Diese Frage ist immer wieder aufgeworfen worden. Auch die Direktive an seinen Pressereferenten Moritz Busch vom 27. 2. 1870, die im Zusammenhang mit dem immer massiver werdenden Drängen der Liberalen zu sehen ist, die »kleindeutsche« Lösung auch auf das Risiko eines Krieges mit Frankreich hin zu vollenden, deutet auf die gleiche Zurückhaltung Bismarcks: »Wir können einen Krieg mit Frankreich führen und siegen; es würden aber vier bis fünf daraus werden, und so wäre es Torheit, wo nicht Verbrechen, wenn man es auf friedlichem Wege erreichen kann.« Als Fazit des in den 1950er Jahren erreichten Konsenses unter den deutschen Historikern zu dieser Frage konnte das Resümee *Jochen Dittrichs* in seiner Untersuchung über die spanische Thronkandidatur angesehen werden, daß »die Quellen ... eindeutig« zeigten, »daß Bismarck eine militärische Lösung der deutschen Frage ablehnte«. *Egmond Zechlin* faßte das Ergebnis jahrzehntelanger Forschungen in der These zusammen, daß die Auffassung, »Bismarck habe die Thronkandidatur betrieben, um Frankreich eine Falle zu stellen und diesen Anlaß zu benutzen, um den lange erwünschten Krieg herbeizuführen, heute nicht mehr ernsthaft diskutiert zu werden braucht«. Bismarck habe vielmehr »gerade 1870 auf eine innere Entwicklung Frankreichs« gesetzt, »die einen Fortgang der deutschen Einigung schließlich ohne einen militärischen Zusammenstoß erlauben würde«. In jüngster Zeit haben indessen zwei Studien die Kontroverse erneuert. *Eberhard Kolb* hat in seiner scharfsinnigen Analyse der Julikrise 1870 einleitend auch die Geschichte der spanischen Thronkandidatur erörtert und dabei im ganzen gesehen sich der bisherigen Auffassung der deutschen Historiker angeschlossen, während *Josef Becker* in einer Argumentation, die stark vom »Primat der Innenpolitik« bestimmt ist, zur These »Krisenbewältigung durch bewaffneten Konflikt« gelangt.

Kolb geht von Bismarcks bekanntem Gespräch mit dem österreichischen Historiker Friedjung am 13. 6. 1890 aus, in dem der vor wenigen Wochen entlassene Reichskanzler über das Verhältnis von langfristiger Planung und situationsgebundenem Handeln des aktiven Politikers meditierte: »Es hieße das Wesen der Politik verkennen, wollte man annehmen, ein Staatsmann könne einen weit voraussehenden Plan entwerfen und sich als Gesetz vorschreiben, was er in einem, zwei oder drei Jahren durchführen wolle ... In der Politik kann man nicht einen Plan für lange Zeit festlegen und blind in seinem Sinne vorgehen. Man kann sich nur im großen die zu verfolgende Richtung vorzeichnen; diese freilich muß man unverrückt im Auge behalten, aber man kennt die Straßen nicht genau, auf denen man zu seinem Ziel gelangt. Der Staatsmann gleicht einem Wanderer im Walde, der die Richtung seines Marsches kennt, aber nicht den Punkt, an dem er aus dem Forste heraustreten wird.« »Die meisten Historiker«, so meint Kolb, »die sich in den vergangenen Jahrzehnten mit der Vorgeschichte des Krieges von 1870 beschäftigt haben, sind viel zu unreflektiert davon ausgegangen, daß die Reaktion der französischen Regierung bei Bekanntwerden der Thronkandidatur, wie sie seit dem 4. Juli bei der Beeinflussung der Presse und dann vor allem mit der Kammererklärung erfolgte, für Bismarck relativ sicher voraussehbar war und deshalb von ihm bei seiner Förderung der Kandidatur notwendigerweise bedacht sein mußte. Daher nimmt in allen Erörterungen des Kriegsursprungs seit langem die Suche nach den vermeintlichen Motiven Bismarcks bei der Inszenierung der Thronkandidatur einen so breiten Raum ein. Wenn hingegen ... die Reaktion der französischen Regierung eine schlechthin unerwartete war, und zwar sowohl hinsichtlich der Zielrichtung wie hinsichtlich der Form, und wenn zahlreiche erfahrene Politiker, ebenso wie ein Großteil der einfachen Zeitgenossen, überrascht waren über die Reaktion der französischen Regierung, dann ergibt sich aus einem solchen Befund die Folgerung, daß eine derartige Reaktion objektiv nicht mit Sicherheit oder auch nur Wahrscheinlichkeit vorhersehbar war.« Die Geschichte der spanischen Thronkandidatur unter dem Gesichtspunkt des Anteils Bismarcks faßt Kolb wie folgt zusammen:

»1. Als im Herbst 1868 das bourbonische Königtum in Spanien durch einen Militär- und Volksaufstand gestürzt wurde und die ultramontan eingestellte und skandalumwitterte Königin Isabella nach Frankreich flüchten mußte, widmete Bismarck diesen Vorgängen aus allgemeinpolitischen Gründen ein hohes Maß an Aufmerksamkeit. Er erblickte im Sturz der mit Frankreich sympathisierenden Königin Isabella einen Vorteil für Preußen, da auf diese Weise Napoleon eines potentiellen Bundesgenossen beraubt wurde und die zunächst recht undurchsichtigen Verhältnisse in Spanien geeignet waren, Frankreich friedenswillig zu stimmen. ›In unserem Interesse liegt es, daß die spanische Frage als Friedens-Fontanelle offen bleibe, und eine Napoleon angenehme Lösung ist schwerlich die für uns nützliche‹, lautete seine erste Weisung an das Auswärtige Amt nach dem Ausbruch der spanischen Revolution. Die weitere Entwicklung in Spanien beobachtete Bismarck daher sehr genau; um präzise Informationen über die Situation in Spanien zu erhalten, wurde im Frühjahr 1869 der Militär-Schriftsteller Th. v. Bernhardi nach Spanien entsandt. Dagegen schenkte Bismarck den seit Ende 1868 periodisch in der Presse auftauchenden Gerüchten, in denen der mit einer portugiesischen Prinzessin verheiratete Erbprinz Leopold von Hohenzollern oder dessen Bruder Friedrich (aus dem katholischen Zweig der Hohenzollern-Familie) als mögliche Kandidaten für den spanischen Thron bezeichnet wurden, keinerlei Beachtung.

2. Die Frage einer spanischen Thronkandidatur der Hohenzollern trat erst im Februar 1870 an Bismarck heran, als Marschall Prim, der entscheidende Mann in der spanischen Regierung, dem Erbprinzen Leopold in offizieller Form die Thronkandidatur anbot; der rein spanische Ursprung der Kandidatur läßt sich heute nicht mehr ernsthaft bezweifeln. Jetzt setzte sich Bismarck mit dem ganzen Gewicht seiner Persönlichkeit für die Annahme des Angebots ein und bemühte sich, die entgegenstehenden Bedenken zu zerstreuen.

3. Als sich Leopold nicht zur Annahme entschließen konnte, unterstützte Bismarck die Kompromißlösung, Leopolds jüngeren Bruder Friedrich ins Auge zu fassen. Auf Bismarcks Anregungen wurden zu entsprechenden Sondierungen und zur genauen Erforschung der Situation in Spanien der Legationsrat Bucher und der Generalstabsoffizier v. Versen nach Madrid entsandt.

4. Da auch Friedrich sich nicht zur Annahme der Kandidatur bereitfand, betrachtete Bismarck seit Ende April 1870 die Frage einer spanischen Thronkandidatur der Hohenzollern als erledigt. Vom 14. 4. bis 21. 5. hielt er sich in Varzin auf, wurde aber über den Fortgang und Suspendierung bzw. Abbruch der Verhandlungen unterrichtet.

5. Die Initiative bei der Wiederaufnahme der Kandidatur ging in erster Linie von v. Versen aus, auch Bucher, der Kronprinz und Fürst Karl Anton (der Vater Leopolds) wirkten dahin, doch noch eine Annahme der Kandidatur durch Leopold herbeizuführen. Als Bismarck, der nach Buchers und v. Versens Eindruck die Hoffnung auf eine Durchsetzung der Kandidatur aufgegeben hatte, von diesem Stimmungsumschwung Kunde erhielt, setzte er sich energisch für eine möglichst rasche Annahme der Kandidatur durch Leopold ein und sorgte dafür, daß durch Bucher in Madrid die entsprechenden Verhandlungen wieder aufgenommen wurden.

6. Nachdem Leopold sich zur Annahme der Kandidatur entschlossen hatte, sah Bismarck keinen Anlaß mehr zu weiterer aktiver Mitwirkung in der Kandidaturfrage; für alle weiteren Verhandlungen verwies er die spanische Regierung auf eine direkte Verständigung mit dem Hohenzollernprinzen; die Kan-

didatur sollte den Charakter einer Vereinbarung zwischen der spanischen Regierung und dem fürstlichen Hause Hohenzollern ohne Beteiligung der preußischen Regierung besitzen.
7. Als infolge des vorzeitigen Bekanntwerdens der Hohenzollernkandidatur die französische Gegenaktion einsetzte, betrachtete Bismarck die Aufrechterhaltung der Kandidatur als notwendig und wünschenswert.«
In einem Immediatbericht für König Wilhelm vom 9. 3. 1870 hatte Bismarck sein Engagement zugunsten der Kandidatur damit begründet, »daß es dem preußischen und deutschen Staatsinteresse Vorteile bringt, wenn die Annahme erfolgt, sowie, daß entgegengesetztenfalls Nachteile und Gefahren zu besorgen sind«. »Die Friedensliebe Frankreichs gegen Deutschland würde immer im Verhältnis der Gefahren des Krieges mit Deutschland wachsen oder abnehmen. Wir haben die Erhaltung des Friedens auf Dauer nicht von dem Wohlwollen Frankreichs, sondern nur von dem Eindrucke unserer Machtstellung zu gewärtigen.«
Hält sich diese Deutung der Geschichte der spanischen Thronkandidatur und des Anteils Bismarcks, wie gesagt, im großen an das von der neueren Forschung erarbeitete Bild, so kommt Kolb auf Grund einer minutiösen Untersuchung aller Schritte der Beteiligten in der Julikrise 1870 selbst zu dem – die Stellungnahmen deutscher Historiker zu diesem Thema nach 1945, die mehr oder weniger stark zumindest die Mitverantwortung Bismarcks betont hatten, gründlich revidierenden – Ergebnis: »Die Verantwortung für den Ausbruch des Krieges von 1870 tragen Napoleon und seine Mitarbeiter nicht allein deshalb, weil sie durch den Beschluß der Mobilmachung und die Kriegserklärung den bewaffneten Konflikt eröffneten; sie selbst haben durch ihre Politik während der Julikrise auch jene Situation herbeigeführt, in der ihnen – nach ihrer Auffassung – nur noch der Appell an die Entscheidung der Waffen übrig blieb. Die Kammererklärung vom 6. Juli, die Garantieforderung vom 12. Juli, schließlich der Mobilmachungsbefehl vom 14. Juli sind die Hauptstationen auf dem Weg zum Krieg, und für diese drei Aktionen ist die französische Regierung verantwortlich. Die erste Aktion ist wohl die wichtigste und gravierendste bei der Bewertung der Verantwortlichkeit des französischen Kabinetts, weil durch die Kammererklärung der Handlungsspielraum für alle Akteure ohne zwingende Not entscheidend eingeengt wurde, so daß für Alternati-

ven zum bewaffneten Konflikt nur noch ein bescheidener Raum blieb. Andererseits (handelte) es sich beim Krieg von 1870 nicht um einen prämeditierten Krieg (wie es etwa der italienisch-österreichische Krieg von 1859 war) . . . Von einem unbedingten Willen zum Krieg um jeden Preis waren auch die französischen Staatsmänner nicht erfüllt, ihre Verantwortlichkeit resultiert nicht so sehr aus ihren Intentionen, sondern vielmehr aus ihrem mangelnden Vermögen, in einer bestimmten politischen Situation in angemessener Weise politisch und diplomatisch zu operieren.«
Als tiefere Ursache des Konflikts sieht Kolb den Anspruch Frankreichs auf eine Sonderstellung innerhalb des Mächtesystems an, die Napoleon III. – in Umkehrung der Situation Frankreichs in den Jahrzehnten zwischen 1815 und 1853 – im Krimkrieg gewonnen hatte. Frankreich betrachtete seither seine Position als höherrangig im Vergleich zu der Preußens oder auch Österreichs. Um die Aufrechterhaltung dieser Sonderstellung ging es letztlich. Die diesen Anspruch begleitende chauvinistische anti-preußische und anti-deutsche Stimmung war sehr viel stärker, als es Bismarck für möglich gehalten hatte. Sie schuf eine Bereitschaft zum Kriege, die von der französischen Regierung bei ihren Entscheidungen in der Krise in Rechnung gestellt werden konnte und mußte. Die Vehemenz der sich äußernden Kriegsbereitschaft fand auf deutscher Seite allerdings eine gleich starke Resonanz, gerade in den der nationaldeutschen Bewegung verbundenen Teilen der Presse. Etwa seit dem 12./13. Juli antwortete die deutsche Seite mit nahezu gleicher nationalistisch-antifranzössicher Lautstärke: »Als Bismarck am 19. Juli im Norddeutschen Reichstag verkündete, soeben sei ihm die französische Kriegserklärung überreicht worden, war die Begeisterung nicht weniger stürmisch als diejenige im Corps législatif am 15. Juli, als Ollivier die Kriegskredite forderte.«
Die nach 1945 in Deutschland dominierende Deutung der Julikrise 1870 faßte *Fritz Kallenberg* unmittelbar vor Erscheinen der Studie Kolbs – etwas zugespitzt – so zusammen: Wenn sich die französische Regierung mit dem Thronverzicht Leopolds am 12. Juli zufrieden gegeben hätte, »wäre die Krise mit einer eindeutigen diplomatischen Schlappe Preußens abgeschlossen worden. Dies war niemandem klarer bewußt als Bismarck. Er traf am späten Nachmittag des 12. Juli auf dem Wege von
 Varzin nach Bad Ems in Berlin ein. Die Nachricht von dem

Mißerfolg wirkte auf ihn so niederschmetternd, daß er seine Rückkehr nach Varzin, ja, nach den Aussagen seiner Erinnerungen, sogar den sofortigen Rücktritt erwog. Den entscheidenden Umschwung brachte das maßlose Ansinnen der französischen Regierung an den König von Preußen, er möge verbindlich erklären, daß er dem Verzicht Leopolds zustimme und ein späteres Wiederaufleben der Kandidatur nicht erlauben werde. Diese Zumutung einer Verzichtsgarantie, am 13. Juli vom französischen Botschafter auf der Kurpromenade von Bad Ems dem König vorgetragen, veranlaßte nun auch diesen zu entschiedener Zurückweisung. Ein Bericht über die Brunnenszene und die Ablehnung des Königs, den Botschafter nochmals zu empfangen, ging telegrafisch an Bismarck nach Berlin, dem der König anheimstellte, den Vorgang zu veröffentlichen. Dies gab Bismarck doch noch die Möglichkeit, die französische Provokation vor den Augen der Welt zu entlarven. Hatte zunächst die französische Regierung Preußen vor die Wahl zwischen Demütigung und Krieg gestellt, so gab sie sich durch die Überspitzung ihrer Forderungen eine Blöße, die von Bismarck erkannt und blitzschnell genützt wurde. Durch die Veröffentlichung der von Bismarck redigierten Emser Depesche kam Frankreich in die Lage, in die es Preußen zu bringen versucht hatte.«

Einigkeit besteht bei allen Historikern darin, daß Gramonts Vorgehen die süddeutschen Staaten Preußen zutrieb, indem er einen nationalen Solidarisierungseffekt in Deutschland auslöste. Die Art des Taktierens der französischen Regierung trug wesentlich dazu bei, daß Frankreich politisch isoliert blieb, während Bismarck die Sondierungen der übrigen Mächte in Richtung auf eine internationale Konferenz ausmanövrieren konnte. An eine Beteiligung Österreichs und Italiens am Kriege an der Seite Frankreichs konnte bei der gegebenen Ausgangssituation auf französischer Seite ernsthaft nicht gedacht werden, auch wenn Gramont bei der Kabinettsentscheidung für den Krieg den Eindruck einer Bereitschaft dieser Staaten zu erwecken suchte.

Konträr zu Kolb, aber auch im Gegensatz zu der vorausgehenden deutschen Forschung zur Vorgeschichte des Krieges von 1870 sucht *Josef Becker* die Frage der Kriegsverantwortung zu lösen. Er orientiert sich dabei an der – vom Prinzip des »Primats der Innenpolitik« her bestimmten – Auffassung Jacob Burckhardts: »Man wird überhaupt mit der Zeit darüber klar werden, bis zu welchem Grade die drei Kriege aus Gründen der inneren Politik sind unternommen worden. Man genoß und benützte sieben Jahre lang die große Avantage, daß alle Welt glaubte, nur Louis Napoleon führe Kriege aus inneren Gründen. Rein vom Gesichtspunkt der Selbsterhaltung aus war es höchste Zeit, daß man die drei Kriege führte.«

Becker wendet sich gegen die These Jochen Dittrichs, die spanische Thronkandidatur sei »auf eine unblutige Lösung der Krise« angelegt gewesen. Die beiden »Pannen«, die den planmäßigen Verlauf durchkreuzten, nämlich erstens das Scheitern des fait accompli der Kandidatur beziehungsweise der Königswahl und die »Verwicklung« der preußischen Regierung und König Wilhelms in die Affäre, hätten – meint Becker – »die letzte Chance ... für eine wenigstens vorübergehende Beseitigung des Kriegsrisikos (geboten) – eine Chance, die Bismarck nicht mehr zu nutzen gewillt war. Noch ehe die französischen Garantieforderungen gegen eine eventuelle spätere Wiederaufnahme der Kandidatur bekannt geworden waren, hatte sich der Kanzler entschlossen, seinerseits von der französischen Regierung Garantien zu verlangen. Das hätte nach Lage der Dinge die sofortige Zuspitzung der politischen Kontroverse zum militärischen Konflikt bedeutet. Die Garantieforderungen, mit denen Gramont dem Kanzler zuvorkam, stellten nach dem programmwidrigen Verzicht auf die Thronkandidatur das zweite Moment dar, das innen- wie außenpolitisch der Bismarckschen Politik den Charakter der Defensive verlieh und so national wie international den Einigungskrieg und seine isolierte Lösung entscheidend erleichterte, wenn nicht erst ermöglichte.« Becker bezweifelt, daß bei einem programmgemäßen Verlauf der Krise die Lage ähnlich günstig für Bismarck geworden wäre: »Das Resultat – der Krieg mit Frankreich – wäre indessen das gleiche gewesen.«

Weitaus wichtiger noch als die Akzentverschiebung, die Becker in der Lageanalyse im Interpretationszusammenhang mit der spanischen Thronkandidatur vornimmt, ist seine Deutung der Motive Bismarcks für die auf den Krieg abzielende Krisenpolitik. Dem militärischen Konflikt mit Frankreich – so meint er – kam in Bismarcks Vorstellungen eine doppelte Funktion zu, »die eines nationalen Unionskrieges zur Vollendung der Resultate des preußischen Sezessionskrieges von 1866 und die eines (präventiven) innenpolitischen Integrationskrieges zum ›Abschneiden‹

einer fundamentalen politisch-sozialen Krise der preußischen Militärmonarchie«. Denn: »Im Frühjahr 1870 befanden sich die deutsche Politik Bismarcks und die liberale Einigungsbewegung in einem Stadium der Stagnation und Rückläufigkeit. Weder national noch international, weder politisch noch wirtschaftlich zeichneten sich für die Anhänger eines kleindeutschen Nationalstaates positive Entwicklungstendenzen ab. Die Mehrheit der süddeutschen Bevölkerung lehnte den Zusammenschluß mit dem Norddeutschen Bund ab und verwehrte damit der Fortführung der kleindeutschen Einigung eine unbestreitbare nationale Sanktion und die vor allem im Hinblick auf das Ausland wichtige demokratische Legitimation. Die Interessen der Großen Mächte England, Rußland, Österreich und in erster Linie jene des französischen ›Empire libéral‹ waren auf eine Aufrechterhaltung des Status quo in Mitteleuropa gerichtet. Jede direkte Offensive zur Vollendung der hegemonialen Einigungspolitik Bismarcks mußte ›nicht nur nicht die Lösung der deutschen Frage bedeuten‹, sondern sie ›vielmehr erst auf die politische Tagesordnung setzen‹ – das heißt: die fundamentalen innerdeutschen Gegensätze aktivieren und zum (gradweise abgestuften) Eingreifen der europäischen Großmächte führen, das Bismarck 1866 nur mit Mühe gebannt hatte. Außerdem zwang ein frontales Aufrollen der deutschen Frage Bismarck nur allzu leicht zu Kozessionen an die von den Liberalen geforderte nationale ›Volkspolitik‹, wie sie der Kanzler im Rahmen seiner Einigungspolitik von oben her zu vermeiden trachtete ... Die ›rasch fortschreitende ... Versumpfung‹ der kleindeutschen Einigungsbewegung hatte ihre unmittelbaren Rückwirkungen auf die politischen Verhältnisse im Norddeutschen Bund und damit auf die Basis von Bismarcks Innen- und Außenpolitik. Angesichts der Interdependenz, die gemäß der liberal-demokratischen post-Sadowa-Devise ›Durch Einheit zur Freiheit!‹ zwischen der nationalen und der konstitutionellen Bewegung bestand, trat in der Regressionsphase der kleindeutschen Nationalidee die konstitutionelle Idee in den Vordergrund. Dazu kam, daß die für das kommende Jahr angesetzten Wahlen zum preußischen Abgeordnetenhaus und zum norddeutschen Reichstag die Parteien in größere Distanz zur Regierung und damit weiter nach links drängten ... Das im ›Empire libéral‹ etablierte Vorbild eines quasi parlamentarischen Regimes konnte die Erosionserscheinungen an der Position Bismarcks bei den liberal-demokratischen Parteien nur noch verstärken – ein Effekt, auf den gerade auch die Träger des liberalen Kurses in Frankreich rechneten ...

»Eine entscheidende Voraussetzung dafür, daß dieser Krieg gleichzeitig das verfassungs- und das nationalpolitische Ziel im Sinne von Bismarcks Verständnis der Staatsräson der preußischen Militärmonarchie löste, war die Tatsache oder der Anschein einer legitimen preußisch-deutschen Defensive. Erst dann konnten die auf die Defensivfunktionen der Bundesakte hin eingeengten und so für eine hegemoniale Einigungspolitik Preußens weitgehend entwerteten Schutz- und Trutzbündnisse mit den süddeutschen Staaten automatisch in Wirksamkeit treten. Unter dieser Voraussetzung eines siegreichen (Defensiv-)Krieges mit Frankreich und der Eliminierung eines historisch-politischen Inferioritätskomplexes durch die Rückgewinnung von Elsaß und Lothringen – das hieß: mit der Befriedung des elementaren Machtbedürfnisses der Nation – war die ›Indemnität‹ der (kleindeutsch reduzierten) Nation für den Bruderkrieg von 1866 und damit eine nicht mehr zu bestreitende nationale Legitimation der hegemonialen Einigungspolitik Bismarcks zu erwarten. In diesen Momenten lag zudem eine entscheidende Bedingung dafür, daß die politisch-sozialen Zerklüftungen der deutschen ›Staatsgesellschaft‹ mit der Gründung eines neuen Reiches auf längere Dauer zu überbrücken waren – und zwar in der nicht mehr zeitkonformen Perpetuierung des verfassungstypologischen Übergangssystems des gestoppten Konstitutionalismus. Nicht zuletzt konnte nur dann, wenn die deutsche Frage erst im Gefolge einer politischen Umgehungsstrategie, d. h. als Konsequenz eines formaliter nicht national motivierten Konflikts mit Frankreich auf die Tagesordnung der europäischen Politik kam, der Interventionsspielraum für die Großen Mächte entscheidend eingeengt werden. Die spanische Thronfrage, an der Rußland und England kein primäres Interesse besaßen, und die französischen Reaktionen auf die Kandidatur Leopolds von Hohenzollern-Sigmaringen haben gemeinsam mit der Haltung des preußischen Königs der Bismarckschen Politik diesen Trumpf in einer optimalen Weise in die Hand gespielt.«

Selbst wenn man alle Prämissen anerkennen würde, die in der Argumentation Beckers enthalten sind, so fehlt darin doch die Berücksichtigung der von Frankreich eingenommenen politischen

Haltung in ihren über das Tagespolitische der Julikrise 1870 hinausweisenden Begründung. Sie liegt – wie Kolb richtig betont – in der beanspruchten Sonderstellung der Großmacht Frankreich im Kreis der übrigen Großmächte. Kolb gibt auch einen Schlüssel zur Urteilsfindung über die so unterschiedlich beantwortete Frage nach der Hauptverantwortung am Ausbruch des Krieges von 1870. Sein eigenes Urteil, das Napoleon III. und seine Regierung belastet, sieht er gebunden an eine Voraussetzung, »daß nämlich dieses Frankreich des Juli 1870 ein Staat unter Staaten, eine Nation unter Nationen war, nicht berechtigt, eine Sonderstellung in der europäischen Staatengemeinschaft zu beanspruchen, die es der Respektierung völkerrechtlicher Normen und diplomatischer Konventionen enthoben hätte. Wer allerdings der Auffassung ist, Frankreich habe ein legitimes Recht besessen zu verlangen, daß seine Wünsche bedingungslos befolgt wurden, der wird die Verantwortlichkeit der französischen Regierung anders beurteilen; ... wer der Auffassung ist, daß die übrigen europäischen Staaten verpflichtet waren, Drohungen und Forderungen der französischen Regierung und der französischen öffentlichen Meinung widerstandslos nachzugeben und widerspruchslos nachzukommen – und daß ein Nichtbefolgen dieser ›Verpflichtung‹ den Krieg rechtfertigte –, für den kann nicht zweifelhaft sein, daß die Schuld am Kriege bei Preußen liegt, wovon auch die Mehrheit der Franzosen im Jahre 1870 überzeugt war. Und damit stoßen wir auf die tiefere Schicht des Konflikts. Die Mehrheit der Franzosen war 1870 überzeugt von der Legitimität des französischen Anspruchs auf eine Sonderstellung innerhalb der Staatengemeinschaft.« Die Konsequenz daraus hieß allerdings, daß der Verlust dieser Sonderstellung als Ergebnis eines wie immer im einzelnen gestalteten erfolgreichen Krieges Preußens und des nun unter seiner Führung geeinigten Deutschland eine tiefergreifende Wirkung auf Frankreich, aber auch auf das europäische Mächtesystem ausüben mußte als die vorausgehenden Machtverschiebungen zugunsten Preußens. Der Krieg von 1870/71, nicht schon der von 1866, sollte folglich zum Dreh- und Angelpunkt der weiteren Geschichte des europäischen Mächtesystems werden.

3. Deutsch-französischer Krieg, Reichsgründung und Annexion Elsaß-Lothringens

Die Kriegserklärung Frankreichs an Preußen am 19. 7. 1870 schuf die für eine geschlossene Haltung aller deutschen Staaten notwendige Klarheit: der 1866 bei Abschluß der Schutz- und Trutzbündnisse der süddeutschen Staaten mit dem Norddeutschen Bund vorgesehene Bündnisfall war eingetreten, wenn auch anders, als damals unterstellt worden war; ging es doch seinerzeit primär um eine Hilfeleistung Preußens für die süddeutschen Staaten bei einem französischen Vorstoß an und über den Rhein. Abgesehen von den vertraglichen Verpflichtungen war es in der Situation des Juli 1870 unter dem Druck der nationalen und zum Teil nationalistischen Erregung eines erheblichen Teils der Bevölkerung den süddeutschen Regierungen, die noch am 12. Juli lebhafte Kritik an der spanischen Thronkandidatur des Hohenzollernprinzen und an der Bismarckschen Politik in diesem Zusammenhang geübt hatten, selbst der noch am meisten zögernden bayerischen Regierung, nicht möglich, außerhalb des Krieges zu bleiben. Die bayerische Patrioten-Partei, die am stärksten den Souveränitätsanspruch Bayerns vertreten hatte, spaltete sich über der Frage der Kriegsbeteiligung Bayerns. Die Mehrheit stimmte mit den übrigen Parteien für den Krieg, so daß Bayern wie die anderen süddeutschen Staaten als »Antwort« auf die französische Kriegserklärung an Preußen ihrerseits Frankreich den Krieg erklärten.

So wichtig für Bismarcks Einigungspolitik diese Geschlossenheit des nationalen Aufbegehrens gegen Frankreich war, entscheidend für den Verlauf und den Ausgang des Krieges war die Haltung der übrigen Großmächte. Dies galt um so mehr, als sich herausstellte, daß eine Wiederholung der »Blitzentscheidung« von 1866 nicht möglich und »Sedan« nicht ein zweites »Königgrätz« war, der Krieg sich also viel länger hinzog, als Bismarck in Analogie zu 1866 erwartet hatte. Wie in jedem Krieg in der neueren Geschichte in Westeuropa nahm auch 1870 England eine Schlüsselposition ein. Der Kriegsbeginn traf die britische Regierung Gladstone nicht überraschend, nachdem ihre im Sommer 1869 und im Frühjahr 1870 unternommenen Bemühungen um eine allgemeine Abrüstung – ihr selbst ging es dabei primär um die Durchführung ihres großen Sozialprogramms – am Widerspruch Napoleons wie Bismarcks gescheitert waren. Obwohl die britische Regierung die militärischen Stärkeverhältnisse im Verlauf des Krieges systematisch verfolgte und eine britische Intervention auf dem Kontinent militärtechnisch durchaus möglich war, setzte sich die dem Interesse Großbritanniens gemäße Linie der »Non-Intervention« fort, wobei die öffentliche Meinung Englands zunächst überwiegend Partei zugunsten Preußens und Deutschlands ergriff. Dazu trug die Veröffentlichung des Entwurfs des französischen Botschafters Benedetti vom 22. 8. 1866 auf Veranlassung Bismarcks in der »Times«, aus dem Napoleons Aspirationen auf Belgien hervorgingen, wesentlich bei. Bismarck war sich jedoch darüber klar, daß damit allenfalls die Haltung Englands in einem kurzen Krieg festlag und daß ein zu weites Vordringen der deutschen Armeen nach Westen Gefahren heraufbeschwor. Die Kriegsentscheidung wurde daher bereits in Ostfrankreich angestrebt. Die Wahrung der belgischen Neutralität sagte der Kanzler der britischen Regierung sogleich zu.

Die damit gesicherte Neutralität Großbritanniens bestimmte nachdrücklich diejenige Italiens mit. Mochte König Viktor Emanuel I. anfangs auch dazu neigen, sich zumindest politisch an die Seite Napoleons zu stellen, so lehnten die Florenzer Regierung wie die öffentliche Meinung im Lande doch jede pro-französische Orientierung ab, solange französische Truppen immer noch zur Sicherung der päpstlichen Residenz Rom besetzt hielten und dem Königreich Italien den Zutritt zu seiner Hauptstadt verwehrten. Einen Abzug seiner Truppen aus Rom, um die Italiener zu gewinnen, konnte Napoleon im Blick auf die klerikalen Kräfte seines Landes nicht riskieren.

Wurde die Haltung Italiens insgesamt stark von der britischen Entscheidung zur Neutralität mit verursacht, so galt für Österreich Gleiches im Hinblick auf die Haltung Rußlands. Schon am 16. 7. hatte Zar Alexander II. Bismarck mitgeteilt, daß er mit 300 000 Mann gegen Österreich-Ungarn vorgehen würde, falls sich dieses an die Seite Frankreichs stellen sollte. In der Tat begann kurz danach ein russischer Aufmarsch an der Grenze Galiziens. Unter dem Eindruck dieser Demonstration beschloß der österreich-ungarische Kronrat am 18. 7. eine »abwartende« Neutralität.

Militärisch riß Moltke die Initiative sogleich an sich, doch gelang die angestrebte schnelle Entscheidung nicht, auch wenn – mehr eine Folge von Fehlern auf französischer Seite als Ergebnis einer überlegenen deutschen Planung – eine der beiden französischen Armeen am 2. 9. in Sedan kapitulieren mußte, Napoleon III. dabei in Kriegsgefangenschaft geriet und zwei Tage später in Paris republikanische Kräfte die Oberhand gewannen, die das Kaisertum für beendet erklärten und eine provisorische Regierung bildeten. Der neue Außenminister Jules Favre leitete sogleich intensive Anstrengungen ein, die internationale Szene zugunsten Frankreichs zu wenden, wobei es ihm vor allem darum ging, eine »Brücke« zu England hinüber zu schlagen. Indem sich die neue Regierung klar von dem bisherigen Regime und seinen Torheiten in der Julikrise distanzierte, ließ Favre am 6. 9. in einem Rundschreiben an die diplomatischen Vertretungen Frankreichs in allen Hauptstädten erklären, daß nach dem Sturz des Kaisertums, das die deutsche Einheit habe verhindern wollen, für Preußen-Deutschlands jeder Kriegsgrund entfalle; Preußen habe sein Kriegsziel erreicht, dem Zusammenschluß zwischen Nord- und Süddeutschland stünde nichts mehr im Wege; allerdings werden »wir ... keinen Fußbreit unseres Gebietes, keinen Stein unserer Festungen opfern«. (Wenig später nahm auch Napoleon III., mit dem Bismarck ebenso wie zur provisorischen Regierung Kontakt hielt, eine gleiche Haltung ein.) Die Schlußwendung Favres bezog sich auf die schon bald nach Kriegsbeginn in Deutschland bei der Nationalbewegung vehement hervorgebrochene Forderung, das Elsaß und einen Teil Lothringens zum deutschen Kriegsziel gegen Frankreich zu erklären. Mitte August herrschte in den verschiedenen politischen Lagern in Deutschland einschließlich Bismarcks eine weitgehende »communis opinio«, bei siegreichem Fortgang des Krieges das Elsaß und Deutsch-Lothringen »zurückzufordern«. Am 14. 8. wurde bei einem »Kriegsrat« in Herny von der preußischen Führung offiziell festgelegt, daß eine Gebietsabtretung von Frankreich gefordert werden sollte. Schon am 10. 8. hatte Bismarck erste Weisungen an den preußischen Gesandten in Petersburg gehen lassen, um den Zaren auf die Annexionsabsichten vorzubereiten. Alexander II. verhielt sich jedoch äußerst reserviert, er »halte Territorialerwerbungen für einen Keim neuer Kriege und rate, sich mit einer Geldentschädigung und der Schleifung der Festungen zu begnügen«. Bismarck antwortete am 24. 8. mit der für Rußland verlockenden Wendung: »Wenn Rußland Wünsche wegen des

Pariser Schwarzmeer-Traktats von 1856 hat, werden wir sie gern zu den unsrigen machen.« Das heißt er suchte die Zustimmung des Zaren zur Gewinnung Elsaß-Lothringens mit der Unterstützung Preußens für eine Beseitigung der Rußland diffamierenden Pontusklauseln zu gewinnen, eine Unterstützung, die Bismarck, wie erwähnt, schon bei dem politischen Interventionsversuch Rußlands in der Schlußphase des Krieges von 1866 zugesagt hatte, um die Gefahr einer europäischen Konferenz über Mitteleuropa abzuwenden.

Für Bismarck war das Werben um Rußland in dieser Zeit um so notwendiger, als sich, da die Friedensbereitschaft der provisorischen französischen Regierung auf der Basis eines territorialen Status quo und die deutsche Elsaß-Lothringen-Forderung eine Kriegsbeendigung nach der Kapitulation von Sedan ausschlossen, ein Stimmungsumschlag in der britischen öffentlichen Meinung gegen Preußen-Deutschland abzeichnete. In der Tat schritt zur Erleichterung Bismarcks die Regierung des Zaren am 31. 10. 1870 zur einseitigen Aufkündigung der Schwarzmeerklauseln des Pariser Friedens von 1856. Gegen die daraufhin von Teilen der Abgeordneten beider britischer Parteien erhobenen Forderung, Rußland den Krieg zu erklären, wandte sich das Kabinett Gladstone zusammen mit führenden Vertretern der Konservativen. Stattdessen suchte das Kabinett durch die Entsendung Odo Russels in das inzwischen nach Versailles verlegte deutsche Hauptquartier Bismarck zu gewinnen, um über ihn den Zaren zur Zurücknahme der Entscheidung zu bewegen. Die britische Regierung ahnte nicht, wieweit sich Bismarck in dieser Frage schon gegenüber Rußland gebunden hatte. Die Bedeutung, die der Kanzler für die britische Politik in dieser Situation besaß, kam der inzwischen recht schwierig gewordenen Lage Preußens im Kriege gegen Frankreich zugute. Über Bismarcks Vermittlung kam schließlich, dem russischen Wunsch entsprechend, eine europäische Konferenz in London zustande, die vom Januar bis März 1871 über das Schwarzmeerproblem verhandelte. Dieser Ausweg barg allerdings in Bismarcks Sicht die Gefahr in sich, daß der Themenkatalog der Konferenz leicht erweitert und das deutsch-französische Problem zum Gegenstand von Vermittlungsverhandlungen werden konnte mit dem Ergebnis, daß die Mitteleuropa-Problematik doch wieder jene »Europäisierung« erfuhr, die Bismarck im Interesse einer macht-

politisch voll souveränen deutschen Großmachtstellung unbedingt vermeiden wollte.
Ehe sich dieser Knoten schließlich doch im Sinne Bismarcks löste, verstrickte ihn das Annexionsproblem immer tiefer in den – wie es zeitweilig schien – von preußisch-deutscher Seite militärisch wie politisch gar nicht zu bewältigenden Krieg gegen Frankreich. Am 14. 8. war der Annexionsbeschluß von Herny sogleich mit der Errichtung der beiden Generalgouvernements »Elsaß« und »Lothringen« nach außen hin manifest geworden. Die Anregung des früheren preußischen Ministerpräsidenten Otto v. Manteuffel vom 23. 8., die beiden Provinzen nicht zwischen Preußen und den süddeutschen Staaten aufzuteilen, sondern als Ganzes als »Reichslande« zu verwalten, bestätigte Bismarck am 8. 9.: »Für den Fall, daß der Sieg unseren Fahnen, was Gott verleihen möge, treu bleibt und wir für Deutschland sein altes Reichsland wieder gewönnen, hat der Gedanke . . ., daß solche Lande nicht verteilt, sondern zum Reichsland erklärt und im Namen Deutschlands verwaltet werden, schon nach den ersten siegreichen Schlachten die Genehmigung seiner Majestät des Königs erhalten.« Aus dem »Reichsland« sollte gleichsam das »Reich« erwachsen: Elsaß und Lothringen sollten ein Bindeglied zwischen den deutschen Teilstaaten werden, ein Gewinn, der später gemeinsam verteidigt werden sollte, wenn Frankreich wieder einmal Druck auf Deutschland ausüben sollte.
Walter Lipgens, der eine noch näher darzulegende Kontroverse über Bismarck und das Annexionsproblem auslöste, hat gemeint, daß anfangs stark der Gesichtspunkt einer Einleitung der Einigungsverhandlungen über eine Lockung mit dem Besitz der Provinzen für die süddeutschen Staaten, namentlich Bayern (Verbindung mit der Pfalz), eine Rolle gespielt hat. Der Zusammenschluß des Norddeutschen Bundes mit den süddeutschen Staaten konnte – neben den allgemeinen Erwägungen von der Basis der konstitutionellen Monarchie her – auch aus außenpolitischen Gründen, vor allem im Blick auf Rußland und Österreich, nicht – wie es die deutsche Nationalbewegung wünschte und bei der Einigung Italiens unter anderen Bedingungen ja 1860/61 auch der Fall gewesen war – gleichsam »von unten«, mit Hilfe von Volksabstimmungen, angestrebt werden, sondern nur auf dem Wege von Verhandlungen zwischen den Regierungen der Südstaaten mit dem Norddeutschen Bund. Dabei war

Bayern aus vielerlei Ursachen das schwierigste Problem. Es mußte nun jedoch nicht nur die Initiative zur Einigung von den süddeutschen Staaten ausgehen, sondern der schwierigste Staat, Bayern, – nicht etwa das zum Vorprellen neigende Baden – mußte auch den Anfang machen. Die Lockung Bayerns mit Elsaß und Lothringen mißlang indessen. Schließlich trat am 13. 9. unabhängig davon doch das von Bismarck seit Wochen erwartete und mit allen Mitteln geförderte Ereignis ein: Bayern äußerte den Wunsch nach Eröffnung der Verhandlungen mit dem Norddeutschen Bund. Damit begannen die über zwei Monate andauernden, erst Ende November 1870 in die Verträge einmündenden Erörterungen, die, von einigen politisch nicht gravierenden Reservatrechten abgesehen, zum vollständigen Anschluß der süddeutschen Länder an den Norddeutschen Bund führten. Damit war rechtlich und faktisch das »Deutsche Reich« als Bundesstaat gegründet. Die Kaiserproklamation am 18. 1. 1871 in Versailles war nur ein dekorativer, psychologisch allerdings das deutsch-französische Verhältnis für die Zukunft zusätzlich belastender symbolischer Akt. Der Zusammentritt des ersten deutschen Reichstages am 21. 3. 1871 ergänzte das Bündnis der Fürsten und Freien Reichsstädte im Sinne des Anspruchs, daß dieses Reich zugleich der (»kleindeutsche«) Nationalstaat sei. In den ersten unter britischer Vermittlung zustande gekommenen Verhandlungen Bismarcks mit dem neuen französischen Außenminister Favre Mitte September 1870 beharrte der Kanzler auf der Abtretungsforderung, obwohl Favre »jede mögliche Geldsumme« anbot, falls Bismarck die Forderung nach Landabtretung fallen ließ. Bei dieser Haltung blieb er, obwohl die Schwierigkeiten, den Krieg militärisch zu beenden und eine Intervention anderer Mächte zu verhindern, während des Winters 1870/71 mehrfach eine Aufgabe dieses Kriegsziels nahe gelegt hätte.

Über die Motive Bismarcks, die Annexion Elsaß-Lothringens zu erzwingen, hat sich in den letzten Jahren eine lebhafte Kontroverse entwickelt, nachdem in der Zeit davor bei den deutschen Historikern ein Konsens darüber herrschte, daß Bismarck sich hierbei nur dem Druck der liberalen öffentlichen Meinung und der Militärs – wider besseres Wissen – gebeugt habe. Diese Auffassung ist – darin besteht ein Ergebnis der Auseinandersetzung – nicht mehr aufrechtzuerhalten. Es steht fest, daß sich Bismarck mit eigenen Zielvorstellungen und aus eigenen Motiven heraus für die Annexion ausgesprochen hat. Allerdings hat die – die Kontroverse auslösende – These *Walter Lipgens'*, daß Bismarck erst manipulierend die Presse zu den Annexionsforderungen veranlaßte, er also der Urheber der Welle von Annexionsforderungen in der deutschen Öffentlichkeit bald nach Kriegsbeginn gewesen sei, der kritischen Überprüfung nicht standgehalten. Wie *Eberhard Kolb* resümiert, ist das klare Ergebnis der Diskussion, »daß keine ausreichenden Anhaltspunkte existieren, die es erlauben, die rasche Ausbreitung des Annexionsgedankens auf Bismarcks Initiative und Aktivität zurückzuführen«, hingegen dokumentieren zahllose Zeugnisse, daß bereits Mitte August 1870 die Annexionsforderung Allgemeingut (mit minimalen Ausnahmen) bei allen politischen Strömungen in Deutschland war. Nur die Motive waren höchst unterschiedlich; nationale, »völkische«, militärstrategische Argumente und Gesichtspunkte eines »üblichen« Siegerrechts auf Territorialgewinn spielten eine Rolle. Kontrovers geblieben sind in der wissenschaftlichen Diskussion der letzten Jahre indessen die Motive, die Bismarck dazu veranlaßten, sich in so ungewöhnlicher Weise festzulegen – im Gegensatz zu der Flexibilität, die er im Kriege gegen Österreich 1866 bewiesen hatte.

Lipgens hebt für die Anfangsphase im Spätsommer 1870 das schon erwähnte »Reichsland«-Interesse als »einigungspolitisches« Motiv hervor, in zweiter Linie das vor allem von den süddeutschen Staaten (namentlich Baden und Württemberg) vorgebrachte »sicherheitspolitische« Motiv (Furcht vor einer neuen Bedrohung durch Frankreich, die nur durch eine Verlegung der Grenze auf den Vogesenkamm und bis in die Gegend westlich der Festung Metz einigermaßen beseitigt werden konnte). Für die spätere Zeit (Winter 1870/71) sieht Lipgens bei Bismarck neben der Vorstellung eines notwendigen Landgewinns, wie es der Siegespraxis der Fürstenstaaten des 18. Jahrhunderts entsprach, vor allem ein neuartiges, Bismarck sonst – in Beziehung zu anderen Großmächten – fremdes Moment: unter dem Eindruck des französischen Volkskrieges und der hartnäckigen Verteidigung von Paris sei Bismarck vorübergehend in die Nähe der »Erbfeind«-Ideologie geraten. In der Tat sprach Bismarck in den Wintermonaten wiederholt vom »französischen Volkscharakter«, dem »beständige Herrschsucht« eigen sei, ein Faktor, der daher
 bei allen politischen Entscheidungen künftig in Rechnung gestellt

werden müsse: die Unversöhnlichkeit des französischen Nationalcharakters bedinge einen harten Frieden. Wieweit Bismarck tatsächlich vorübergehend solche »Theoreme« ernsthaft übernahm oder sich ihrer nur zu bestimmten Zwecken bediente, mag dahingestellt bleiben. In jedem Falle stärkten die entsprechenden Äußerungen des Kanzlers die in der deutschen Nationalbewegung ohnehin vorhandenen »Erbfeind«-Vorstellungen. Die entscheidende Frage ist nun, ob mit den genannten Motiven bereits der Kern des Problems getroffen ist. *Lothar Gall* sieht ein anderes Motiv als entscheidend an. Das von ihm stärker betonte geostrategische Moment ist für ihn nur der Ausgangspunkt für allgemeinere Erwägungen zu Bismarcks Vorstellung vom europäischen Gleichgewicht und von der künftigen Stellung des Deutschen Reiches in diesem Mächtesystem: »Durch die Machterweiterung Preußens beziehungsweise die nun bereits fest ins Auge gefaßte Errichtung eines kleindeutschen Nationalstaates sollte das bisherige System der europäischen Pentarchie keineswegs gesprengt werden, vielmehr sollte das innere Gleichgewicht dieses Systems, wenn auch in etwas veränderter Form, unbedingt erhalten bleiben. Dieses Gleichgewicht beruhte ebenso auf der annähernd gleichen machtpolitischen Stärke aller fünf Partner wie auf der Freiheit eines jeden von ihnen, zur Erhaltung des Gleichgewichts wechselnde Koalitionen zu schließen. Beide Bedingungen wurden durch die Schonung Österreichs erhalten ... Bismarck gewann hierdurch den Ruf eines überaus umsichtigen, stets in europäischen Zusammenhängen denkenden Politikers, der willens war, das bestehende Parallelogramm der Kräfte zu achten und dessen Diagonale zur Richtlinie seiner Politik zu machen.

»Die entscheidende Frage ist nun: Hat Bismarck durch sein Verhalten im Jahre 1866 ... nur bewußt bei den europäischen Kabinetten einen solchen Eindruck zu wecken versucht, um sich eine günstige Ausgangsposition für die zu erwartende Auseinandersetzung mit Frankreich zu schaffen, oder war es über solche taktischen Überlegungen hinaus ... tatsächlich Ausdruck eines politischen Grundkonzepts? Angesichts seines Entschlusses zur Annexion von Elsaß und Lothringen waren viele Vertreter der europäischen Mächte geneigt, das erstere anzunehmen, und es erhob sich eine Welle des Mißtrauens in die Intentionen des preußischen Staatsmannes. In der Tat schien eine unüberbrückbare Diskrepanz zu bestehen zwischen der klugen Mäßigung von 1866, die das egoistische Machtstreben und die territoriale Sicherheitsidee einem größeren, nicht nur am Augenblick orientierten Konzept unterordnete, und der offenbar wesentlich von solchem blinden Machtstreben und rein militärischen Sicherheitserwägungen diktierten Entscheidung von 1870. Allerdings sehen wir im Unterschied zu den unmittelbaren Zeitgenossen auch noch etwas anderes: daß nämlich Bismarck in seiner Politik nach 1870 den Prinzipien, die ihn 1866 leiteten, wieder unbedingt den Vorrang gegeben hat vor dem Gedanken einer vornehmlich auf der eigenen militärischen Stärke beruhenden nationalen Sicherheit. Im Gegensatz zu den Politikern von 1870/71, die eine völlige Abkehr von diesen Prinzipien befürchteten, konstatieren wir also nur einen zeitweiligen Bruch – mit allerdings verhängnisvollen Folgen – in der dann wieder konsequent verfolgten Linie seiner Politik; und die Erklärung lag in der Tat nahe, daß Bismarck hier unter äußerem Druck in seiner Entscheidungsfreiheit gehemmt gewesen sei. Dieser Bruch ist jedoch ... nur ein scheinbarer. Vielmehr läßt sich ..., so paradox dies auf den ersten Blick auch scheinen mag, eine direkte Linie ziehen von seinem Verhalten in Nikolsburg zu seiner Entscheidung vom Juli/August 1870, insofern nämlich, als er sich beide Male vom gleichen Konzept künftiger Friedenssicherung in Europa leiten ließ.«

»Der rückblickende Betrachter ist ja leicht geneigt, die dann im weiteren Verlauf eingetretene Machtverschiebung in Europa zugunsten des neu gegründeten Deutschen Reiches, die auf einer geradezu explosiven Bevölkerungsvermehrung und wirtschaftlichen Expansion beruhte, gleichsam in das Jahr 1870/71 zurückzuprojizieren. Hält man sich jedoch die reale machtpolitische Situation zu Beginn des Deutsch-Französischen Krieges vor Augen, so ergibt sich ein durchaus anderes Bild. Frankreich war nach Bevölkerungszahl, territorialem Umfang, Wirtschaftskraft und militärischem Potential unzweifelhaft die erste Macht auf dem Kontinent, eine Macht, die in den letzten Jahren ein immer bedrohlicheres Übergewicht erhalten hatte. So beruhten denn auch die Sympathien, die Preußen und seine Verbündeten bei ihrer Auseinandersetzung mit Frankreich anfangs sowohl von der öffentlichen Meinung im übrigen Europa wie von den Kabinetten entgegengebracht wurden, nicht allein auf dem diplomatischen und publizistischen Geschick des preußischen Staatsmannes und der Einsicht, daß man den Deutschen das Recht auf Vereinigung in einem Staate nicht versagen könne. Es spielte dabei auch eine gleich große Rolle, daß man sich von einem preußisch-deutschen Sieg und der Begründung eines kleindeutschen Nationalstaats eine Abwehr und Eindämmung der Gefahren versprach, die in zunehmendem Maße von Frankreich zu drohen schienen. Nicht nur aus ideellen Gründen hatten ja schon zu Beginn der sechziger Jahre einflußreiche englische Politiker die kleindeutschen Einigungspläne mit größtem Wohlwollen aufgenommen, sondern auch weil sie sich davon eine bessere Ausbalancierung des europäischen Mächtesystems erhofften. Während man hier jedoch nach dem überraschend schnellen militärischen Zusammenbruch auf einen raschen Frieden auf der Basis des territorialen Status quo drängte, da man jetzt einen Gleichgewichtszustand für erreicht hielt, glaubte Bismarck im Interesse dieses Gleichgewichts darauf nicht eingehen zu können. Überzeugt, daß Frankreich den Verlust seiner Vormachtstellung auf dem Kontinent auch bei schonendster Behandlung nicht überwinden können und so, anders als Österreich, stets ein potentieller Gegner Deutschlands bleiben werde – ›Die Neigung Frankreichs, sich zu rächen, wird ganz dieselbe bleiben, es mag Provinzen verlieren oder nicht‹, bemerkte er etwa am 25. August 1870 in einem Erlaß an den preußischen Gesandten in Petersburg –, schien ihm ein den Frieden verbürgendes dauerhaftes Gleichgewicht in Europa nur durch eine nicht nur temporäre Schwächung Frankreichs erreichbar zu sein, eine Schwächung, die sich zudem noch in einer, wie er meinte, dem Zeitgeist einleuchtenden Weise begründen ließ. Es war ... in erster Linie dieser Gedanke, der ihn, wenn auch nicht ohne gelegentliches Schwanken, an der Annexionsforderung festhalten ließ, selbst als er merkte, daß diese Forderung zu einem Stimmungsumschwung gegen Deutschland führte und die Gefahr einer Intervention der Neutralen heraufbeschwor. Und seinetwegen vor allem hat er, neben anderen, gleichfalls gewichtigen Gründen – das Fehlen einer legitimen Regierung in Frankreich, die Unfertigkeit des Einigungswerkes – die Waffenstillstandsverhandlungen nach Sedan scheitern lassen, als die französischen Unterhändler sich außerstande erklärten, auf die Annexionsforderung einzugehen.« »Hinter Bismarcks Annexionsentscheidung von 1870 verbarg sich also ...

bereits ein umfassendes, durchaus nicht ausschließlich auf das deutsch-französische Verhältnis und militärisch-strategische Überlegungen beschränktes Konzept einer künftigen Friedenssicherung ... Im Interesse dieses Zieles schien es ihm unerläßlich, Frankreich anhaltend so zu schwächen, daß eine Wiederholung des Krieges von 1870/71, das heißt eines lokalisierten und von den übrigen Mächten tolerierten Zusammenstoßes zweier Großmächte unmöglich wurde. Damit, so meinte er im Blick auf die Interessen der europäischen Mächte, werde für jede der Großmächte die Möglichkeit, in Europa begrenzte politische Ziele mit begrenztem militärischem Risiko zu erreichen, praktisch ausgeschaltet und damit zugleich die Wahrscheinlichkeit eines kriegerischen Zusammenstoßes zwischen den europäischen Großmächten überhaupt. ›Indem wir Frankreich, von dessen Initiative allein jede bisherige Beunruhigung Europas ausgegangen ist, das Ergreifen der Offensive erschweren‹, hieß es in diesem Sinne schon im Zirkularerlaß vom 16. September 1870, ›handeln wir zugleich im europäischen Interesse, welches das des Friedens ist‹.«
»Es war dies ein rein machtpolitisches und zugleich statisches Kalkül, das von dem gerade herrschenden Kräfteverhältnis und der gegebenen Interessenlage ausging. Es war darüber hinaus charakterisiert durch die Überzeugung, daß sich die Leiter der großen Staaten auch in Zukunft ausschließlich von realen Machtinteressen leiten lassen, daß auch künftig die Idee der Staatsräson über alle anderen politischen Antriebe triumphieren würde. Und es war schließlich von einem gewissen Determinismus bestimmt, von der Vorstellung eines unabänderlichen, in der Natur der Dinge angelegten Gegensatzes zwischen Frankreich und dem preußisch-deutschen Staat, allgemeiner gesagt, zwischen den beiden damals stärksten Mächten des Kontinents.«
Bismarck hat später – auch schon bald nach Beendigung des Krieges – die Annexion Elsaß-Lothringens als einen »Fehler« bezeichnet. So äußerte er bereits im August 1871 gegenüber dem französischen Geschäftsträger in Berlin: »Einen Fehler haben wir begangen, indem wir es Euch wegnahmen, wenn der Friede dauerhaft sein sollte; denn für uns sind diese Provinzen eine Verlegenheit ... ein Polen mit Frankreich dahinter.« Allerdings war es doch wohl in Bismarcks Sicht ein unvermeidlicher Fehler, da es keine andere Lösung gab. Anders als 1866 im Falle Österreichs lag hier, von der einmal gegebenen Tatsache des

Krieges gegen Frankreich ausgeschlossen, so wie die Dinge seit Gründung des Norddeutschen Bundes und infolge der Unterstützung von Bismarcks Politik durch die Nationalliberalen sowie der im Falle eines Krieges unvermeidbar aufflammenden nationaldeutschen Bewegung lagen. Den Krieg Preußens gegen Österreich hatte 1866 die nationaldeutsche Bewegung abgelehnt und es dann begrüßt, daß er so schnell und glimpflich für Österreich beendet werden konnte. Der Krieg gegen Frankreich hingegen war, wie immer sich Bismarck dabei verhalten mochte, von Anfang an ihre Sache. Davon mußte Bismarck ausgehen. In der Innenpolitik wollte und konnte er – wie in der Frage des Zusammenschlusses des Norddeutschen Bundes mit den süddeutschen Staaten – nicht den Weg der nationaldeutschen Bewegung beschreiten; auch die Rücksichtnahme auf Rußland und Österreich hinderten ihn daran, die deutsche Einigung anders als auf diplomatischem Wege zu erreichen. Die Kaiserproklamation in Versailles am 18. 1. 1871 erschien als eine dynastische Angelegenheit mit einer militärischen Akklamation. Auf die Unterstützung der Nationalliberalen aber war Bismarck in Zukunft mehr als bisher im Norddeutschen Reichstag angewiesen. So blieb als Bindeglied zwischen Bismarck und der nationaldeutschen Bewegung nur das außenpolitische Ziel: die Gewinnung Elsaß-Lothringens.

Von daher gewinnt die Schlußbetrachtung Lipgens' an Bedeutung, in der er auf die »Amalgamierung bestimmter Grundgedanken der Nationalbewegung in die Staatsauffassung des Kabinettspolitikers« hinweist. Vom Problem der Annexion Elsaß-Lothringens aus läßt sich die Einsicht vertiefen, »daß die Staatsräson- und Machtinteressenpolitik der Fürstenstaaten der vorigen Jahrhunderte, die im Ringen zwischen universalistischen und partikularistischen Tendenzen die letztere hatten dominieren lassen, die souveränen Staaten aufgerichtet und in der Machtvermehrung den eigentlichen Staatszweck gesehen hatte, nicht überbetont in einen – als Stufe gewiß vorhandenen – ›Gegensatz‹ zum modernen Nationalismus gestellt werden sollte; auch dieser war nur eine neue Form jenes territorialistisch-absondernden Geistes, und er hat seine zerstörerische Kraft nur als Aufladung der ›Souveränität‹ gewinnen können.«

Bereits die Ankündigung der Absicht der Annexion Elsaß-Lothringens rief Beunruhigung bei den Nachbarn Preußen-

Deutschlands hervor, vor allem in Rußland, weil die Abtretung – zwar nicht von Bismarck, wohl aber in der Publizistik der nationaldeutschen Bewegung – mit der Volkszugehörigkeit der Elsässer und eines Teils der Lothringer begründet wurde. Dies wies für die Zukunft in russischer Sicht auf bedrohliche Perspektiven hinsichtlich der Ostseeprovinzen des Russischen Reiches – Kurland, Livland und Estland – mit ihrer deutschen Oberschicht. Bismarck hat sich in der Folgezeit bemüht, durch Betonung der sozialrevolutionären Gefahren, die nur durch ein Zusammengehen der sozial-konservativen Großmächte gebannt werden könnten, den Zaren und seine Regierung über diese Problematik der Elsaß-Lothringen-Lösung hinwegzubringen. Eine Möglichkeit dazu bot der Aufstand der Pariser »Commune«, der überhaupt zu einem Ansatzpunkt für die neue Funktion Frankreichs in Bismarcks außenpolitischem Koordinatensystem werden sollte. Eine in seinem Sinne vorteilhafte direkte Funktion Frankreichs als Großmacht innerhalb des europäischen Mächtesystems – so wie es mit dem Hinlenken zum Balkan im Falle Österreichs 1866 möglich gewesen war – gab es für ihn nach 1870 nicht. Entgegen seinen in den 1850er Jahren entwickelten Frankreich-Vorstellungen und seiner Auffassung von der Rolle Napoleons III. hatte sich dieser nicht als ein der Staatsräson folgender Monarch erwiesen, vielmehr durch seine abenteuerliche Politik den in den 1850er Jahren scheinbar gezügelten revolutionären, in Bismarcks Sicht irrationalen Kräften erneut den Weg frei gegeben. Die Entwicklung in Frankreich nach dem Sturz Napoleons, der Volkskrieg, vor allem aber im Frühjahr 1871 der Aufstand der Pariser »Commune« schienen der alten, von den preußischen Hochkonservativen nie aufgegebenen Deutung Frankreichs als Herd der Revolution und als permanente Bedrohung der europäischen Ordnung Recht zu geben. Dies verstärkte – zusammen mit den später allerdings »verdrängten« Erfahrungen des Volkskrieges – das sicherheitspolitische Motiv im weitesten Sinne. Andererseits hatte Bismarck an einer Wiedereinordnung eines sich konsolidierenden Frankreich, das für die monarchischen Großmächte wieder bündnisfähig geworden wäre, kein Interesse. Echte Besorgnis und Ausnutzen der durch die Unterstützung der Regierung Thiers in Grenzen gehaltenen Bedrohung zu eigenen Gunsten gingen eine unlösbare Verbindung ein. Sowohl innenpolitisch als auch für die internationalen Beziehungen konnte das »ewig revolutionäre« Frankreich zu einem Integrationsmittel für ein sich wieder stärker auf seine sozial-konservativen Grundlagen rückbesinnendes europäisches Mächtesystem mit dem neuen Deutschen Reich als Gravitationszentrum werden. Während des Winters 1870/71 galt es noch mehrfach Krisen zu überwinden, die das Ganze in Frage zu stellen drohten. Dies traf für den militärischen Bereich ebenso wie die internationale Szenerie zu.

Nachdem sich die im Anschluß an die Kapitulation der kaiserlichen Armee bei Sedan eingeleiteten Waffenstillstandsverhandlungen wegen Bismarcks Forderung nach Abtretung von Elsaß und Lothringen zerschlagen hatten, stand die preußische militärische Führung vor Problemen, die sie im Grunde trotz aller Anstrengungen der folgenden Monate nicht gelöst hat, auch wenn der Krieg schließlich infolge der Erschöpfung der französischen Reserven – und entscheidend: dank der Isolierung des Krieges, die Bismarck durch Geschick und Glück gelang – zugunsten Preußen-Deutschlands zu Ende ging. Bevor die provisorische Regierung Frankreichs Ende Januar 1871 die Hoffnung auf eine Wendung des Krieges durch Intervention anderer Mächte aufgab und Bismarck über die Art der »Waffenstillstandskonvention« von Paris (28. 1. 1871) den Weg zum Frieden gemäß seinen Vorstellungen bahnen konnte, mußte er sowohl die extremen Zielvorstellungen des Chefs des Generalstabes, Moltke, als auch die Interventionsversuche Englands und Rußlands abwehren.

Der Konflikt zwischen Moltke und Bismarck, der sich an der Frage der Beschießung von Paris (um eine schnelle Entscheidung herbeizuführen) entzündet hatte, nachdem die Stadt Mitte September eingeschlossen worden war, hatte sich in einigen Wochen fortgesetzter Auseinandersetzung bis zu Grundfragen, der Zielsetzung des Krieges gegen Frankreich, ausgeweitet. Der Volkskrieg der improvisierten Armeen der provisorischen französischen Regierung hatte Moltke über den von ihm schon immer vertretenen harten Standpunkt eines anti-französischen Nationalkrieges hinaus bis zu Konsequenzen eines »Exterminationskrieges« geführt, das heißt eines Krieges mit dem Ziel, das Potential des Gegners langfristig auszuschalten. Frankreich sollten so schwere Bedingungen, vor allem Rüstungsbeschränkungen, auferlegt werden, daß es praktisch aus der Reihe der Groß-

mächte ausschied. Der Ausfall einer Großmacht hätte aber das Verhältnis der verbliebenen Großmächte untereinander grundlegend verändert und aller Voraussicht nach sofort eine Koalition aller gegen die neue Hegemonialmacht zur Folge gehabt. Am 25. 1. 1871 erzwang Bismarck eine klare Stellungnahme des Königs zugunsten eines Primats der Politik gegenüber dem von der Strategie in die »große Politik« eindringenden Militär. Der Regierungschef erhielt von König Wilhelm Vollmacht, die Kapitulationsverhandlungen um Paris so zu führen, daß sie gleichsam organisch in die Präliminarfriedenshandlungen überleiteten.
In den diplomatischen Kontakten mit England und Rußland im November/Dezember 1870 wurden von diesen Mächten »Kompromißlösungen« vorgeschlagen, die Bismarck als die eigene außenpolitische Handlungsfreiheit erheblich einschränkend verwarf. Die britische Regierung schlug die »Neutralisierung« Elsaß-Lothringens mit Schleifung der Festungen Straßburg und Metz vor, also die Schaffung eines neuen Gliedes in der Kette neutraler Staaten von Belgien und – seit 1867 – Luxemburg bis zur Schweiz. Deutschland und Frankreich wären damit vollständig durch einen »Cordon sanitaire« neutraler und unter die Garantie der Gesamtheit der europäischen Mächte gestellter Länder getrennt worden. Bismarck verwarf nicht nur diesen Vorschlag, weil er europäische Garantieverpflichtungen wegen der Einschränkung der machtpolitischen Souveränität Preußen-Deutschlands möglichst vermeiden wollte und der Überzeugung war, daß Frankreich größere Vorteile als Deutschland bei einer Verwirklichung dieses Plans hätte, sondern trat auch mit der Begründung, daß an der Neutralität Luxemburgs im deutsch-französischen Krieg zu zweifeln sei, von der Garantie für das Großherzogtum zurück. Diese einseitige Entscheidung wurde von der britischen Regierung hingenommen, weil sie auf der bevorstehenden Pontuskonferenz die erhoffte Unterstützung ihres Standpunktes gegen Rußland durch Bismarck nicht aufs Spiel setzen wollte. Aus dem gleichen Grunde konnte der Kanzler riskieren, den russischen Vorschlag, statt einer Annexion Elsaß-Lothringens den Kauf Luxemburgs vorzunehmen, auszuschlagen: auch die russische Seite erwartete sein Engagement zu ihren Gunsten auf der Pontuskonferenz. So konnte Bismarck sich in einem bis zur Konferenzeröffnung durchgehaltenen Doppelspiel sowohl die weitere wohlwollende Haltung Ruß-

lands als auch die korrekte Neutralität Englands im deutsch-französischen Krieg sichern und damit Zeit gewinnen, um den Krieg bilaterial zu einem Ende zu bringen.
Die konservative Opposition unter der Führung Disraelis suchte mit Warnungen vor der Gefahr eines Umsturzes des europäischen Gleichgewichts im Falle eines Triumphes Preußen-Deutschlands Druck auf die Regierung Gladstone auszuüben, damit sie sich schnell mit Rußland arrangierte und damit Handlungsfreiheit gegenüber dem deutsch-französischen Krieg gewann. Es dauerte jedoch bis zum 13. 3., ehe in London unter großen Schwierigkeiten eine Einigung zwischen den Unterzeichnerstaaten des Friedens von 1856 darüber erzielt werden konnte, daß sich England und das geschwächte Frankreich im Pontus-Vertrag mit der faktisch bereits einseitig von Rußland vollzogenen Aufhebung der diffamierenden Klauseln offiziell abfanden, während Rußland seinerseits anerkannte, daß es erst nach Zustimmung aller Unterzeichnerstaaten diesen Schritt formell vollziehen dürfe, wie es die von Rechtsprinzipien bestimmte Argumentation der Regierung Gladstone von Anfang an verlangt hatte. Bismarcks ganzes Bestreben auf der Londoner Konferenz war darauf gerichtet zu verhindern, daß der deutsch-französische Krieg überhaupt zu einem offiziellen Gesprächsthema wurde. Den Krieg isoliert zu Ende zu führen, gelang schließlich vor allem deshalb, weil die Einigung in London über die Pontus-Frage erst zu einem Zeitpunkt zustande kam, als Frankreich bereits wegen der Erschöpfung seiner Kräfte seinen Widerstand gegen die Annexionsforderung Bismarcks hatte aufgeben müssen. Der Präliminarfrieden von Versailles vom 26. 2. 1871 enthielt bereits alle wesentlichen Elemente des Bismarck-Friedens. Die Bedingungen, die Frankreichs Großmachtstellung fortbestehen ließ, schienen den übrigen Mächten eine Festlegung gegen das Deutsche Reich trotz der Härte einzelner Bestimmungen nicht notwendig zu machen.
Der endgültige Frieden von Frankfurt am Main vom 10. 5. 1871, der im wesentlichen auf dem Versailler Vorfrieden beruhte, war weder ein Versöhnungsfriede noch ein »Karthagischer« Friede im Stile Moltkes, der Frankreich auf die Stufe einer mittleren Macht hatte herunterdrücken wollen. Die Abtretung von Elsaß und Lothringen erfolgte ohne Volksabstimmung – dies von Bismarck aus betrachtet als Prinzip und auch mit

Rücksicht auf Rußland und Österreich. Ostfrankreich blieb von deutschen Truppen besetzt, bis die vorgesehene Zahlung von 5 Milliarden Francs Kriegsentschädigung spätestens bis 1874 geleistet war. Die nur kurze (einen Tag währende) symbolische Besetzung von Paris sowie das Eingehen auf den Wunsch, das unbezwungene Belfort bei Frankreich zu belassen, konnten die Härte des Friedens in französischer Sicht nicht verschleiern.

Die Frage, ob der deutsch-französische Gegensatz ohne die Annexion Elsaß-Lothringens in gleich starkem Maße die internationale Politik der kommenden Zeit bestimmt hätte, ist schlüssig nicht zu beantworten. Die zeitliche Parallelität zwischen dem britisch-russischen Arrangement in der Pontus-Frage und der den Gegensatz Deutschland–Frankreich verhärtenden Kriegsbeendigung von 1871 veränderte in jedem Fall die Struktur des Mächtesystems: als Folge des britisch-russischen Ausgleichs war nunmehr der Gegensatz zwischen den beiden Flügelmächten gleichsam auf das »normale« Maß reduziert worden. England und Rußland konnten nicht mehr wie bisher seit dem Krimkrieg in allen Kalkulationen auf preußisch-deutscher Seite als Gegner fest einberechnet werden. Nicht mehr England und Rußland waren in ihrem außenpolitischen Manövrierraum beschränkt, sondern das neue Deutsche Reich – und Frankreich.

»Die ungeheure Schwierigkeit, 1870/71 einen Weg zur Liquidierung des Krieges zu finden«, hatte – wie Eberhard Kolb resümiert – gezeigt, »daß es im Zeitalter der Nationalstaaten und Nationalkriege fast unmöglich war, zu einem wirklichen Friedensschluß zu gelangen«. Diese Erfahrungen haben zweifellos dazu beigetragen, Bismarck das kaum mehr tragbare Risiko eines neuen Krieges von nun an ständig gegenwärtig zu halten.

III. 1871–1890

1. Das Dilemma der »halb-hegemonialen« Stellung des Deutschen Reiches. Die »Krieg-in-Sicht«-Krise 1875

Der grundlegende Wandel in der europäischen Mächtekonstellation durch die Reichsgründung lag innerhalb weniger Jahre offen zutage. Zum ersten Mal seit dem Mittelalter war mit der Zusammenfassung des größten Teils Deutschlands unter der Führung Preußens, der noch Anfang der sechziger Jahre weitaus schwächsten europäischen Großmacht, in der Mitte Europas ein politisches Gravitationszentrum entstanden. Obwohl das Deutsche Reich allenfalls eine »halbhegemoniale« Stellung *(Ludwig Dehio)* einnahm, war es von Anfang an mit der Kernproblematik des neuzeitlichen Mächtesystems belastet, in die Spannung zwischen Hegemonie und Gleichgewicht hineingestellt. Die deutsche Frage, seit jeher ein europäisches Problem, wurde jetzt nach der Reichsgründung in anderer Weise, im Sinne einer Einbeziehung des neuen Reiches in die Mächtebalance, zu einem Schlüsselproblem für das Gefüge Europas, das – anders als in der Zeit zwischen 1815 und dem Krimkrieg – nicht mehr auf der von den Großmächten insgesamt als verbindlich betrachteten Ordnung des Wiener Kongresses (und seiner Modifizierung im Pariser Frieden von 1856) beruhte, in die der »Deutsche Bund« völkerrechtlich eingefügt gewesen war.

Die Reichsgründung schien in den Augen der Nachbarn – wie viele besorgte Presseäußerungen erkennen ließen – eher einen völligen Umsturz der europäischen Machtverhältnisse voranzukündigen, als daß sie bereits den Abschluß der dynamischen Entwicklung anzeigte, die von Preußen seit 1862 ihren Ausgang genommen hatte. Am schärfsten umriß der Führer der britischen Konservativen Disraeli in einer Unterhausrede am 9. 2. 1871 die neue Situation, die er als »die deutsche Revolution«, als »ein größeres Ereignis als die Französische Revolution des vorigen Jahrhunderts« bezeichnete. Das europäische Gleichgewicht sei zerstört, und England werde die Auswirkungen dieser grundlegenden Veränderung des Kräfteverhältnisses auf dem Kontinent am meisten spüren. Gewiß muß man diese oft zitierte und in ihrer unmittelbaren Bedeutung überschätzte Wendung aus der Rede des damaligen britischen Oppositionsführers vor dem innenpolitischen Hintergrund Großbritanniens sehen, als Kritik an der liberalen Regierung und der allzu sehr vom Primat sozialer Reformen und vom Verzicht auf außenpolitisches Engagement bestimmten Haltung Gladstones. Dennoch bleibt festzuhalten, daß hier zum ersten Mal nach der Reichsgründung die Befürchtung ausgesprochen wurde, die schon den Reichsgründungsversuch der deutschen Nationalversammlung in der Paulskirche 1848/49 überschattet hatte, daß das Deutsche Reich zu groß und zu stark für das übrige Europa sei, zumal da es nicht in eine allseits akzeptierte gesamteuropäische Völkerrechtsordnung eingebettet war. Dabei entwickelte sich die außerordentliche Machtzusammenballung in Mitteleuropa erst im Prozeß der voranschreitenden Industrialisierung und der in diesem Ausmaß nicht vorhergesehenen Bevölkerungsvermehrung, so daß in vollem Ausmaß erst viel später, während des langen wirtschaftlichen Aufschwungs nach 1895 zutage trat, welch gewaltiges ökonomisches und militärisches Potential durch die Gründung des Deutschen Reiches in der Mitte des Kontinents zusammengefaßt worden war. Die schon bald nach 1871 einsetzende Konzentration des Interesses der Großmächte auf Zentraleuropa wurde möglich, nachdem sich der Gegensatz zwischen den beiden Flügelmächten England und Rußland, der die – um es nochmals zu betonen – wichtigste Voraussetzung im internationalen Bereich für Bismarcks Erfolg in der Reichsgründung gewesen war, vorübergehend dadurch verringerte, daß die für das Zarenreich diffamierenden, Rußland als Seemacht im Schwarzen Meer ausschaltenden Klauseln des Pariser Friedens von 1856 zugleich mit einer dem Interesse Rußlands an den türkischen Meerengen entgegenkommenden Lösung auf der Londoner Pontus-Konferenz im März 1871 beseitigt wurden. Erschien den Nachbarstaaten das neue Deutsche Reich nach den preußischen Siegen über zwei europäische Großmächte zunächst vor allem wegen der überhöhten Präsenzstärke und der Schlagkraft seiner Armee als eine ständige Bedrohung, so betrachtete Bismarck – umgekehrt – die Sicherung der 1871 errungenen Position des Reiches in Europa wegen der in den innenpolitischen Auseinandersetzungen zum Ausdruck kommenden Schwäche des Reiches mit um so schwereren Sorgen, als er die Fronten der innenpolitischen Gegner (»Ultramontane«, Sozialisten, Linksliberale) über die Reichsgrenzen hinausreichend, in Verbindung mit fremden Mächten oder als »internationale«, gegen die Staatenwelt gerichtete »Bewegungen« vermutete. Eine aus der Sicht des Deutschen Reiches mit der geographischen und strategischen Mittellage und der unterstellten permanenten Zweifrontenkriegssituation (zwischen Frankreich und Rußland) zureichend begründete übermäßige Stärke seiner Militärmacht mußte aus der Sicht dieser Nachbarn einschließlich Englands zu der Befürchtung führen, daß im Falle eines deutschen Sieges die volle Hegemonie Deutschlands auf dem Kontinent unabwendbar war und die Inselmacht sich mit einer erneuerten Napoleonischen Bedrohung konfrontiert sah, deren Konsequenzen unvergleichbar ernster waren als die der Jahre 1798 bis 1815.

Bismarcks Bestreben, das Deutsche Reich von den bedrohlichen Folgen seiner Gründung zu bewahren und den Zusammenschluß der Besiegten von 1866 und 1871 innerhalb und außerhalb Deutschlands zu verhindern, mußte sich an den Grundbedingungen der Großmachtpolitik seiner Zeit orientieren. Die aus den Kriegen von 1866 und 1870/71 hervorgegangene neue Ordnung in Mitteleuropa stand, wie gesagt, nicht wie die des »Deutschen Bundes« von 1815 unter der völkerrechtlichen, mehr oder minder effektiven Absicherung durch das »Konzert der Mächte«. Da das Verhältnis der Großmächte untereinander nach der Zerstörung der bisher für alle verbindlichen Grundlage der europäischen Politik unter keinem anderen Gesetz mehr stand als dem eines immer stärker allein bestimmenden Ringens um Machtbehauptung und Machterweiterung, hing jetzt für den Frieden und die Sicherheit Europas sehr viel von der Fähigkeit der europäischen Staatsmänner zum praktisch-politischen Arrangement unter den gegebenen Bedingungen ab. Der traditionelle nüchtern-realistische Grundzug in der Außenpolitik der Großmächte, die sich nicht nur völkerrechtlich-formal, sondern im Sinne absoluter machtpolitischer Handlungsfreiheit als voll

»souverän« betrachteten und auf diese Souveränität mehr denn je pochten, wurde dabei in den siebziger und achtziger Jahren bereits zum Teil durch sozialdarwinistische Tendenzen überlagert, durch Vorstellungen von einer historischen Mission der großen Nationen dynamisiert, die die bislang noch eingehaltenen Grenzen der Großmachtpolitik einzureißen drohten, und – in unterschiedlichem Maße, das Deutsche Reich zunächst noch relativ schwach – von einem ökonomisch fundierten Imperialismus mit bestimmt.

Das Deutsche Reich von 1871 war als »Nationalstaat« begründet worden, von der preußischen Großmacht im Zusammenwirken mit der dominierenden »kleindeutschen« Strömung der deutschen Nationalbewegung, unter Absage an die demokratischen und großdeutschen Traditionen von 1848. Die Problematik dieser einer »Revolution von oben« gleich kommenden Lösung der deutschen Frage trat zunächst hinter der Befriedigung und den Erwartungen zurück, die vor allem das nationalliberale Bürgertum mit der als Erfüllung jahrzehntelanger Hoffnungen gefeierten Reichsgründung verband. Jedoch ließen das Abseitsstehen und die Ablehnung des neuen Reiches durch beträchtliche, in ihrer Bedeutung schnell wachsende Teile der Gesellschaft und ihre politischen Repräsentanten seine soziale Basis in langfristiger Perspektive als unzureichend erscheinen, wenn es nicht gelang, sie mit den Entscheidungen von 1866 und 1871 auszusöhnen und allmählich in den neuen Nationalstaat zu integrieren. Die Voraussetzungen hierfür waren teils günstig, teils enthielten sie kaum überwindbare Hemmnisse. Das Zusammenwachsen der verschiedenen Territorien, die Lockerung der Bindungen an die Einzeldynastien und das Zurücktreten partikularistischer Bestrebungen wurden durch den beschleunigten Wandel einer bislang vorwiegend agrarisch zu einer industriell bestimmten Gesellschaft und die damit verbundene verstärkte Mobilität der Bevölkerung wesentlich gefördert. Dieser Dynamik wirkte jedoch das Festhalten an der gegen die Zeittendenz über die Krise der Revolution von 1848 und des Verfassungkonflikts von 1861/62 hinweg bewahrten und durch die siegreichen Kriege verfestigten älteren Sozialordnung in Preußen entgegen, die im Selbstverständnis seiner Führungsschicht gerade die Überlegenheit gegenüber den Nachbarmächten ausmachte und trotz einzelner Zugeständnisse an die nationalliberale Bewegung auch für das neue Reich bestimmend werden sollte.

Die auf Bewahrung des 1871 erreichten gesellschaftlichen und verfassungsmäßigen Status quo abgestellte, von der Furcht vor sozialer Revolution – »cauchemar des révolutions« (Th. Schieder) – motivierte Politik Bismarcks erschwerte und verzögerte das Hineinwachsen der an den alten nationaldemokratischen Zielsetzungen festhaltenden politischen Kräfte ebenso, wie sie den Graben zwischen dem nunmehr das deutsche Nationalbewußtsein für sich allein beanspruchenden Bürgertum und dem den »Klassenstaat« ablehnenden, auf einen künftigen »Volksstaat« hin orientierten Proletariat vertiefte.

Hatte der – ein Zugeständnis an die deutsche Nationalbewegung – aus freien, geheimen, gleichen und direkten Wahlen hervorgegangene Reichstag zunächst mit den Nationalliberalen und der freikonservativen »Reichspartei« eine das neue Reich bejahende Mehrheit und paßten sich die meisten der anfangs abseits stehenden preußischen Konservativen seit 1876 als »Deutschkonservative« an die Realität an, während die großdeutsch gestimmten »Demokraten« in Süddeutschland ihren Rückhalt bei den Wählern einbüßten, so daß sich die Front der »Reichsfreunde« erheblich verbreiterte, so riß Bismarck während des »Kulturkampfes« zu der Partei des politischen Katholizismus, dem Zentrum, eine Kluft auf, die erst während der achtziger Jahre allmählich überbrückt werden konnte. In dieser Zeit verstärkte sich jedoch erneut der prinzipielle Gegensatz zu den an den Zielen der »Deutschen Fortschrittspartei« der frühen sechziger Jahre festhaltenden »Linksliberalen«.

Die Auseinandersetzung mit diesen »Reichsfeinden« wurde an nachhaltiger Wirkung noch bei weitem übertroffen durch die Bekämpfung der sich seit der Reichsgründung bald zu einer Massenorganisation entwickelnden sozialdemokratischen Arbeiterbewegung. Sie erreichte mit der Verabschiedung des Sozialistengesetzes durch die konservative und nationalliberale Mehrheit des Reichstages 1878 ihren ersten Höhepunkt. Die immer wieder vorgenommene Verlängerung – bis 1890 – ließ den Bruch zwischen dem »nationalen« Bürgertum und dem Proletariat unüberwindlich erscheinen, dessen Repräsentanten in einer internationalen »Klassensolidarität« über die nationalstaatlichen Grenzen hinweg zu stehen meinten.

Der in der Zeit der »Großen Depression«, der langfristigen Wirtschaftswachstumskrise von 1873 bis 1896, zustande kommende Interessenausgleich zwischen Schwerindustrie und Großagrariern zementierte den sozialen Gegensatz zwischen der staatstragenden »feudal«-großbürgerlichen Oberschicht und den in Lohnarbeit stehenden Massen. Die Betonung des »Nationalen« erhielt in der späten Bismarck-Zeit somit einen gegen die Sozialisten gerichteten gesellschaftspolitischen Akzent. Die faktisch zusammenwachsende »kleindeutsche« Staatsnation blieb infolge der Fortdauer und Verhärtung einer immer mehr überlebten Gesellschaftsordnung in sich zerrissen.

Eine weitere schwerwiegende Belastung des neuen Nationalstaates stellte die Tatsache dar, das das Reich einerseits große Teile der Deutschen, die bis 1866 mit den jetzigen »Reichsdeutschen« im »Deutschen Bund« zusammen gewesen waren, nicht mit umfaßte (vor allem die Deutschen in der Habsburger Monarchie), andererseits das Reichsgebiet mit den Dänen in Nordschleswig, den Polen in der Provinz Posen und den Elsässern und Lothringern Bevölkerungsteile einschloß, die sich zu anderen Nationen gehörend betrachteten. Beides führte zu problematischen Konsequenzen, da Bismarcks Haltung innen- wie außenpolitisch weitgehend an dem 1871 erreichten Status quo orientiert war. In seiner Sicht mußte ein Weiterschreiten auf dem von den Nationalliberalen gewünschten Wege zu einer Parlamentarisierung des Reiches – von den anderen, aus dem anti-britischen Vorurteil resultierenden Motiven abgesehen – angesichts des noch ungefestigten »kleindeutschen« Nationalbewußtseins den im Zentrum, bei den süddeutschen Demokraten sowie in der Sozialdemokratie lebendigen »großdeutschen« Bestrebungen in Anknüpfung an die Ziele von 1848 erneuten Auftrieb geben und dies wiederum internationale Verwicklungen, vor allem Spannungen mit Österreich-Ungarn, heraufbeschwören, während ein enges Zusammengehen der beiden Kaiserreiche in Mitteleuropa sowohl unter dem Gesichtswinkel des »cauchemar des coalitions« als auch des »cauchemar des révolutions« geradezu ein Angelpunkt der Gesamtpolitik des Reichskanzlers nach 1871 bildete. Ein – von Bismarck strikt abgelehnter – Übergang zu nationaldemokratischen Prinzipien in der deutschen Politik hätte zudem das Problem Elsaß-Lothringen neu aufgeworfen und vor allem die polnische Frage mit allen darin enthaltenen Implikationen für das Verhältnis zu Rußland in die internationale Diskussion gebracht. Mit der Entscheidung, an der konstitutionellen Sonderform Preußen-Deutschlands unbedingt festzuhalten, verloren die fortwirkenden »großdeutschen« Tendenzen an politischer Relevanz, erhielt andererseits jedoch der sich in den siebziger Jahren immer stärker herausbildende kleindeutsche Nationalismus der »reichsfreundlichen« Parteien (Deutschkonservative, Nationalliberale) die Möglichkeit, sich im Kampf um Sprache, Schule und Boden mit den Polen in der Provinz Posen zu radikalisieren und das Verhältnis zur dänischen Minderheit sowie zu den Elsässern und Lothringern noch mehr zu belasten, als es durch ihre erzwungene Einbeziehung in das Deutsche Reich ohnehin schon der Fall war. (Die Schwankungen in der Polenpolitik wurden zudem von Bismarck in den Zusammenhang seiner Rußlandpolitik hineingestellt – im allgemeinen bedeutete Verschärfung der Polenpolitik ein Werben um Rußland, eine »Liberalisierung« das Ausspielen eines tatsächlichen oder vermeintlichen Druckmittels.)

Das nationale Moment, das in der Reichsgründungsphase die Dynamik der Politik Bismarcks mitbestimmt hatte, war – insgesamt gesehen – nach 1871 eindeutig seinem Ziel untergeordnet, das neue Reich in den Kreis der europäischen Mächte einzufügen und ihm einen führenden Platz unter den sozialkonservativ orientierten Monarchien des Kontinents zu geben. Das ausgeprägte, zum Teil bereits übersteigerte Nationalbewußtsein der gesellschaftlichen Führungsschicht stellte in Bismarcks Sicht ein wichtiges Element für die Einschätzung des »Gewichts« des Reiches bei Freund und Feind in der »großen Politik« dar, durfte aber das an der Staatsräson orientierte nüchterne Machtkalkül in den Beziehungen zu den Großmachtnachbarn nicht beeinträchtigen. (Daß es dies – gegen Bismarcks Intentionen – doch tat, steht auf einem anderen Blatt.) Damit war jedoch, was noch folgenreicher werden sollte, die Gefahr einer fortschreitenden Reduzierung der Nationalidee auf den Machtgedanken – wie es in der nationalistischen Publizistik der späten Bismarck-Zeit bereits deutlich zu erkennen war – gegeben, der später seinerseits in den Dienst weitgespannter Ideologien gestellt werden konnte.

Trotz der soeben skizzierten Grundhaltung Bismarcks zu Nationalbewußtsein und aufkommendem Nationalismus wäre eine Schlußfolgerung allein aus der Tatsache verfehlt, daß, weil das Deutsche Reich nach 1871 keine Kriege führte und die politische Landkarte Mitteleuropas keine weitere Umgestaltung erfuhr, Bismarck sogleich nach der Reichsgründung die bisher ja recht große Variationsbreite seiner außenpolitischen Methoden radikal eingeschränkt und nunmehr eingleisig im Sinne einer den einmal erreichten Besitzstand der europäischen Staatenwelt unbedingt wahrenden Politik taktiert hätte, er also Alternativen etwa der Art, wie er sie im Kriege von 1866 mit einer »Sprengung« der Habsburger Monarchie durch die Förderung der aufbegehrenden Nationalitäten bereit gehalten hatte, notfalls also, wenn konventionelle Mittel zur Durchsetzung seiner Politik versagten, auch mit revolutionären Methoden (im Dienste einer insgesamt sozialkonservativen Politik) der feindlichen Großmacht den eigenen Willen aufzuzwingen, nicht einmal mehr erwogen haben sollte. Vielmehr war zunächst trotz der Devise, daß das Reich »saturiert« sei, durchaus offen, mit welcher Methode dem Ziel einer langfristigen Sicherung der mit der Reichsgründung gewonnenen, aber potentiell als bedroht angesehenen Position Preußen-Deutschlands in Europa am besten gedient sei. Tatsächlich ließen sich unter den Grundbedingungen der Großmachtpolitik der 1870er und 1880er Jahre – etwas schematisiert, vereinfachend zusammengefaßt – drei Wege denken, die – jeder mit Risiken verbunden – die Bildung einer gegen das Reich gerichteten Koalition der wichtigsten übrigen Kontinentalmächte unwahrscheinlich machten. Diese drei Möglichkeiten, die labile Stellung des Reichs im Mächtesystem auszubalancieren und dabei zugleich die überkommene soziale Ordnung zu wahren, blieben, weil die Grundbedingungen konstant waren, in zeitbedingten Modifikationen über die Bismarck-Zeit hinaus die einzigen, die zur Sicherung, zum Ausbau und, wie man meinte, zur dauerhaften Fundierung der ungefestigten Position des Reichs in Europa erwogen, angestrebt oder zu realisieren versucht wurden. Die in der preußisch-deutschen Führungsschicht verbreitete Neigung zum Prestigedenken lief dabei leicht Gefahr, in Krisensituationen einer an friderizianische Traditionen angelehnten Maxime »Sieg oder Untergang«, »Alles oder nichts« zu verfallen, der 1866 auch Bismarck für einen Moment erlegen war. Dieser Tendenz hat er sich nun jedoch bis zu seiner Entlassung entgegengestemmt, wobei die Zustimmung zu dieser seiner Haltung in der deutschen Führungsschicht wie in der öffentlichen Meinung in den späten achtziger Jahren rapide abnahm.

Einmal konnten im Stile der »Konvenienz«, die als Regulativ des Gleichgewichts zwischen den europäischen Großmächten seit dem 18. Jahrhundert wirksam war, auf Kosten der Klein- und Mittelstaaten Einflußsphären oder Interessenräume mit anderen Großmächten abgesteckt werden, um Kollisionen mit ihnen zu vermeiden. Das Risiko bei dieser vor allem gegenüber Rußland naheliegenden Lösung bestand darin, daß dann Pufferzonen zwischen den Großmachtnachbarn wegfielen und das Reich in seiner Mittellage noch leichter als bisher in zunehmende Abhängigkeit von diesem so nach Nordwesten oder Südwesten vordringenden östlichen Nachbarn geriet, daß es den Rang als vollwertige, nach allen Seiten »frei« handelnde Großmacht wieder verlor und in die Sekundanten-Rolle Preußens gegenüber Rußland in der Zeit vor dem Krimkrieg zurückfiel. Zweitens konnte sich das Reich, wie es der Feldmarschall v. Moltke, das traditionelle eng militärisch verstandene Präventivkriegsdenken umformend, seine Vorschläge von 1859 und 1867 an die neue Situation anpassend, forderte, durch überfallartige Schläge gegen einzelne potentielle Gegner an der jeweils für die eigene Position gefährdetsten Stelle die Bestätigung der eigenen Handlungsfreiheit und der relativen Überlegenheit geben – unter dem leitenden Gesichtspunkt, das Heranwachsen einer starken Gegenkoalition zu verhindern, allerdings mit dem Risiko, gerade durch ein solches Handeln die befürchtete Koalition erst zustande zu bringen und die mit den Mitteln der Landmacht unerreichbare Seemacht England zu ihrem Exponenten zu machen. Schließlich bestand als drittes die Möglichkeit, in einem als Folge der Annexion Elsaß-Lothringens – weil Frankreich jetzt als möglicher Bündnispartner ausfiel – hinsichtlich der Variationsbreite allerdings bereits beträchtlich eingeschränkten diplomatisch-politischen Spiels die Interessen der übrigen Großmächte gegeneinander zu lenken und die Spannungen insgesamt von der Mitte an die Peripherie Europas zu dirigieren, später dann auch die sich aus dem imperialistischen Ausgreifen der Großmächte ergebenden Gegensätze zwischen ihnen in Afrika und Asien auszunutzen. Die Problematik einer solchen Lösung lag – vom leitenden Gesichtspunkt der Wahrung der 1871 errungenen Gleichrangigkeit als Großmacht her gesehen – nicht zuletzt darin, daß bei einer dieser Leitlinie gemäßen eigenen Zurückhaltung auf dem Felde kolonialer Erwerbungen das schnellere Wachstum der anderen zu Imperien aufsteigenden Großmächte und ein relatives Absinken der eigenen Position im Kreise der Groß- und Weltmächte eingeschlossen war. Dennoch bot – im ganzen gesehen – diese dritte Lösung die größte Chance, daß das Reich im Laufe der Zeit zu einem für seine Nachbarn einschätzbaren Faktor im europäischen Mächtesystem wurde. Eine durchgängige Entscheidung hierfür setzte allerdings bei der politischen Führung und bei den tonangebenden Teilen der Nation ein in der heraufziehenden Epoche des Imperialismus kaum als selbstverständlich zu erwartendes hohes Maß an Selbstbeschränkung voraus. Auch Bismarck ist erst durch die »Krieg-in-Sicht«-Krise 1875 zu der Einsicht gelangt, daß es keinen anderen Weg als ein konsequentes Beharren auf der dritten Möglichkeit gab, wenn die Existenz des Reiches nicht aufs Spiel gesetzt werden sollte.

In der ersten Zeit nach der Reichsgründung, über die in den Handbüchern unter dem Gesichtspunkt der Außenpolitik meist wenig gesagt wird – wobei der unzutreffende Eindruck einer nur Frankreich ausschließenden Harmonie unter den Großmächten erweckt wird –, hielt sich Bismarck noch alle drei Wege offen. Tatsächlich zeigte sich schon bald nach Abschluß des »Dreikaiserabkommens« mit Rußland und Österreich-Ungarn, daß dieser Versuch zum Scheitern verurteilt war, auf der Basis des »monarchischen Prinzips« sowie einer allgemein – den Mythos der Pariser Kommune 1871 ausnutzend – antirevolutionären Frontstellung das im Krimkrieg zerbrochene und von der Rivalität zwischen Rußland und der Habsburger Monarchie auf dem Balkan zerstörte Bündnis der drei Ostmächte aus der Zeit vor 1853 wiederherzustellen, nun allerdings nicht mehr unter der Hegemonie Rußlands, sondern unter der Führung des Deutschen Reiches. Etwa gleichzeitig erwies sich die Erwartung Bismarcks als verfehlt, durch eine Vermittlungsaktion im britisch-russischen Konflikt in Mittelasien, im weiteren Vorfeld Indiens, den Grad der seit der Londoner Pontuskonferenz wieder möglich gewordenen Annäherung zwischen den beiden Flügelmächten beobachten und unter Kontrolle halten zu können. Vielmehr erweckte Bismarck nur bei beiden Kontrahenten Mißtrauen.

Die internationale Politik kam indessen erst durch ein drittes Moment richtig in Fluß: durch den Abzug der deutschen Truppen aus Ostfrankreich im Oktober 1873. Dieses Ereignis gab den Nachbarmächten des Reiches, vor allem Rußland, die 1870/71 vorübergehend verlorene Möglichkeit zurück, Frankreich als Faktor mit allmählich zunehmendem Gewicht ins europäische Kräftespiel einzubeziehen und damit die seit 1871 ungewöhnlich große Bewegungsfreiheit Preußen-Deutschlands auf das künftige »Normalmaß« einzuschränken. Das »Dreikaiserabkommen« stellte somit bald nur noch einen dünnen Schleier dar, hinter dem sich neue Mächtekombinationen vorbereiteten.

Im Frühjahr 1874 war es zunächst eine Annäherung Rußlands an Österreich-Ungarn, also der beiden deutschen Partner im »Dreikaiserabkommen« untereinander, die Bismarck beunruhigte und die ihn zu scharfen Pressefeldzügen – in den siebziger Jahren, wie die Forschungen *Martin Wincklers* zeigen, ein Mittel der Außenpolitik, das im Gegensatz zur Zeit früher und später vorrangige Bedeutung hatte – auf die Habsburger Monarchie veranlaßte. In der zweiten Vorkrise im Herbst 1874 war es dann bereits die schwerer wiegende Besorgnis Bismarcks, daß Rußland unter dem maßgeblichen Einfluß des Reichskanzlers Gortschakow wie in den Jahren zwischen dem Krimkrieg und dem polnischen Aufstand von 1863 – parallel zu einer Preußen vor schwierige innenpolitische Probleme stellenden Auflockerung der russischen Polenpolitik – eine Annäherung an Frankreich anstrebte. Die Besorgnisse Bismarcks verstärkten sich im Laufe der nächsten Monate zu der zeitweilig fast einer Zwangsvorstellung nahe kommenden Befürchtung, daß eine neue Kaunitzsche Koalition Österreich-Frankreich-Rußland im Entstehen begriffen sei, erweitert noch durch Italien, Belgien, Dänemark und gefördert (zumindest hinsichtlich der Verbindung Österreich-Italien-Frankreich-Belgien) durch die infolge des »Kulturkampfes« reichsfeindliche Politik der römischen Kurie. Es war eine Vorstellung des »Eingekreist«-Seins, die später noch mehrfach wiederkehren sollte und bei der Reichsleitung – nach der Entlassung Bismarcks, der sich schließlich doch dem Sog dieser Vorstellung entzog – leicht zu existenzgefährdenden Kurzschlußhandlungen führen konnte.

In der von ihm als ernst betrachteten Situation Anfang 1875 faßte Bismarck den Entschluß, selbst zur außenpolitischen Offensive überzugehen und die sich scheinbar schon formierende Koalition nach ihren schwachen Stellen abzutasten. Während er durch Pressekampagnen den Eindruck zu erwecken suchte, als liege der Schwerpunkt der Aktivität im Westen, blieb die Mission des Gesandten von Radowitz, seines besonderen Vertrauten, außerhalb des Schlaglichts der Öffentlichkeit. Ihr allgemeines Ziel war es, Rußland als Partner in einer auf beiderseitigen Machtgewinn in näherer oder fernerer Zukunft abzielenden Kombination zu gewinnen. Auf diese Weise sollte in der Petersburger Führung in der permanenten Auseinandersetzung zwischen den Vertretern eines frankophilen Kurses um Gortschakow und einer pro-preußischen Richtung um den Zaren Alexander II. die letztere wieder die Oberhand gewinnen, nachdem die Gegengruppe längere Zeit die außenpolitische Linie Rußlands bestimmt hatte. In gewisser Hinsicht glich damit der Auftrag Radowitz' der Mission Alvensleben vom Februar 1863, die mit ihrem erfolgreichen Abschluß (auch wenn im engeren Sinne bald wieder aufgelöst) jene preußisch-russische Partnerschaft auf dem Rücken Polens begründete, die eine Grundvoraussetzung für den Aufstieg Preußens in den folgenden Jahren gebildet hatte. Anders als 1863 fehlte jedoch 1875 ein (Risiken und Gewinnchancen einigermaßen gleich verteilendes und somit die Partner verbindendes) Objekt. Wahrscheinlich ist, daß Radowitz in Petersburg den Gedanken einer Teilung Südosteuropas in eine russische und eine deutsche Sphäre über Österreich-Ungarn hinweg – als »Versuchsballon« – andeutete. Es ließ sich in der Tat schwer eine andere nachträgliche Kompensation für den Machtgewinn Preußens 1866 und 1871 vorstellen als die Überlassung großer Teile Südosteuropas an das Zarenreich, so wie im Westen Frankreich, wenn überhaupt, nur dann dazu gebracht werden konnte, sich mit dem Verlust Elsaß-Lothringens abzufinden, wenn es zumindest den französisch sprechenden Teil Belgiens als Kompensation erhielt.

Der Fehlschlag der Mission Radowitz' zeigte indessen, daß Rußland (noch) nicht bereit war, seine vorsichtig-lavierende Haltung vor einer Klärung der europäischen Gesamtsituation aufzugeben, daß es auch vermeiden wollte, sich auf ein Zusammengehen mit dem Deutschen Reich festzulegen, das dann im Westen eine »große« Lösung in seinem Sinne ansteuern konnte. In der Politik Bismarcks gegenüber dem als Republik möglichst bündnisunfähig zu haltenden Frankreich gingen in dieser Zeit Lockung und Drohung Hand in Hand. Nach der Verabschiedung

eines die französische Armee im Kriegsfalle verstärkenden Cadre-Gesetzes (13. 3. 1875) glaubte er einen Ansatzpunkt gefunden zu haben. Nahziel für ihn wurde, Frankreich durch politisch-psychologischen Druck zur Aufgabe dieses Gesetzes zu zwingen. Die zuerst in dem der Krise ihren Namen gebenden Artikel der »Post« am 8. 4. ausgesprochene Präventivkriegsdrohung stellte in diesem Zusammenhang eine wichtige Etappe in der Steigerung des Drucks dar. Es handelte sich um ein scheinbar begrenztes, in Wirklichkeit sehr weitreichendes Teilziel; denn im Falle eines Erfolgs der Pression wäre Frankreich, das sich in dieser Zeit gerade bemühte, sich den übrigen Mächten gegenüber wieder als vollgültige Großmacht zu erweisen, für lange Zeit zu einer Macht zweiten Grades abgesunken, die, eventuell durch Kompensationen noch stärker an das Deutsche Reich gebunden, in die Stellung eines abhängigen Juniorpartners zu geraten drohte.
Als der Pressefeldzug nicht durchschlug, verschärfte Bismarck die Krise weiter. Am 21. 4. schnitt Radowitz dem französischen Botschafter in Berlin gegenüber das Thema Präventivkrieg an, wobei er für den Fall, daß Frankreich seine Rüstungen nicht einstellte, einen deutschen Präventivschlag gegen Frankreich für »politisch, philosophisch, ja selbst christlich« für wohlbegründet erklärte. Der französische Außenminister Herzog von Decazes nutzte die um sich greifende Kriegspanik in weiten Teilen der europäischen Öffentlichkeit, um in einer parallel geführten diplomatisch-politischen und publizistischen Gegenoffensive England und Rußland vor die Kardinalfrage zu stellen, ob sie den aus einem französischen Zurückweichen erwachsenden neuen Machtgewinn des Deutschen Reiches hinzunehmen bereit oder aber gewillt seien, sich dieser drohenden Möglichkeit entgegenzustemmen.
Die in den ersten Maitagen aus den britischen Missionen in den europäischen Hauptstädten in London zusammenlaufenden Berichte legten eine zumindest temporäre Wendung in der seit 1869 auf der Linie der »Non-Intervention« beharrenden Europa-Politik Großbritanniens nahe. Die seit Februar 1874 amtierende konservative Regierung unter Disraeli hatte bisher nicht nur die Nicht-Interventions-Praxis ihrer liberalen Vorgängerin unter Gladstone fortgesetzt, sondern sogar Frankreich gegenüber eine noch stärkere Distanz an den Tag gelegt, um volle Handlungsfreiheit für die Verwirklichung ihres Programms einer imperialen

Machtentfaltung Großbritanniens in Übersee mit dem Zentrum Indien zu behalten. Noch am 21. 4. hatte sich Disraeli gegen ein Zusammengehen mit Frankreich in der Krise ausgesprochen. Insbesondere die Berichte des britischen Botschafters in Berlin Lord Odo Russel führten in nun zu der Annahme, daß Bismarck, das Spiel Napoleons I. wiederholend, auf eine Hegemonie in Europa abzielte. Der letzte Anstoß zur diplomatisch-politischen Intervention der britischen Regierung kam indessen von österreich-ungarischer Seite. Seit 1871 hatte sich der neue Außenminister der Habsburger Monarchie, Graf Andrassy, vergeblich bemüht, England zu einem Bündnis mit Österreich-Ungarn zu bewegen, in das später das Deutsche Reich einbezogen und in dem es gleichsam in die Mitte genommen werden sollte, damit es nicht im politisch-militärischen Alleingang »ausbrechen« konnte. An der abweisenden, ein Engagement Englands auf dem Kontinent prinzipiell ablehnenden Haltung Gladstones waren alle Vorstöße Andrassys gescheitert, so daß aus Wiener Sicht als Alternative nur ein direktes Bündnis mit dem Deutschen Reich blieb. Trotz Ausspielens der beiden der Wiener Regierung zur Verfügung stehenden Druckmittel gegenüber Deutschland, einer liberalen österreichischen Polenpolitik in Galizien und des Auftrumpfens mit dem eine Volksabstimmung in Nordschleswig vorsehenden Artikel V des Prager Friedens von 1866, und auch trotz eines taktisch bedingten Zusammengehens mit Rußland und Italien hatte Andrassy auch dieses Ziel bisher nicht erreicht. Bismarck sah eine einseitige Festlegung zugunsten Österreich-Ungarns gerade wegen der zunehmenden Spannungen in Europa als hinderlich für die deutsche Bewegungsfreiheit an.

Als nun Andrassy in den ersten Maitagen ebenfalls auf eine britische Intervention in Berlin drängte und sich daran zu beteiligen versprach, entfielen bei der Regierung in London die letzten Bedenken. Ihr Entschluß zur Intervention umfaßte zwei diplomatisch-politische Akte: das Angebot einer britischen Vermittlung im deutsch-französischen Konflikt und eine Aufforderung des britischen Kabinetts an die russische, die österreichungarische und die italienische Regierung, sich dem britischen Schritt in Berlin anzuschließen. Dieser Plan einer gemeinsamen Intervention in Berlin schlug indessen völlig fehl. Wohl war der Zar entschlossen, während des seit langem, unabhängig von der akuten Krise auf den 10. 5. festgelegten Besuchs seinerseits zu intervenieren, doch sollte dies mit eigener Zielsetzung, im Interesse einer Machtsteigerung Rußlands, geschehen. Andrassy aber, auf dessen Drängen die Intervention immerhin wesentlich mit zurückzuführen war, erfaßte – nachdem England sich zu diesem Schritt entschlossen hatte – die Chance, durch eine Nichtbeteiligung Österreich-Ungarns an der Intervention in Berlin die Aussichten für die von ihm angestrebte Option Bismarcks zugunsten eines Bündnisses mit der Habsburger Monarchie wesentlich zu verbessern.

Die Konsequenzen eines sich drohend abzeichnenden Zusammenwirkens Englands, Frankreichs und Rußlands wurden Bismarck unmittelbar nach dem Empfang des britischen Botschafters durch den Staatssekretär v. Bülow klar; noch bevor der Zar und Gortschakow in Berlin eingetroffen waren und ihre von Bismarck erwartete Intervention unternommen hatten. Mit der am Morgen des 10. 5. in der offiziösen »Norddeutschen Allgemeinen Zeitung« veröffentlichten und gleichzeitig über die französische Nachrichtenagentur »Havas« verbreiteten Erklärung, daß das Deutsche Reich auf eine Rückgängigmachung des Cadre-Gesetzes durch Frankreich verzichte, gewann Bismarck seine Handlungsfreiheit zurück. Für die künftige deutsche Außenpolitik aber war damit eine weitreichende Entscheidung gefallen. Bismarck hatte seine zeitweilig wohl zu Absichten verdichteten Erwägungen aufgegeben, die sich seiner Auffassung nach formierende Koalition gegen das Deutsche Reich durch großzügige Kompensationen an Rußland und Frankreich auf Kosten Österreich-Ungarns und Belgiens in statu nascendi zu zerstören und beide Mächte in unterschiedlicher Weise an sich zu binden. Er verzichtete somit darauf, die eine große Alternativmöglichkeit seiner Politik weiterzuverfolgen. Bismarck hatte – wie stets – so auch in dieser Krise mehrgleisig operiert und sich einen Rückzug aus einer bislang – wie es schien – bevorzugten Linie auf eine zwar weniger günstige, weil seinen Handlungsspielraum einengende, aber immer noch akzeptable und in der Zukunft bei gewandelter innen- und außenpolitischer Gesamtlage durchaus erfolgversprechender Grundlinie freigehalten.

Als der Zar und Gortschakow in Berlin eintrafen, war die Situation gegenüber den Vortagen gründlich verändert, und zwar durch diese Entscheidung Bismarcks ebenso sehr wie durch die Entscheidung Andrassys, der Italien mit sich zog und dessen

Beteiligung an der britischen Intervention in Berlin verhinderte. Damit fehlte für die vom Zaren erstrebte Rolle des Friedensvermittlers, die ihm Gelegenheit hätte bieten sollen, Rußland die Schiedsrichterfunktion in Zentraleuropa zurückzugeben, die es im Krimkrieg verloren hatte, die Grundvoraussetzung.
Das Fazit der »Krieg-in-Sicht«-Krise lautete: Trotz aller schon seit dem Herbst 1873 erkennbaren Zuspitzung der europäischen Lage hatte Bismarck nicht erwartet, daß die von ihm selbst ausgelöste akute Krise im April/Mai 1875 zu einem Zusammenwirken der drei Großmächte Frankreich, England und Rußland gegen das Deutsche Reich führen würde. Das, was von Bismarcks Warte aus – bei aller offensiven politischen Taktik – im großen gesehen defensiv, zur Sicherung der 1871 erreichten Position des Deutschen Reiches in Europa gedacht war, mußte bei den übrigen Mächten – auch ohne daß die Staatsmänner der herrschenden Kriegspsychose in der öffentlichen Meinung anheimfielen – den Eindruck hervorrufen, als setze das Deutsche Reich dazu an, in einem neuen Waffengang gegen Frankreich oder im Zuge einer gründlichen Veränderung der politischen Landkarte Europas die volle Hegemonie zumindest in den mittleren und westlichen Teilen des Kontinents zu erringen.
Zum ersten Mal seit der Reichsgründung hatte sich der schon seit dem Ausgleich in der Pontus-Frage abgeschwächte Gegensatz zwischen England und Rußland als geringer erwiesen als ihr aus unterschiedlicher Zielsetzung erwachsener, aber im Ergebnis gleich gerichteter Wille, einer direkten oder indirekten Machterweiterung des Deutschen Reiches entgegenzutreten. Die Intervention Englands und Rußlands im Mai 1875 lief in ihren Konsequenzen auf eine nachträgliche machtpolitische Garantie des seit 1871 bestehenden Status quo in Zentraleuropa durch die Flügelmächte hinaus, der Bismarck bei Abschluß des deutsch-französischen Krieges entgangen war und deren Fehlen ihn bisher dazu verleitet hatte, den eigenen außenpolitischen Handlungsspielraum für größer anzusehen, als es der Realität entsprach. Zwar war gleichzeitig deutlich geworden, daß die Flügelmächte die seit 1862 eingetretenen Veränderungen in Mitteleuropa akzeptierten. Eine akute Bedrohung des Reiches bestand somit nicht – auch dies zeigte der »Test« der »Krieg-in-Sicht«-Krise. Aber es war ebenso klar geworden, daß das Höchstmaß des für die Flügelmächte Akzeptablen mit den eingetretenen

Veränderungen erreicht war. Ihre Intervention machte klar, daß eine weitere Veränderung der bestehenden Machtverhältnisse in Mitteleuropa ohne großen Krieg nicht mehr möglich war.
Von den drei Alternativmöglichkeiten zur dauerhaften Sicherung der 1871 gewonnenen »halbhegemonialen« Stellung des Deutschen Reiches schied die Kompensationslösung nunmehr ebenso aus wie die Präventivkriegslösung, von der sich Bismarck ohnehin schon entfernt hatte. Es blieb nur der Weg, den Bismarck jetzt konsequent beschritt: in einer virtuos gehandhabten, nicht für einen Kriegsfall gedachten, dafür auch unbrauchbaren Kumulierung einander tatsächlich oder scheinbar widersprechender Bündniszusagen die Spannungen vom Zentrum Europas fort zu verlagern und zur Sicherung des im eigenen Interesse liegenden allgemeinen Friedens durch das bewußte Offenhalten regionaler Konflikte zwischen den verschiedenen Partnern beizutragen. Da das deutsch-französische Verhältnis nun nicht mehr, wie zumindest erwogen, auf Kosten Belgiens »normalisiert« werden konnte, war die Variationsbreite der Kombinationen für die deutsche Außenpolitik allerdings im Vergleich zu den Möglichkeiten Preußens zwischen 1862 und 1866/67, als Frankreich und Napoleon III. ganz wesentliche Faktoren in Bismarcks Politik dargestellt hatten, wesentlich eingeschränkt.
Für Frankreich hatte die »Krieg-in-Sicht«-Krise eine positive Klärung seiner Stellung in Europa gebracht. Es war jetzt entschieden, daß die beiden Flügelmächte England und Rußland nicht bereit waren, eine weitere Schwächung Frankreichs hinzunehmen. Es hatte die Wiederanerkennung seiner Bündnisfähigkeit als Großmacht erreicht, zugleich aber auch erfahren müssen, daß diese vorerst nur in Krisenmomenten aktualisierbar war. Nach außen gesichert, konnte die eben erst im Februar 1875 bestätigte Dritte Französische Republik auf dem Wege der inneren Konsolidierung fortschreiten als Voraussetzung für eine künftige außenpolitische Aktivität in Europa und jenseits des Mittelmeers.
England unter der Führung Disraelis aber betrachtete die Intervention auf dem Kontinent im Mai 1875 nur als ein Intermezzo, das erneut seine Schlüsselstellung in europäischen Konflikten offenbart hatte, zugleich als eine Rückensicherung, um ungestört von Spannungen in West- und Mitteleuropa sein imperiales Programm verwirklichen zu können, das er mit dem »Sprung

nach Ägypten«, dem Kauf eines Großteils der Suezkanalaktien im November 1875 und mit der Übertragung des indischen Kaisertitels auf die Queen Victoria im folgenden Jahre einleitete. Diese Art der Abwendung von Gladstones Politik der Selbstisolierung Großbritanniens relativierte mit den daraus erwachsenden neuen starken Spannungen zu Rußland im ganzen weiten Raume von Mittelasien bis zum Balkan für lange Zeit den 1875 für einen Augenblick vorrangig erschienenen Gegensatz zum Deutschen Reich. Allerdings minderte diese in Übersee ausgreifende britische Politik die ohnehin geringe Neigung zu Bindungen an kontinentale Mächte, so daß neben Frankreich auch England als »Aktivposten« für Bündniskombinationen Bismarcks weitgehend ausfiel. Somit blieben, von Italien und Mittelstaaten abgesehen, im wesentlichen nur Rußland und Österreich-Ungarn. Hier brachte jedoch jede Entscheidung für den einen die Gefahr einer Gegenkombination des anderen mit Frankreich mit sich. Die Lösung dieses zentralen Problems machte den Hauptinhalt der auf Europa bezogenen außenpolitischen Aktivität des Kanzlers in den nächsten Jahren aus.

2. Das »Options«-Problem und die Ablenkung der Spannungen zwischen den Mächten an die europäische Peripherie

Der »Glücksfall« des Aufstandes in Bosnien und der Herzegowina gegen die türkische Herrschaft im Sommer 1875, wenige Wochen nach der »Krieg-in-Sicht«-Krise, der den offenen Bruch zwischen Rußland und Österreich-Ungarn auslöste, erleichterte Bismarck schneller, als er auf dem Höhepunkt der Krise erwartet haben dürfte, die Verwirklichung der politischen »Strategie«, die Spannungen zwischen den europäischen Großmächten, die sich seit 1871 in beträchtlichem Maße auf Mitteleuropa konzentriert hatten, an die Randzonen abzulenken. Dadurch, daß Andrassy während der »Krieg-in-Sicht«-Krise eindeutig zu verstehen gegeben hatte, daß er die Hoffnung auf eine Kombination mit England aufgegeben hatte und das Bündnis mit dem Deutschen Reich als einzige Möglichkeit für die künftige außenpolitische Orientierung der Habsburger Monarchie betrachtete, legte er die Zukunft Österreich-Ungarns faktisch in die Hand Bismarcks und seiner Nachfolger. Andrassy öffnete ihm die Chance, in einem ihm (Bismarck) geeignet erscheinenden Moment eine »halbe«, bedingte »Option« zugunsten Österreich-Ungarns zu vollziehen, ohne sich damit, wie Bismarck es in den Jahren davor immer befürchtet hatte, einseitig gegen Rußland festzulegen. Die Hauptvoraussetzung für das Doppelspiel mit Österreich und mit Rußland aber gab die Wendung der russischen Politik nach der »Krieg-in-Sicht«-Krise im Zusammenhang mit dem aufbrechenden Balkankonflikt.

Nach dem Fehlschlag des Versuchs, über eine Vermittlung zwischen dem Deutschen Reich und Frankreich die an der Zeit zwischen 1815 und 1853 wahrgenommene Schiedsrichterfunktion in Kontinentaleuropa zurückzugewinnen, war die bisher noch von konventionellen Großmacht-Vorstellungen getragene und (dadurch) gehemmte offizielle Außenpolitik des Zarenreiches anfällig geworden für die von der öffentlichen Meinung der Petersburger Gesellschaft ausgehenden panslawistischen Emotionen, denen sie im Balkankonflikt bald erlag. Damit veränderte sich die bis dahin von Bismarck relativ klar kalkulierbare Grundlage der russischen Außenpolitik mit – langfristig – schwer wiegenden Konsequenzen. Zunächst aber trat das Gegenteil des von Gortschakow in der Mai-Krise 1875 Erstrebten ein. Anstatt Bismarck zur Anerkennung der führenden Position Rußlands zu zwingen, sah sich das Zarenreich nunmehr in Abhängigkeit vom Deutschen Reich, von dessen Haltung Erfolg oder Mißerfolg der russischen Balkanpolitik wesentlich mitbestimmt wurde.

Gortschakows »Doktorfrage« vom 1. 10. 1876, wie sich das Deutsche Reich verhalten würde, wenn sich aus einem Eingreifen Rußlands in den Balkankonflikt ein Krieg zwischen Rußland und Österreich-Ungarn entwickeln würde, berührte das bisher verdeckt gebliebene Zentralproblem der deutsch-russischen Beziehungen seit der Reichsgründung: es bestand darin, ob das neue Deutsche Reich auf Grund der faktisch gebotenen Rückendeckung Rußlands für Preußen in den Kriegen gegen Österreich und Frankreich 1866 und 1870/71 zu politischen Gegenleistungen im Sinne der noch am 2. 9. 1876 wiederholten Versicherung Kaiser Wilhelms I. gegenüber dem Zaren Alexander II. verpflichtet war: »Die Erinnerung an Ihre Haltung mir und meinem Lande gegenüber 1864 bis 1870/71 wird, was auch kommen mag, meine Politik gegenüber Rußland leiten.« Eine positive Antwort auf Gortschakows Frage mußte – mochte auch im einzelnen manches dafür sprechen – Folgen zeitigen, die in diametralem Gegensatz zu der Leitlinie der Bismarckschen Außenpolitik seit der »Krieg-in-Sicht«-Krise stand. Mit Rückendeckung durch das Reich war mit hoher Wahrscheinlichkeit ein Krieg Rußlands gegen Österreich zu erwarten, der sich zum allgemeinen großen, für das Reich existenzgefährdenden Krieg ausweiten konnte. So blieb nur die behutsam ausweichende Lösung der wohlwollenden deutschen Neutralität im Falle eines russisch-türkischen Krieges. Das Dilemma der deutschen Entscheidung klang aus der Argumentation Bismarcks gegenüber dem zu einem deutsch-russischen Bündnis tendierenden Botschafter in Petersburg v. Schweinitz heraus: »Unseren Interessen kann es nicht entsprechen, durch eine Koalition des gesamten übrigen Europa, wenn das Glück den russischen Waffen ungünstig wäre, die Machtstellung Rußlands wesentlich und dauernd geschädigt zu sehen; aber ebenso tief würde es die Interessen Deutschlands berühren, wenn die österreichische Monarchie in ihrem Bestande als europäische Macht oder in ihrer Unabhängigkeit gefährdet würde, daß einer der Faktoren, mit denen wir im europäischen Gleichgewicht zu rechnen haben, für die Zukunft auszufallen drohte.« Allerdings müsse das Reich, wie Bismarck vor dem Vorstand des Reichstages am 1. 12. 1876 betonte, für Österreich-Ungarn eintreten, wenn dessen Integrität bedroht würde; denn eine Zerstörung des Habsburgerreiches könnte Deutschland im eigenen Interesse nicht dulden. Die unterschiedliche Haltung gegenüber der Zeit vor der »Krieg-in-Sicht«-Krise, als sich Bismarck die Möglichkeit zu einer Aufteilung Südosteuropas über Österreich-Ungarn hinweg noch offen hielt, liegt auf der Hand. Die veränderte Situation wird noch deutlicher, wenn man sie von der Warte Rußlands aus durchdenkt: Als mit dem Aufstand in der Herzegowina und in Bosnien Mitte 1875 die Chance geboten schien, unter Ausnutzung der Schwäche der Türkei eine Verschiebung des Kräfteverhältnisses zwischen den Großmächten und ihren Einflußbereichen zugunsten Rußlands vorzunehmen, gab es im Grunde nur drei Möglichkeiten, diese im internationalen Rahmen abzusichern. Der Versuch, einen Auftrag der übrigen Großmächte zu erhalten, um gleichsam als Mandatar Europas den Sultan zu Reformen zugunsten der christlichen Balkanvölker zu zwingen mit der Konsequenz, daß der dann sichere Erfolg dem »Protektor« der Balkanchristen, Rußland, zugute kommen würde, mußte, obwohl von der russischen Regierung unternommen, nach den Erfahrungen der Metternich-Zeit und vor allem der Vorgeschichte des Krimkrieges von vornherein als aussichtslos angesehen werden. Selbst auf dem Höhepunkt der Zusammenarbeit zwischen den Großmächten in der Ära der »Heiligen Allianz« und des Troppauer Interventionsprinzips Anfang der 1820er Jahre war ein solcher Auftrag nicht zu erreichen gewesen: Österreich und England hatten sich damals dem widersetzt. Die zweite Möglichkeit, ein Bündnis mit dem Deutschen Reich abzuschließen, scheiterte an der eben erwähnten Zurückhaltung Bismarcks. Dabei hatten im Vergleich zur Situation im Frühjahr 1875 die Rollen Deutschlands und Rußlands gewechselt. Hatte sich Bismarck damals über die Petersburger Mission v. Radowitz' vergeblich für eine großzügige Aufteilung Südosteuropas zwischen Deutschland und Rußland über Österreich-Ungarn hinweg eingesetzt und hatte damals das noch im Sinne traditioneller monarchischer Staatsräson handelnde Zarenreich diese Lösung ausgeschlagen, um nicht in eine unerwünschte Frontstellung gegen Österreich-Ungarn und Großbritannien zu geraten, so war es nun das von der panslawistischen Bewegung erfaßte Rußland, das Bismarck zu einer Festlegung gegen Österreich und indirekt auch gegen Großbritannien zu veranlassen suchte, und Bismarck wich wegen der für das Reich (auch wenn es wider Erwarten nicht zum großen Krieg kam) längerfristig als bedrohlich angesehenen Konsequenzen einer solchen Entscheidung aus, hätte sie doch die eben erst in Auswirkung der Balkankrise gewonnene größere Bewegungsfreiheit für das Reich sogleich wieder eingeschränkt. Infolge dieses Ausweichens Bismarcks aber blieb für Rußland, wollte es nicht völlig isoliert den Vorstoß gegen die Türkei unternehmen, nur der Weg über Absprachen mit dem »Konkurrenten« Österreich-Ungarn, die vielfältige Möglichkeiten zu »Mißverständnissen« und Konflikten in sich bargen, wie der weitere Verlauf der Krise und dann des russisch-türkischen Krieges 1877/78 zeigen sollte.

Die zunehmenden Spannungen zwischen den Großmächten auf dem Balkan brachten für das Deutsche Reich eine zeitweilige Entlastung von dem »cauchemar des coalitions«, auf den Bismarck in dem Kissinger Diktat vom 15. 6. 1877 direkt Bezug nahm: »Diese Art Alp wird für einen deutschen Minister noch lange, und vielleicht immer, ein sehr berechtigter bleiben. Koalitionen gegen uns können auf westmächtlicher Basis mit Zutritt Österreichs sich bilden, gefährlicher vielleicht noch auf russisch-österreichisch-französischer; eine große Intimität zwischen zweien der drei letztgenannten Mächte würde der dritten unter ihnen jederzeit das Mittel zu einem sehr empfindlichen Drucke auf uns bieten.« Das »Bild« einer dem deutschen Interesse entsprechenden Konstellation, das ihm vorschwebe, sei »nicht das irgendeines Ländererwerbs, sondern das einer politischen Gesamtsituation, in welcher alle Mächte außer Frankreich unser bedürfen und von Koalitionen gegen uns durch ihre Beziehungen zueinander nach Möglichkeit abgehalten werden«. Die weitere Zuspitzung der sich zu einem Konflikt zwischen Rußland, Großbritannien und Österreich-Ungarn ausweitenden Balkankrise ließ allerdings eine Fortdauer des Abseitsstehens des Reiches nicht zu.

Mit dem ausschließlich von den Interessen Rußlands diktierten Frieden von San Stefano vom 3. 3. 1878, der den russisch-türkischen Krieg formal beendete, glaubte die Petersburger Regierung die Serie ihrer militärischen, politischen und psychologischen Erfolge in Südosteuropa krönen zu können. Sie hatte die Haltung der britischen Regierung, die erst einen russischen Einmarsch in Konstantinopel als casus belli ansehen wollte, in der Weise mißverstanden, als sei der ganze übrige Balkanraum damit von Großbritannien als russische Einflußsphäre anerkannt, so daß bei der Festlegung der Friedensbestimmungen mit der Türkei nicht weiter auf britische Interessen Rücksicht genommen werden müsse. Erst recht meinte die russische Seite über die Interessen ihres schwächeren Partners und Rivalen auf dem Balkan, Österreich-Ungarn, hinwegschreiten zu können. Das Übermaß an Rücksichtslosigkeit mußte aber den Widerstand Großbritanniens wie Österreich-Ungarns hervorrufen. War für die Wiener Regierung vor allem die Aufteilung des Sandschaks von Novi Bazar zwischen Montenegro und Serbien ein Stein des Anstoßes, weil auf diese Weise eine Barriere slawischer Staaten auf dem westlichen Balkan errichtet wurde, die jedes Vordringen Österreich-Ungarns über die mit Rußland schon früher vage vereinbarte Besetzung von Bosnien und die Herzegowina hinaus
 unmöglich machte, so war mehr noch als für die Habsburger

Monarchie für Großbritannien die Schaffung eines unter russischem Protektorat stehenden Großbulgarien (bis zur Ägäis) indiskutabel. Die Regierung Disraeli war entschlossen, sich dieser Lösung unter allen Umständen entgegenzustemmen und notfalls einen Krieg gegen Rußland zu führen, um die fortdauernde Bedrohung der türkischen Meerengen abzuwenden. Im Gegensatz zu Großbritannien, das auch auf Verbündete im Kriegsfalle zählen konnte, war Rußland für einen großen Krieg nicht gerüstet. So fand sich die russische Regierung schließlich zur Teilnahme an einer Konferenz der Mächte bereit und sprach sich für Berlin als Tagungsort aus, während Andrassy, von dem der Konferenzgedanke zuerst vorgebracht worden war, für Wien plädiert hatte. Da der Kongreß formal an den Pariser Frieden von 1856 anknüpfte und ihm die Aufgabe zugedacht war, die seinerzeitigen territorialen Bestimmungen für Südosteuropa und für Transkaukasien einer Revision zu unterziehen, nahmen an dem am 13. 6. 1878 eröffneten Berliner Kongreß auch die gleichen sieben Mächte teil, die 1856 in Paris beteiligt gewesen waren, das heißt der um Italien (damals Sardinien) erweiterte Kreis der Großmächte sowie die Türkei. Anders als die ganz erheblichen Kräfteverschiebungen der Kriege von 1859, 1864, 1866 und 1870/71, die nur von den Beteiligten in Einzelfriedensverträgen »festgeschrieben« worden waren, ohne daß das »Konzert der Mächte« als Ganzes in Erscheinung getreten wäre, obwohl einzelne Mächte, wie erwähnt, Vorstöße in dieser Richtung unternommen hatten, erschien vor allem Großbritannien 1878 die Störung des europäischen Gleichgewichts durch den Machtzuwachs Rußlands im Frieden von San Stefano so groß, daß eine Ausbalancierung unter Beteiligung aller Großmächte notwendig erschien. Von einer wirklichen Anknüpfung oder Wiederaufnahme der großen Kongresse der europäischen Mächte kann dennoch keine Rede sein, da nicht die gesamteuropäische Konstellation, sondern nur die Situation in Südosteuropa im sehr eng gefaßten Sinne zur Debatte stand.

Bismarcks taktisches Ziel war es, nach Möglichkeit zwischen den Hauptkontrahenten England und Rußland sowie Rußland und Österreich-Ungarn in Einzelverhandlungen Kompromisse finden zu lassen, die dann von der Gesamtkonferenz nur zu bestätigen waren, selbst aber möglichst wenig in Erscheinung zu treten und sich nicht in der einen oder anderen Richtung festzulegen. Politisches Hauptziel für ihn war, den großen Krieg zu verhindern und doch das »orientalische Geschwür« offen zu halten, also die Auseinandersetzung zwischen den übrigen Mächten um Balkanprobleme fortdauern zu lassen, die das Deutsche Reich in die so vorteilhafte Position in der Hinterhand versetzt hatte. Dieses hintergründige Ziel ist auch erreicht worden; hingegen gelang es nicht, obwohl während der zwanzig Vollsitzungen des Berliner Kongresses ausschließlich über die beiden Themen Bulgarien und Bosnien/Herzegowina gesprochen wurde (die schwersten Hindernisse allgemeinerer Art also schon in den zweiseitigen Verhandlungen zwischen den Kontrahenten beseitigt worden waren), die eigene Position als wirklich nach allen Seiten hin gleichmäßig offen in Erscheinung treten zu lassen. Dies war auch kaum möglich, da ein Kompromiß in diesem Falle nicht durch gleichmäßiges Nachgeben beider Seiten, sondern nur durch ein – allerdings begrenztes – Zurückstecken Rußlands möglich war, so daß auf russischer Seite der Eindruck aufkommen mußte, als habe sich Bismarck, wenn auch bremsend, während des Kongresses doch der britisch-österreichischen Gruppe angeschlossen. – Übrigens kam auch eine mit Wien 1814/15 und Paris 1856 vergleichbare Kongreßatmosphäre in den schwülen Juliwochen in Berlin überhaupt nicht auf. Der Berliner Kongreß wurde als reine Arbeitstagung betrachtet, die alle Beteiligten möglichst schnell hinter sich bringen wollten.

Obwohl der Berliner Kongreß und sein Ergebnis auf russischer Seite eine Belastung des Verhältnisses zwischen den beiden Kaiserreichen zur Folge hatten, die nur kurzfristig, mühevoll in der Folgezeit wieder behoben, aber nicht mehr von Grund auf beseitigt werden konnte, kann doch die Bedeutung der überlegenen Verhandlungsführung Bismarcks für seine Stellung in der internationalen Politik kaum hoch genug bewertet werden. Erst jetzt wich das Mißtrauen der britischen Regierung und in ihrem Gefolge auch der französischen Regierung, das seine Politik seit der Reichsgründung begleitet hatte. Der Verzicht auf deutsche Gewinne in der Krise und in den Verhandlungen während des Kongresses ließen die Befürchtungen hinsichtlich weit gesteckter außenpolitischer Ziele des Reichskanzlers, die während der Balkankrise noch einmal großen Auftrieb erhalten hatten, nunmehr weit zurücktreten. Erst jetzt wurde Bismarck in Großbritannien, vor allem von den Konservativen, wirklich akzeptiert. In der internationalen Politik begann nun erst das Zeitalter Bismarcks. Dem Vertrauen, das er sich in England erworben hatte, entsprach allerdings, wie schon angedeutet, eine rapide Verschlechterung seiner Beziehungen zu Rußland. Das »Dreikaiserabkommen« von 1873, ohnehin seit langem kaum mehr als ein historisches Relikt, wurde von russischer Seite jetzt offen als nicht mehr bestehend bezeichnet. Die Sorge, wie die Stellung des Deutschen Reiches in Europa nach Abklingen der akuten Spannungen auf dem Balkan, die vorübergehend größere Bewegungsfreiheit gebracht hatten, langfristig am besten gesichert werden konnte, bestimmte Bismarcks Überlegungen in den auf den Kongreß folgenden Monaten. Die Idealvorstellung von der deutschen Position in Europa, wie er sie im Kissinger Diktat skizziert hatte, war – wie der Kongreßverlauf gezeigt hatte – selbst unter so günstigen Bedingungen, wie sie damals bestanden, nicht zu realisieren. So leitete der Berliner Kongreß nur eine neue Etappe in der permanenten Suche nach Sicherung der labilen »halb-hegemonialen« Stellung des Reiches ein. Der Berliner Kongreß bedeutete insofern keinen Gipfelpunkt im Rahmen der seit der »Krieg-in-Sicht«-Krise verfolgten außenpolitischen Linie. Mit der vorläufigen Beendigung des Balkankonflikts, die wieder eine etwas stärkere Hinwendung des politischen Interesses der Großmächte auf Mitteleuropa wahrscheinlich machte, war eine erneute Veränderung der Methoden notwendig geworden.

Als gefährlichste der möglichen Konsequenzen der deutsch-russischen Entfremdung unmittelbar nach dem Kongreß betrachtete Bismarck eine Annäherung Rußlands an Frankreich. Aber auch ein Zusammengehen Österreich-Ungarns mit Frankreich rückte nach der Befriedigung der österreichischen Balkanambitionen in Bosnien und der Herzegowina in den Bereich des Möglichen. Ein Heranziehen Österreich-Ungarns an das eben gefestigte Verhältnis zu Großbritannien schließlich, wie es Andrassy im Sinne seiner alten Dreierkombination anstrebte, drohte eine Annäherung Rußlands an Frankreich nur zu beschleunigen. Obwohl eine Wiederherstellung des Ostbündnisses auf der Basis eines neuen »Dreikaiserabkommens« unter der Devise der Solidarität der konservativen Monarchien nicht mehr möglich war, weil hierfür in Petersburg die Grundlage nicht mehr bestand, schien doch allein eine Verbindung des Reiches mit Österreich-Ungarn und mit Rußland in Bismarcks Sicht eine relative Sicherheit versprechende Lösung. Jedenfalls galt es, die in Petersburg noch vorhandenen Kräfte, die für eine Rückkehr zu den Traditionen russischer Staatsräson über panslawistische und nationalistische Strömungen eintraten, wieder die Oberhand gewinnen zu lassen. Bei Kenntnis der Haltung der britischen Regierung zu Bindungen an Kontinentalmächte wird man objektiv die immer wieder als Möglichkeit hingestellte Alternative eines Dreierbündnisses Deutsches Reich – Österreich-Ungarn – Großbritannien als nicht gegeben bezeichnen müssen. Subjektiv fiel trotz aller Sondierungen und taktischer Zwischenspiele bei Bismarck auf Grund des unüberwindlichen Mißtrauens gegenüber dem parlamentarischen Regierungssystem und der bezweifelten Stabilität darauf gegründeter Allianzen diese Lösung faktisch aus. Das Zusammengehen Bismarcks mit Großbritannien und Frankreich in den ersten Monaten nach dem Berliner Kongreß in der Rumänienfrage – Durchführung des Artikels 44 der Kongreßakte: vollständige Emanzipation der Juden in Rumänien durch Änderung der rumänischen Verfassung als Voraussetzung für die Anerkennung der Souveränität Rumäniens – diente nur dazu, im Bunde mit den Westmächten Druck auf Rußland auszuüben, um diesem die Notwendigkeit eines neuen Arrangements mit Deutschland drastisch vor Augen zu führen. Die Unterstützung der liberalen Prinzipien in Rumänien, hinter denen die Westmächte standen, durch Bismarck verhinderte zudem eine Annäherung Rußlands an Frankreich. Österreich-Ungarn andererseits mußte die Befürchtung hegen, daß sich Bismarck in abrupter Kursschwenkung mit Rußland über Rumänien einigte, und drängte um so stärker auf eine Bündnislösung, für die in der gegebenen Konstellation nur Deutschland in Betracht kam. Das Wichtigste bei Bismarcks Bestreben, sein Zusammengehen mit den beiden Westmächten in der Öffentlichkeit herauszustellen, war jedoch die Kalkulation, daß Großbritannien im Falle eines deutsch-russischen Krieges, der damals nicht ausgeschlossen schien, Frankreich von einem Eingreifen zurückhielt. In dieser zugespitzten Situation im deutsch-russischen Verhältnis änderte Moltke im Dezember 1878 den seit April 1871 vorliegenden Operationsplan für einen Zweifrontenkrieg gegen Frankreich und Rußland, in dem bisher zunächst eine Konzentration der militärischen Anstrengungen auf eine schnelle Niederwerfung Frankreichs und danach erst eine Schwerpunktverlagerung nach

Osten vorgesehen war, zugunsten einer Ost-Offensive sogleich bei Kriegseröffnung ab.
In der sich über mehrere Monate hinziehenden Kraftprobe zog Bismarck alle Register seiner virtuosen politischen Taktik: neben auf- und abschwellenden Pressekampagnen eine Sperrung der deutsch-russischen Grenze Ende Januar 1879 und – auf seine Veranlassung hin – auch der österreichisch-russischen Grenze, um das Übergreifen einer angeblich bedrohlichen, in Wahrheit auf wenige russische Landstriche beschränkten Rinderpest zu verhindern, Einführung neuer, den russischen Export schwer schädigender deutscher Schutzzolltarife (im Zusammenhang mit dem Kurswechsel in der deutschen Wirtschafts- und Außenhandelspolitik vom Freihandel zum Schutzzoll) und die etwa gleichzeitige Veröffentlichung der deutsch-österreichischen Vereinbarung über die Aufhebung des Artikels V des Prager Friedens von 1866 betreffend eine Volksabstimmung in Nordschleswig. Im Februar 1878, als Andrassy, um das erstrebte Bündnis mit Deutschland zu erreichen, auf die Durchführung des Artikels V verzichtete, hatte Bismarck noch befürchtet, daß eine Veröffentlichung dieser Vereinbarung eine Annäherung zwischen Frankreich und Rußland zur Folge haben könnte. Jetzt, ein Jahr später, glaubte er Frankreich durch seine Rumänienpolitik fest an seine Seite gebunden zu haben. Außerdem erneuerte er seine schon auf dem Berliner Kongreß ausgesprochene Aufforderung an Frankreich, doch in Tunesien zuzugreifen – nicht primär, um einen Zankapfel zwischen Frankreich und Italien, das ebenfalls den Besitz von Tunesien anstrebte, zu werfen, auch nicht, um England und Frankreich wieder zu trennen, oder um Frankreichs Blicke von Elsaß-Lothringen abzulenken, sondern um die Aktionsfähigkeit Frankreichs auf dem Kontinent bei einer weiteren Zuspitzung des deutsch-russischen Verhältnisses zu vermindern.
Mitte Juli 1879 brach Bismarck das Spiel um Rumänien ab. Dies fiel zeitlich und – in begrenztem Maße auch sachlich – mit seinem Bruch mit den Nationalliberalen zusammen, die bisher die scheinbar auf liberale Reformen drängende Rumänien-Politik des Kanzlers unterstützt hatten. Der Hauptgrund war jedoch, daß Rußland, das sich vergeblich bei England und Frankreich um einen Protest der Westmächte gegen die Aufhebung des Artikels V des Prager Friedens bemüht hatte, gegenüber Bismarck einzulenken begann (Treffen des Gesandten Saburow mit

Bismarck in Bad Kissingen). Damit war in Bismarcks Sicht die Grundvoraussetzung gegeben, um die von Andrassy so lange vergeblich gewünschte Entscheidung zugunsten eines Bündnisses mit der Habsburger Monarchie zu vollziehen. Im Wissen darüber, daß Rußland »kommen« würde, war die so lange hinausgezögerte »Option« zugunsten Österreich-Ungarns keine bedingungslose, sondern eine begrenzte, unter Vorbehalten getroffene, eine Entscheidung, die den Draht nach Petersburg nicht abschnitt, vielmehr die Wiederanknüpfung engerer Beziehungen zu Rußland beschleunigte. Daran änderte auch der »Schlagabtausch« vom August 1879 mit dem »Ohrfeigenbrief« des Zaren Alexander II. an Kaiser Wilhelm I. als Höhepunkt nichts. Der Brief diente dazu, den Widerstand des Monarchen gegen Bismarcks Österreich-Politik zu stärken, doch war der Erfolg dieses Bemühens nur vorübergehend. In der Argumentation, mit der Bismarck schließlich die Hemmungen des Kaisers überwand, spielten die gleichen nationalen Gesichtspunkte eine Rolle, die er bisher immer als Sentimentalität abgetan hatte. Sie waren auch weniger auf den Kaiser selbst als auf den Kronprinzen abgestellt, der sich für ein deutsch-österreichisch-englisches Bündnis einsetzte und den Abschluß des Zweibundes als Vorstufe hierfür betrachtete. Wie 1866 in Nikolsburg führte der Kronprinz schließlich die Entscheidung des Monarchen zugunsten Bismarcks herbei.

Bismarcks Vorschlag gegenüber Andrassy, nicht nur ein konventionelles geheimes Militärbündnis zwischen den beiden Großmächten abzuschließen, sondern eine umfassende Allianz, die von den Parlamenten beider Reiche zu bestätigen sei, enthielt die wirtschaftspolitische Konsequenz, das Deutsche Reich und die Donaumonarchie auf dem Wege über eine Zollunion zu einem einzigen großen Wirtschaftsraum zu verschmelzen. Damit handelte es sich bei dem Projekt nicht nur um eine zeitgemäße Abwandlung des Gedankens eines engeren und eines weiteren Bundes aus der Zeit der Paulskirche von 1848, sondern auch um eine Wiederaufnahme des wirtschaftspolitischen Plans eines vereinten »Mitteleuropa« aus den Tagen Schwarzenbergs und Brucks, allerdings nunmehr unter anderem Vorzeichen. Jetzt stand nicht mehr wie zwischen 1848 und 1862 die führende Rolle Österreichs in diesem »Mitteleuropa« zur Diskussion, sondern die eindeutige Führung der überlegenen Wirtschaftsmacht des

Deutschen Reiches. Hatte sich Preußen 1862, und zwar noch vor der Berufung Bismarcks, im Rahmen der Freihandelspolitik mit dem preußisch-französischen Handelsvertrag allen österreichischen »Mitteleuropa«-Plänen entzogen, den »Deutschen Zollverein« unter seiner Führung aus dem von österreichischer Seite anvisierten mitteleuropäischen Großwirtschaftsraum hinausgeführt und damit das Projekt zum Scheitern gebracht, so stellte Bismarcks Vorschlag gegenüber Andrassy ein deutliches Zeichen für die Umkehrung der Proportionen dar. Vor den Konsequenzen eines solchen Bündnisses schreckte Andrassy im Interesse der zurückgebliebenen österreichischen Wirtschaft – und der Eigenständigkeit der Großmacht Österreich überhaupt zurück. So blieb es bei einem konventionellen geheimen Militärbündnis. Ein Zustandekommen des umfassenderen Projekts hätte die Mächtekonstellation in Europa tiefgreifend verändert und die Entwicklung der internationalen Beziehungen in andere, für das Deutsche Reich wohl bedrohlichere Bahnen gelenkt, da ein Bündnis eines der übrigen Großmächte mit diesem »Block« schwer vorstellbar ist.

Immerhin ist Bismarcks Vorschlag einer öffentlichen Allianz mit wirtschaftlicher Verschmelzung beider Reiche das stärkste Argument dafür, daß der Kanzler – zumindest zeitweilig – unter dem Eindruck des scharfen Gegensatzes zu Rußland – doch mehr erstrebt hat als eine bloß bedingte Option zugunsten der Habsburger Monarchie, die der »Zweibund« vom 7. 10. 1879 schließlich darstellte. Dieses geheime deutsch-österreichische Verteidigungsbündnis hatte eine eindeutig anti-russische Spitze, nicht jedoch eine anti-französische, da Andrassy jede Verpflichtung gegenüber Frankreich ablehnte. So blieb praktisch nur die Verpflichtung zum militärischen Beistand, wenn einer der Partner von Rußland angegriffen wurde. Der Zar wurde vom Inhalt des Vertrages nicht informiert; lediglich ein von Bismarck und Andrassy aufgesetztes Memorandum legte der russischen Regierung die allgemeinen Ziele der beiden Mächte dar.

Wie gesagt, noch bevor der »Zweibund« unterzeichnet war, hatte der Kanzler die Weichen für eine neuerliche Annäherung an Rußland gestellt. Bismarck hatte im Zusammenhang mit der Argumentation gegenüber Wilhelm I. (und indirekt gegenüber dem Kronprinzen) gelegentlich erwähnt, daß Österreich England »mitbringen« würde, wenn es zu einem deutsch-österreichischen

Bündnis käme. Das konnte aber im Sinne eines umfassenden Bündnisses auch mit England nur so lange und ohnehin recht bedingt gelten, als Bismarck noch die Hoffnung haben mochte, daß Andrassy den Vorschlag zumindest eines in der Öffentlichkeit vollzogenen Bündnisabschlusses akzeptieren würde. Seitdem feststand, daß nur ein geheimes Militärbündnis mit antirussischer Spitze möglich war, lief für Bismarck hinsichtlich Englands alles auf die entscheidende Frage hinaus, wie sich Großbritannien im Falle eines Krieges der beiden Mittelmächte gegen Rußland verhalten würde. Eine wirkliche Festlegung für einen solchen unter allen möglichen Prämissen denkbaren Fall war auf Grund der traditionellen britischen Haltung, jede Bündnisverpflichtung auf dem Kontinent vor Eintreten der konkreten Situation abzulehnen, von vornherein äußerst unwahrscheinlich. Die – wie zu erwarten – ausweichende Antwort Disraelis und das kurz danach in Berlin zustande kommende zweite Treffen mit Saburow, von dem Bismarck den zutreffenden Eindruck gewann, daß sich die lange erwartete Rückwendung der russischen Politik zu Deutschland hin tatsächlich anbahne, ließ die – kaum als Alternative gesehene – »Wahl« zwischen England und Rußland ohne Zögern zugunsten einer neuerlichen Verbindung zum Zarenreich treffen. Von hier aus führt ein geradliniger Weg zum »Dreikaiservertrag« vom 18. 6. 1881, auch wenn die Verhandlungen – wegen des russisch-österreichischen Gegensatzes – weitaus schwieriger und langwieriger wurden, als es Bismarck in der Euphorie des September/Oktober 1879 erwartet hatte. Bismarck legte auf einen Dreiervertrag besonderen Wert. Er betrachtete ihn als ein Mittel der Kontrolle über die unvermeidlich fortdauernde Rivalität zwischen beiden Mächten auf dem Balkan.

Im Gegensatz zum »Dreikaiserabkommen« von 1873, das, von der Vorstellung getragen, den Willen nicht nur der Regierungen, sondern auch der führenden Gesellschaftsschicht in den drei Monarchien auszudrücken, in aller Öffentlichkeit abgeschlossen wurde, war der »Dreikaiservertrag« von 1881 ein Geheimvertrag – ein Symptom für die grundlegende Wandlung nicht nur in den Interessengegensätzen zwischen den Mächten, sondern in den gesellschaftlichen Fundamenten für ein Bündnis zwischen den drei Ostmächten innerhalb von knapp zehn Jahren. Die Basis, die insbesondere in Rußland für eine solche außenpolitische Orientierung bestand, war so schmal geworden, der Trend zu einer anderen Gestaltung der Außenpolitik – in Richtung auf Frankreich – bereits so stark, daß die am alten Kurs festhaltenden oder dahin zurückkehrenden Kräfte in der russischen Führung nicht mehr wagen konnten, ein Bündnis mit dem Deutschen Reich und vor allem mit Österreich-Ungarn öffentlich abzuschließen. Damit aber war die Grundlage für Bismarcks Bündnispolitik zur Sicherung der gefährdeten deutschen Stellung in Mitteleuropa schon zu dieser Zeit brüchig geworden. Nur eine Fortdauer des allgemeinen Friedens, so daß der Bündnisfall gar nicht eintrat, konnte der Sinn dieser Allianzpolitik sein. Für den »Dreikaiservertrag« galt, was für alle Verträge der späten Bismarckzeit gilt: sie waren insgesamt für einen Kriegsfall unbrauchbar. Ihr Sinn bestand auch gar nicht darin, wie es die Kritiker Holstein, Waldersee und andere mißverstanden, Bündnispartner für einen Krieg zu gewinnen. Vielmehr sollten die sich mitunter tatsächlich oder scheinbar widersprechenden Bündnisverpflichtungen den Krieg zwischen den Großmächten gerade ausschließen. Eine »Klarheit« im Sinne eindeutigen Freund-Feind-Denkens konnte nur zur Bildung großer »Fronten« zwischen den europäischen Mächten führen, was Bismarck unter allen Umständen vermeiden wollte.

Die Fernwirkung des »Dreikaiservertrages«, genauer: die Wiederheranziehung Rußlands an das Deutsche Reich, liegt indessen noch auf einer anderen Ebene. Die durch eine massive Pressionspolitik erreichte politische »Kapitulation« Rußlands vor Bismarck – denn darauf lief das Einlenken nach der auf einen Bruch hintreibenden Entwicklung der ersten Zeit nach dem Berliner Kongreß hinaus – war wohl sein größter außenpolitischer Erfolg, wobei die Ambivalenz dieses »Erfolges« allerdings schon in wenigen Jahren zutage trat. Indem es gelungen war, die eine Flügelmacht durch politischen Druck zur Absage an eine jahrelang verfolgte Zielsetzung (Machterweiterung Rußlands auf dem Balkan) und darüber hinaus zu einer Aufgabe ihres Fernziels zu veranlassen, das Deutsche Reich – so wie vor 1853 Preußen – zu einem Juniorpartner Rußlands zu machen, stattdessen Rußland zur Einfügung in eine von Deutschland geführte Mächtekombination zu zwingen, Rußland somit – wie die Formel lautete – zum »Kommen« zu bewegen, entwickelte sich gerade bei den damaligen und späteren Kritikern der Bismarckschen Rußlandpolitik die Überzeugung, daß das entgegengesetzte Ziel, die andere Flügelmacht, Großbritannien, zum »Kommen« zu bewegen, in gleicher Weise gelingen müßte, wenn man die von ihnen unerwünschte und als uneffektiv betrachtete Verbindung zu Rußland löste.

Formell gesehen gingen die Bündnisverpflichtungen aus dem »Dreikaiservertrag« sehr weit, sah er doch für den Fall, daß einer der Partner sich mit einer vierten Großmacht »im Kriege befinden würde«, die wohlwollende Neutralität der beiden anderen vor. Dies galt, da nirgends wie sonst von einem »unprovozierten Angriff« dieser vierten Macht die Rede war, somit auch für einen deutsch-französischen Krieg, in dem Frankreich nicht eindeutig der Angreifer war. Gleiches traf für den Fall eines Krieges gegen die Türkei zu, allerdings nur, wenn zuvor zwischen den drei Partnern ein Abkommen über die Ergebnisse dieses Krieges geschlossen wurde. Überhaupt sollten »neue Veränderungen in dem territorialen Besitzstande der europäischen Türkei sich nur auf Grund eines gemeinsamen Abkommens vollziehen können«. Bei der Verlängerung des Vertrages 1884 wurde dieser Artikel – was im Hinblick auf Bulgarien folgenreich werden sollte – auf den gesamten Balkan ausgedehnt. Ein besonderes Zugeständnis Deutschlands und Österreich-Ungarns an Rußland stellte die Übernahme der russischen Interpretation der Meerengenregelung des Berliner Kongresses dar. (Damals waren die britische und die russische Interpretation nebeneinandergestellt worden, nachdem sich eine Einigung als unmöglich erwiesen hatte.) Indem jetzt die beiden Mittelmächte sich der russischen Auffassung anschlossen, daß das Zarenreich zum Krieg gegen die Türkei »berechtigt« sei, wenn der Sultan den Briten die Durchfahrt von Kriegsschiffen durch die Meerengen ins Schwarze Meer gestattete, bezogen sie insgeheim Position gegen England. Im Zusatzprotokoll wurden noch zwei weitere wichtige Vereinbarungen getroffen: Österreich-Ungarn behielt sich das Recht vor, Bosnien und die Herzegowina, die es 1879 besetzt hatte, zu einem Zeitpunkt, den es für günstig hielt, zu annektieren. Zweideutiger war der Passus über Bulgarien: »Die drei Mächte werden« – so hieß es – »sich der etwaigen Vereinigung Bulgariens und Ostrumeliens (d. h. des auf Grund des Berliner Vertrages von 1878 unter türkischer Verwaltung gebliebenen südlichen Teils des gegenüber »Groß-Bulgarien« des Friedens von San Stefano ohnehin verkleinerten Bulgarien) nicht widersetzen, wenn diese Frage sich durch die Macht der Dinge (›par la force des choses‹) ergeben sollte.« Ob damit eine russische Manipulation ausgeschlossen werden sollte, blieb offen. Da es bis zum Ablauf der dreijährigen Geltungsfrist keine wesentlichen Veränderungen in der allgemeinen Situation in Europa und speziell auf dem Balkan gab, wurde der »Dreikaiservertrag« im März 1884 ohne Schwierigkeiten, sogar mit der erwähnten Ausweitung seines Geltungsbereichs auf den ganzen Balkan, verlängert.

Dieser glatte Übergang zu einer neuen Etappe des Ostmächte-Bündnisses war ein letzter Ausfluß jener ruhigen Jahre in der europäischen Gesamtpolitik 1882/83, die es Bismarck ermöglichten, seine Bündnisgruppierung über das Dreieck Berlin–Wien–Petersburg hinaus zu erweitern. Als erstes – und wie sich dann zeigen sollte – einziges Land mittlerer Größe suchte das 1878 souverän gewordene, 1881 in ein Königreich umgewandelte Rumänien Anschluß an die von Deutschland geführte Mächtegruppe, da es sich von Rußland wegen der erzwungenen Abtretung Südbessarabiens und der Donaumündung im Berliner Vertrag »betrogen« und »vergewaltigt« fühlte. Bismarck lehnte ein von Rumänien gewünschtes unmittelbares deutsch-rumänisches Bündnis mit Spitze gegen Rußland mit Rücksicht auf Österreich-Ungarn ab und verwies die Bukarester Regierung gegen deren ursprüngliche Intention an die Adresse der Wiener Regierung. So kam es schließlich im Oktober 1883 zu einem österreich-ungarisch-rumänischen Verteidigungsbündnis, dem das Deutsche Reich nur durch eine Akzessionserklärung beitrat. Der Wert dieses Bündnisses hing natürlich ganz von der Einschätzung der jeweiligen Situation, vor allem der Einschätzung der Stärke oder Schwäche der von Deutschland geführten Mächtegruppe und ihrer Gegner, durch die Bukarester Regierung ab. Insbesondere spielte eine Rolle, welches Gewicht die territorialen Ambitionen Rumäniens gegenüber Rußland (Bessarabien) und gegenüber Österreich-Ungarn (Bukowina, Siebenbürgen) im Rahmen der rumänischen Nationalbewegung besaßen. Der Trend lief von der anfänglichen Betonung der Wünsche gegenüber Rußland zu einer Versteifung auf die Gewinnung Siebenbürgens, die nur bei einer Niederlage Österreich-Ungarns und damit der von Deutschland geführten Mächtegruppe möglich war, so daß im Kriegsfall

mit einem Anschluß an die Gegengruppe, auch wenn Rußland dazu gehörte, bei entsprechender Einschätzung der Erfolgschancen gerechnet werden mußte.
Verlor somit das Bündnis mit Rumänien schon recht bald seinen Wert, so gilt Gleiches nicht von der sehr wechselvollen Bedeutung des 1882 geschlossenen Bündnisses mit Italien, dem sogenannten »Dreibund« Deutsches Reich–Österreich-Ungarn–Italien. Er stellte keine Erweiterung des deutsch-österreichischen »Zweibundes« von 1879 dar, sondern war eine völlig unabhängig davon zustande gekommene Verbindung zwischen den drei Mächten. Anlaß für die Bereitschaft Italiens zur Anlehnung an die Mittelmächte war die von Bismarck insgeheim geförderte Inbesitznahme von Tunesien durch Frankreich im Bardo-Vertrag von 1881. Indessen lagen die Ursachen weiter zurück. Der Berliner Kongreß, auf dem Italien, obwohl beteiligt, mit seinen Interessen überhaupt nicht zum Zuge gekommen war, hatte gezeigt, daß Italien ohne Anlehnung an stärkere Mächte sein Streben nach Gewinnung von »Brückenköpfen« jenseits der Adria und einer Einflußsphäre im westlichen Balkan – gedacht war speziell an Albanien – nicht würde befriedigen können. Mehr noch als diese Ziele auf dem Balkan bestimmten kolonialpolitische Ambitionen Italiens Wendung zu den Mittelmächten und damit – wie die italienische Regierung in Unkenntnis des »Dreikaiservertrages« meinte – auch zu England hin. Nur mit Rückendeckung durch die Mittelmächte und nur mit Wohlwollen Großbritanniens konnte ein Engagement Italiens jenseits des Mittelmeers in dem allein noch »freien« Libyen, das Italien leicht in Gegensatz zu Frankreich bringen konnte, aussichtsreich sein. Während es 1882 beim Abschluß des »Dreibundes« bei allgemeinen unverbindlichen Zusagen der beiden Partner zur Unterstützung der italienischen Ambitionen in Übersee und auf dem westlichen Balkan blieb, da Italien und nicht Bismarck der »Antragsteller« war, setzte die italienische Regierung bei der Erneuerung des Vertrages 1887 unter Ausnutzung der großen internationalen Krise und des gespannten Verhältnisses zwischen Österreich-Ungarn und Rußland durch, daß nun auch formell festgelegt wurde, daß Italien im Falle neuer österreichisch-ungarischer Erwerbungen auf dem Balkan Kompensationen erhalten sollte. Dadurch wurde der ursprünglich rein defensive Charakter des »Dreibundes« – um gemeinsam einen Angriff Frankreichs auf

Deutschland oder Italien abzuwehren – verändert. Er bot nun zumindest Ansätze für eine höchst problematische Erwerbsgemeinschaft zwischen Italien und Österreich-Ungarn.
In jedem Fall besaß der »Dreibund« militärpolitisch ausschließlich eine Spitze gegen Frankreich, während der »Zweibund« allein für den Fall eines Angriffs Rußlands gegen einen der Vertragspartner galt. Im übrigen war von Anfang an im »Dreibund« klar ausgesprochen, daß Italien von seiner Bündnisverpflichtung befreit war, wenn England im Kriegsfall auf der Seite Frankreichs stand. Eine Stellungnahme Italiens gegen England war wegen der Überlegenheit der britischen Mittelmeerflotte und der Gefährdung der langgestreckten italienischen Küsten ausgeschlossen. Mit anderen Worten: der »Dreibund« hatte nur Bündniswert, wenn Großbritannien zumindest ein stillschweigender Partner des Vertrages war. Eine Notwendigkeit, den Kontakt zu England zu intensivieren, wenn aus Bismarcks Sicht Italien als Bündnispartner wirklich erwünscht war, lag auf der Hand. Der Kanzler konnte andererseits auf solche Konsequenzen verzichten, solange er dem »Dreibund« nur sekundäre Bedeutung beimaß, solange zwischen England und Frankreich Spannungen herrschten – wie sie gerade 1882 als Folge der Besetzung Ägyptens durch britische Truppen eintraten und langfristig anhielten – und solange es Bismarck als im deutschen Interesse liegend ansah, neben der Pflege der Verbindung zu Rußland auch gute Beziehungen zu Frankreich zu suchen. Eben dies war die Leitlinie seiner Politik zwischen 1879 und 1885. Die außenpolitische Alternative innerhalb des Vertragsnetzes lautete demnach für diese Zeit: entweder mit dem Instrument des »Dreibundes« und dann konsequenterweise mit England – dann wurde Frankreich im Westen als Hauptgegner betrachtet – oder aber mit dem Instrument des »Dreikaiservertrages« – dann war die Pflege der Beziehungen zu Frankreich sachlogisch –, und England wurde als Hauptgegner angesehen. Im letzteren, bis 1885 gültigen Fall blieb der »Dreibund« sekundär, bloße »Auffangstellung« für den Fall eines Scheiterns des für vordringlich gehaltenen Einvernehmens mit Rußland.
Für die nächste Zeit konnte durch dieses »Spiel mit den fünf Bällen« die Situation des Reiches durchaus gesichert werden. Anders sah die Lage in langfristiger Perspektive aus, die durch den Aufstieg einiger europäischer Großmächte zu Imperien ge-

kennzeichnet war. Eine auf die Dauer Gleichrangigkeit und volle außenpolitische Handlungsfreiheit sichernde Lösung versprach vor diesem Hintergrund nur die Zusammenfassung weiter Teile »Mitteleuropas« zu einem Wirtschaftsgroßraum unter deutscher Führung. So allein konnte einigermaßen dem potentiellen Übergewicht der russischen Wirtschaftskraft, dem des britischen Empire und der nach der Unterbrechung durch den Sezessionskrieg schnell wieder wachsenden gewaltigen ökonomischen Potenz der USA entgegengewirkt werden. Nachdem der von Bismarck im Zusammenhang mit der Bildung des »Zweibundes« unternommene Versuch zur Bildung einer Zollunion als erster Stufe einer Wirtschaftsintegration zwischen den beiden Kaiserreichen gescheitert war, gingen die Bemühungen Anfang der achtziger Jahre weiter. Allerdings wurden nun die Verhandlungen mit Österreich-Ungarn nicht von Regierungskommissionen, sondern vom »Centralverband Deutscher Industrieller« und dem österreichischen »Industriellen-Klub« geführt. Dabei stellte sich bald heraus, daß die lange Periode des Anschlusses Preußens und des von ihm geleiteten »Deutschen Zollvereins«, ab 1871 dann des territorial damit weitestgehend identischen Deutschen Reiches an den französischen Freihandelsbereich nicht einfach durch Vereinbarungen zwischen den beiden Kaiserreichen aufgehoben werden konnte. Aus Artikel 11 des Frankfurter Friedens von 1871, der eine Art »ewige Meistbegünstigungsklausel« darstellte, ergab sich zudem, daß, weil jedes deutsche Tarifzugeständnis an Österreich-Ungarn auch Frankreich zugute kam, eine nur auf das Deutsche Reich und Österreich-Ungarn beschränkte Zollunion kaum zu realisieren war. Doch nicht nur diese vertragliche Bindung an Frankreich, sondern auch die Konzeption des Ganzen, der Gedanke eines in sich geschlossenen Wirtschaftsraumes, verlangte gleichsam sachlogisch eine Ausweitung der erstrebten Wirtschaftsunion über die beiden Mittelmächte hinaus auf weitere Länder: neben dem Kern Deutschland, Österreich-Ungarn und Frankreich wurde dabei an die Niederlande, Belgien, die Schweiz und Italien gedacht. Die Schwierigkeit der Verhandlungsführung schon zwischen den beiden Kaiserreichen, sodann die Wiederannäherung an Rußland, demgegenüber eine mitteleuropäische Wirtschaftsunion ein politischer Affront mit weitreichenden Konsequenzen bedeutet hätte, ließen bei Bismarck die
 Bestrebungen zur Schaffung eines solchen Großwirtschaftsrau-

mes in einem erweiterten »Mitteleuropa« zurücktreten zugunsten eines Bündels wirtschaftspolitischer Aushilfen, unter anderem in Gestalt von einzelnen Handelsverträgen.
In der Publizistik nahm indessen die Diskussion über den zukünftigen Kampf großer Wirtschaftsblöcke untereinander an Heftigkeit zu. In einem auch Bismarck übersandten »Mitteleuropa-Konzept« des ungarischen Reichstagsabgeordneten Guido von Baußern entwickelte dieser 1880 eine Theorie von der weltbeherrschenden Rolle wirtschaftlicher Riesenreiche, die sich zu Wirtschaftsblöcken mit autarker Rohstoffversorgung entwickeln würden. Drei kommende Weltreiche wurden von Baußern als »Faktum« angenommen: USA, britisches Empire und Rußland. Unter dieser Perspektive erschien ein Zusammenschluß Mittel- und Westeuropas als Gebot der Stunde. Nur eine »Vereinigung sämtlicher mitteleuropäischer Länder zu einem mächtigen Zoll- und Handelsbund« konnte nach seiner Auffassung die weitere Entwicklung Deutschlands gegenüber dem »Panslawismus, diesem Todfeind der deutschen Weltmacht«, und gegenüber Amerika sichern. Nur als Vormacht einer »mitteleuropäischen Völkerkoalition«, die »später eine Brücke sein würde, um ein ganz Mitteleuropa umfassendes deutsches Universalreich zu gründen«, könne Deutschland zum »Regulator des gesamten Welthandels werden, um so neben den Weltmächten Amerika, Rußland und England zu bestehen«.
Bismarcks Antwort an Baußern trägt das Signum seiner zielbewußt das Nächstliegende ins Auge fassenden Politik. Ohne auf die utopischen Aspekte der Baußernschen Ideen einzugehen, versicherte er, »daß er die darin niedergelegten Anschauungen insofern teile, als er eine die beiden Reiche (Deutschland und Österreich-Ungarn) umfassende Zolleinigung als das ideale Ziel betrachte, welches unseren handelspolitischen Transaktionen die Richtung anweist«. Er hoffe, daß »beiden Reichen« die Stetigkeit »der Entwicklung ihrer wirtschaftlichen Beziehungen« beschieden sein möge, »ohne das letzte Ziel, die Zolleinigung zwischen Deutschland und Österreich-Ungarn, aus dem Auge zu verlieren«. In Bismarcks praktischer Politik trat dieses Ziel allerdings in der Folgezeit ganz in den Hintergrund.

3. Die Kolonialpolitik im Rahmen von Bismarcks Außenpolitik

Die jahrzehntelang in der historischen Forschung hinsichtlich ihrer Ursachen, Bismarcks Motiven und Zielen umstrittene kurze Phase aktiver deutscher Kolonialpolitik 1884/85 ist in der wissenschaftlichen Diskussion durch die bedeutende Studie von Hans-Ulrich *Wehler* »Bismarck und der Imperialismus« auf eine neue Grundlage gestellt worden. Vor allem ist dadurch der weitere Rahmen, in dem dieser Zeitabschnitt zu beurteilen ist, abgesteckt worden. Wehler selbst faßte die Ergebnisse seiner Forschungen unter dem Aspekt der Motive Bismarcks wie folgt zusammen: »Angesichts der langjährigen Kontroverse über die Motive Bismarcks für den ›Eintritt in die Weltpolitik‹ muß man zunächst mit allem Nachdruck einen entscheidenden Gesichtspunkt herausstellen: an Bismarcks Überseepolitik besticht die Kontinuität der Vorstellungen und meistens auch der Methoden eines freihändlerischen kommerziellen Expansionismus, dem er in klarer Erkenntnis der finanziellen Belastung, der politischen Verantwortung und der militärischen Risiken formell-staatlicher kolonialer Gebietsherrschaft von 1862 bis 1898 angehangen hat. Auch er stand unter dem Einfluß des ungeheuren Erfolgs des mittelviktorianischen britischen Informal Empire, und zugleich folgte er einem nüchternen Kalkül der Bedeutung jener Interessen, die durch eine Laissez-faire-Überseepolitik befriedigt werden konnten. Es gibt 1884/1886 keinen Bruch in den Wertvorstellungen, keinen Gesinnungswandel, keine plötzliche Begeisterung für Kolonien. Wohl aber gibt es einige Motive, die ihn zeitweilig, entgegen seinen früheren Ansichten und Hoffnungen, dazu bestimmt haben, den Schritt zu einer Politik staatlichen Engagements in ›Schutzgebieten‹ zu tun, die er ganz unbestreitbar am liebsten privaten Interessensyndikaten als Handelskolonien unter einem locker formierten Reichsschutz überlassen hätte. Auch fortan blieb Bismarck der Überzeugung, daß ein Informal Empire staatlichen Verwaltungskolonien vorzuziehen sei. Er beharrte weiter darauf, daß das wirtschaftliche Interesse in Übersee eigentlich vorangehen, der Staat aber ihm folgen sollte, ohne mithin sein Ziel von vornherein kolonialer Gebietsherrschaft zu sehen ... Um die Entwicklung chronologisch zu verfolgen: Bismarck hat seit dem Beginn der 1860er Jahre aktive Überseepolitik betrieben, wenn auch mit unterschiedlicher

Intensität, und zwar auch sofort zur Förderung des industriewirtschaftlichen Außenhandels. Als er preußischer Ministerpräsident wurde, brach die industrielle Revolution in Preußen-Deutschland endgültig durch. Er trat in die Fußstapfen der freihändlerischen Außenhandelspolitik seiner Vorgänger, die der Industrialisierung gleichfalls Rechnung getragen hatten. In Ostasien z. B. verfolgte Bismarck von 1862 bis 1870 eine preußische Politik der ›offenen Tür‹, und wären dort seine Intentionen verwirklicht worden, so hätte Preußen wahrscheinlich noch 1870 einen Stützpunkt, sein ›Hongkong‹, erworben. Er kannte die Methoden der britischen und amerikanischen Handelspolitik im Fernen Osten und schloß sich ihnen an ... In jahrelanger Zusammenarbeit mit den Liberalen setzte Bismarck ... seine expansive Außenhandelspolitik fort, und wenn er auch nicht den Bau einer Schlachtflotte erwog, so setzte er doch Kanonenboote und Kreuzer zur Unterstützung dieser Politik ein ... Seine Grundeinstellung indessen: ›Solange ich Reichskanzler bin, treiben wir keine Kolonialpolitik‹, galt als unwiderruflich ...
»Ein anderer Einwand des Reichskanzlers: ›ohne einen Impuls aus der Nation‹ heraus könne der Staat eine Kolonialpolitik überhaupt nicht einleiten, wurde in dem Maße brüchig, in dem sich der ideologische Konsens über die Notwendigkeit gesteigerten Exports als Rettungsmittel gegen die Überproduktion und die mit der wirtschaftlichen Krisenlage zusammenhängenden gesellschaftlichen Spannungen ausbreitete. Ein allgemeiner ›Impuls‹ ließ sich seit 1879 immer weniger übersehen.«
Wehler sieht in Bismarck einen Vertreter des »pragmatischen Expansionismus«: »Im Gegensatz zu einem zumindest zeitweilig überwiegend von Prestigedenken, nationalistischem Geltungsbedürfnis und Sendungsbewußtsein, von Drang nach Selbstbestätigung und Anerkennung als Weltmacht bestimmten Imperialismus geht der pragmatische Expansionismus ganz überwiegend von einem Kalkül der wirtschaftlichen und sozialen Interessen aus, wobei ihn als Fernziel sein ›magisches Dreieck‹ leitet: durch Expansion stetiges, gesichertes wirtschaftliches Wachstum und gesellschaftliche Stabilität zu bewahren oder wiederzugewinnen und infolgedessen die soziale Hierarchie und politische Machtstruktur zu erhalten: hier erweist sich auch seine Affinität zum Sozialimperialismus ... Diesen wirtschaftlichen Interessen trug er rund fünfzehn Jahre lang mit einer Frei-

handelspolitik Rechnung, die den Bedürfnissen der preußisch-deutschen Volkswirtschaft zu entsprechen schien. Aber während bei anderen der Freihandel zum Dogma wurde, griff Bismarck zu protektionistischen Mitteln, als die anhaltende Depression seit 1873, vor allem auch die Agrarkrise seit 1876 sie zu erzwingen schienen. Er kehrte zur Tradition preußischer ›Wohlfahrtspolitik‹ zurück, um der Krisensituation Herr zu werden. Mit der Politik der ›konservativen Sammlung‹ von Großagrariern und Großindustriellen baute er das System des Solidarprotektionismus auf, der moderne deutsche Interventionsstaat trat seit dem Ende der 1870er Jahre seinen Vormarsch an. Auch der Außenhandel wurde unterstützt, seine Expansionsbestrebungen wurden koordiniert und planmäßig gefördert. Pragmatisch paßte sich Bismarcks Wirtschaftspolitik der Entwicklung an ... Warum hielt es Bismarck Mitte der 1880er Jahre nicht mehr für möglich, allein für die freihändlerisch-kommerzielle Expansion zu optieren, sondern zögernd und alles andere als frei von Bedenken, aber einem sozialökonomischen und politischen Systemzwang folgend, für geboten, auch koloniale Gebietsherrschaft zu übernehmen? Auch in Deutschland hat die neue Depressionsphase seit 1882 als Katalysator imperialistischer Politik gewirkt ... Als seit dem Herbst 1882 die Wiederholung der schlimmen Erfahrungen von 1873 bis 1879 drohte und die Wachstumsstörungen wieder anhielten, vertieften sich die traumatischen Wirkungen der ersten Depression ... Gegenüber diesen in Wirtschaft, Gesellschaft und Politik ausstrahlenden Wirkungen des ungleichmäßigen Wachstums konnte das politische Zentrum in Berlin nicht passiv-abwartend verharren. Die forcierte überseeische Expansion gehörte zu den Gegenaktionen, die die Krise lindern sollten ... Der Hebel wurde an verschiedenen Stellen gleichzeitig eingesetzt. Dampfersubventionen, überseeische Bankfilialen, konsularische Unterstützung, Ausfuhrsondertarife im Eisenbahn- und Kanalwesen, die Begünstigung der weiterverarbeitenden Exportindustrie durch die Zolltarife seit 1879, alle diese Maßnahmen zusammen mit neuen Handelsverträgen müssen zusammen gesehen werden, wenn man erkennen will, wie sich der Interventionsstaat auf dem Gebiet der Außenwirtschaft gleichsam vorantastete. Die Politik, die in Afrika und im Pazifik zu Kolonien führte, stellte nur einen Ausschnitt aus dem Repertoire der staatlich geförderten Außenhandelspolitik dar ... (Die) eindringliche Erfahrung, die ihn seit 1883/84 allmählich und widerstrebend den ›Reichsschutz‹ in Afrika und in der Südsee zu formalisieren bewog, gründete sich auf den Eindruck, daß auf der einen Seite im Innern der Krisendruck wuchs und Erleichterung verlangte, auf der anderen Seite das Ende der Freihandelsepoche bevorstand, daß gesteigerte Konkurrenz und protektionistische Methoden auch in Übersee das direkte staatliche Engagement unvermeidbar machten. Mit anderen Worten: die unübersehbaren Nachteile staatlicher Passivität begannen die ebenso unleugbaren Nachteile erhöhter Aktivität zu überwiegen.

»In Westafrika schien die Abhängigkeit von anderen vorrückenden Kolonialmächten mit ihren Schutz-, Differential- oder gar Prohibitivzöllen bevorzustehen; in Südafrika, Ostafrika und auf Neuguinea schienen Großbritannien oder doch seine expansionslustigen Kolonien zum Zugriff anzusetzen. Wenn die Reichspolitik nicht handelte, glaubte man in Berlin, kamen ihr die Rivalen mit ihrem ›preclusive imperialism‹ zuvor. Unverkennbar war die Furcht, zu kurz zu kommen – manchmal geradezu schon in Anwandlung einer Torschlußpanik: angesichts der fortschreitenden Aufteilung der Erde zu spät einzutreffen. Deutschland dürfe nicht ›ruhig‹ zusehen, hieß es immer wieder in der Publizistik, ›wie andere Völker unermeßliche Strecken mit den reichsten Natur- und Bodenprodukten sich aneignen, bis für uns‹ bei dieser wirtschaftlichen Eroberung der noch unausgebeuteten Teile der Erde ›nichts mehr da ist‹. Dazu ließ die Regierung versichern, daß die ›um sich greifende Kolonialpolitik anderer Mächte‹ Deutschland zwinge, sich einzuschalten, ›wenn es von der Erde nicht ganz ausgeschlossen bleiben wolle‹. Der Imperialismus der 1880er Jahre entsprang weniger einem überschäumenden Kraftgefühl und Vitalismus . . ., sondern oft eher aus der Schwäche der Industriestaaten, mit der explosiven Industrialisierung im Innern fertig zu werden, aus dem Unvermögen, die Wachstumsstörungen zu bewältigen, wobei die Neuartigkeit und das Ausmaß dieser Probleme fraglos gewaltige Hindernisse aufwarfen.«

Hinzu kam eine gegenüber den siebziger Jahren erheblich schwierigere innenpolitische Situation für Bismarck. »Mit Hilfe seiner Herrschaftstechnik der negativen Integration durch den Kampf gegen die ›Reichsfeinde‹ hatte sich Bismarck in den ersten zehn Jahren des Reichs Mehrheiten verschafft. Aber die Reaktion auf die ›konservative Neugründung‹ des Kaiserstaates seit 1879 zeigte sich unter anderem in den Reichstagswahlen von 1881, die für Bismarck die schwerste parlamentarische Niederlage seit 1863 brachten: die Opposition um den großen linksliberalen Block besaß die Mehrheit.«

Mit dem Übergang zu einer aktiven Kolonialpolitik wollte er »den Deutschen ein neues Ziel setzen, für das sie sich begeistern könnten, nachdem ... die Popularität der Regierung zu verblassen angefangen hatte«. Über den »Kolonialrausch« sollten die folgenden Wahlen von 1884 wieder eine gouvernementale Mehrheit herbeiführen. Dabei wurde erstmals von Bismarck ein deutscher »Vulgärnationalismus« gegen Großbritannien über die offiziöse Presse mobilisiert. Wieweit ein von *Erich Eyck* betontes hintergründiges Motiv dieser antibritischen Wendung in der Kolonialpublizistik für Bismarck von wesentlicher Bedeutung war, läßt sich schwer abschätzen: Anfang der achtziger Jahre wurde allgemein mit einem baldigen Tode des greisen Kaisers Wilhelm I. gerechnet. In Hofkreisen wie im Reichstage formierten sich bereits Kräfte, die auf die Herrschaft des Kronprinzen Friedrich Wilhelm und seiner Gemahlin Victoria, der Tochter der Queen, warteten. Es herrschte die Vorstellung, daß der Thronfolger Bismarck entlassen und ein deutsches »Kabinett Gladstone« bilden würde, mit dem er das parlamentarische System in Deutschland einführen und einer liberalen, außenpolitisch an England orientierten Prinzipienpolitik Bahn brechen wollte. Bismarcks Handeln sei in diesen Jahren voll nur vor dem Hintergrund dieser ihm und seinem Werk drohenden Gefahr zu verstehen. Eine Stütze findet diese These in einer Äußerung Herbert v. Bismarcks nach dem Sturz des Kanzlers im März 1890 gegenüber dem deutschen Botschafter in Petersburg v. Schweinitz: »Als wir in die Kolonialpolitik hineingingen, mußten wir auf eine lange Regierungszeit des Kronprinzen gefaßt sein, während welcher der englische Einfluß dominieren würde. Um diesem vorzubeugen, mußte die Kolonialpolitik eingeleitet werden, welche volkstümlich ist und in jedem Augenblick Konflikte mit England herbeiführen kann.« Geheimes außenpolitisches Ziel der Bismarckschen Kolonialpolitik war es in dieser Sicht, die deutsche Politik gegen England festzulegen, um eine Fortsetzung der Verbindung zu Rußland, die Bismarck für notwendig erachtete, unter allen Umständen von seinen Nachfolgern zu erzwingen. Eine Entscheidung für das fiktive deutsche »Kabinett Gladstone« hätte in dieser Sicht mit der liberalen Prinzipienpolitik, die 1862 ebenso wie die hochkonservative verworfen worden war, nicht nur das Ende des Eigenweges der deutschen Großmacht bedeutet, sondern auch Deutschland zum Kontinentaldegen Englands gegen Rußland werden lassen.

Tatsächlich begann die deutsche Kolonialpolitik in dem ersten, am meisten strittigen Fall in Südwestafrika 1883 sogleich mit einer antibritischen Frontstellung. Zwar betrachtete Großbritannien nur das Gebiet um die Walfish-Bay als eigenes Hoheitsgebiet, doch ließ die britische Regierung bei ihrer Antwort auf eine Anfrage Bismarcks deutlich durchblicken, daß ihr ein Festsetzen fremder Mächte in dem Küstenstreifen zwischen der Kapkolonie und Portugiesisch-Angola politisch unerwünscht sei. Mit der Erklärung der Reichsleitung vom 24. 4. 1884, daß die Erwerbungen des Bremer Kaufmanns Lüderitz nördlich des Oranje-Flusses nunmehr »unter dem Schutz des Reiches« stünden, war ein politisches fait accompli geschaffen. Gegen den von der Kapregierung ausgehenden Widerspruch des Colonial Office in London, das für Großbritannien das Gebiet südlich der Walfish-Bay beanspruchte, setzte Bismarck die deutsche Entscheidung durch. Die feste Haltung Bismarcks, der erkennen ließ, daß er unter Ausnutzung der Spannungen zwischen Großbritannien und Frankreich in Afrika, vor allem in den Verhandlungen der internationalen Schuldenkommission in dem von England besetzten Ägypten, sich jeweils auf die Seite Frankreichs gegen England schlagend, seine eben gewonnene Position behaupten wollte, veranlaßte die Londoner Regierung, einzulenken. Dazu mochte das scharfe Auftreten des zur Unterstützung des als anglophil geltenden Botschafters Graf Münster in die britische Hauptstadt entsandten Herbert v. Bismarck beigetragen haben, obwohl gerade Herberts zweideutige Äußerungen zur Kolonialfrage in den Jahren davor, als er noch als Botschaftsrat an der deutschen Botschaft in London weilte, zu den – wie sich erst später herausstellen sollte – schwerwiegenden Mißverständnissen und Fehleinschätzungen der deutschen Absichten in der Sondierungsphase geführt hatten. In jedem Falle machte das rasche Zurückstecken der britischen Regierung deutlich, daß dem Premierminister Gladstone und dem Außenminister Granville an einem ernsthafteren Konflikt mit Deutschland in dieser Zeit nichts gelegen sein konnte, da schon die Spannungen mit Rußland und Frankreich erhebliche Belastungen für die britische Stellung in der Welt darstellten. Obwohl mit der Anerkennung der deutschen »Schutzherrschaft« in dem umstrittenen Küstenstreifen am 21. 6. 1884 der akute Konflikt beendet war, flammte bei allen weiteren deutschen kolonialen Erwerbungen in Afrika der Gegensatz zu England sofort wieder auf. Dies galt für Togo und Kamerun, besonders aber für Ostafrika, schließlich auch für die Besitzergreifung von Teilen Neu-Guineas, des »Bismarck-Archipels« und weiterer Inselgruppen in der Südsee. Dabei war stets der Druck der benachbarten britischen Kronkolonien auf die Londoner Zentrale mit bestimmend für die heftigen Reaktionen der britischen Seite.

Was Bismarck bei all diesen Unternehmen, die gegen den – allerdings nur hinhaltenden – Widerstand Großbritanniens, genauer gesagt: starker, wenn auch vorerst noch nicht führender Kräfte in Schlüsselpositionen in den wichtigsten Ministerien der britischen Regierung und der dominierenden Tendenzen der öffentlichen Meinung in England durchsetzte, nicht genügend in Rechnung stellte, war weniger aktuell, wohl aber langfristig belastend für das deutsch-britische Verhältnis. Da die imperialistischen Stimmungen in Großbritannien von einem sehr breiten Teil der öffentlichen Meinung artikuliert wurden, war vorauszusehen, daß ein deutsch-britischer Kolonialkonflikt, zumal wenn er zu einem Zurückstecken auf britischer Seite führte, weitaus länger nachwirkende Folgen für das allgemeine Verhältnis zwischen den beiden Nationen zeitigen würde als die fast »üblichen« machtpolitischen Konflikte mit den kontinentalen Großmachtnachbarn. Vor allem trug man auf britischer Seite nach, daß Bismarck die bestehenden Schwierigkeiten Englands mit Rußland und Frankreich rücksichtslos zu deutschen Gunsten ausgenutzt hatte.

Während England sich der kolonialen Besitzergreifung durch Deutschland in Afrika und in der Südsee widersetzte, begrüßte Frankreich das deutsche Vorgehen, da dieses in der Konfrontation mit England als Entlastung empfunden wurde, so wie andererseits auch die französische Kolonialpolitik unter Ferry von Bismarck gefördert wurde. Die »Freund-Feind«-Positionen in der Kolonialpolitik entsprachen somit der allgemeinen Orientierung der Bismarckschen Außenpolitik in den Jahren 1879–

1885: mit Rußland und Frankreich gegen England. Einen Höhepunkt des Zusammengehens Deutschlands mit Frankreich und des gemeinsamen Gegensatzes zu England in Afrika stellte die internationale Kongo-Konferenz dar, die von Dezember 1884 bis Februar 1885 in Berlin stattfand. Auf dieser Konferenz stand die Gründung eines Kongo-Staates durch den König der Belgier Leopold II. zur Debatte; angestrebt wurde von den meisten Teilnehmern eine gegen das Interesse Englands auf indirekte Beherrschung dieses ökonomisch besonders wertvollen Gebiets gerichtete Lösung. Zwar wurde schließlich die Souveränität des Kongo-Staates als quasi-privater Besitz Leopolds II. allseits anerkannt, diese »Souveränität« aber durch eine internationale Garantie des Prinzips der »Offenen Tür« für den Handel aller Staaten und durch die Neutralisierung des Kongo-Stromes und seiner Nebenflüsse erheblich eingeschränkt – alles Maßnahmen, die die Einflußmöglichkeiten Englands minderten und den schwächeren Konkurrenten (Deutschland und Frankreich) zugute kommen sollten. Die Vereinbarung, daß die Eingeborenen-Truppen der Kolonialmächte in Kriegen der europäischen Großstaaten untereinander nicht mit in die Kampfhandlungen einbezogen werden sollten, war ebenfalls ein Beschluß, der sich im Kern gegen England richtete, dessen militärisches Übergewicht in Afrika, vor allem bei dem in dieser Zeit als wahrscheinlich angenommenen Fall eines britisch-französischen Krieges, nicht voll zur Geltung kommen sollte.

Wenige Wochen nach Abschluß der Kongo-Konferenz wurde Ende März 1885 Ferry gestürzt, und Bismarck, der dieses Ereignis als Wendepunkt nicht nur für die französische Innenpolitik, sondern auch für die künftige außenpolitische Orientierung Frankreichs betrachtete und nunmehr die bis dahin von ihm auf einen deutsch-französischen Ausgleich über die Kolonialpolitik gesetzten Erwartungen aufgab, lenkte im Zuge des kurze Zeit später aufbrechenden neuen Balkankonflikts und der damit notwendigen Umstellung in seiner Gesamtpolitik gegenüber England schnell ein. Dies gelang – oberflächlich gesehen – auch ohne größere Schwierigkeiten, da weder Gladstone noch Granville die im Endeffekt, rein flächenmäßig beträchtlichen Kolonialerwerbungen Deutschlands 1884/85 für so bedeutsam ansahen, daß sie die daraus entstandenen Spannungen zum Deutschen Reich auch nur annähernd als so gewichtig nahmen wie den fortdauernden Gegensatz zu Frankreich und Rußland. Da die europäische Gesamtkonstellation im großen gesehen, wie noch darzulegen ist, von Mitte 1885 an bis zum Sturz Bismarcks 1890 die gleiche blieb, hat der Kanzler neben anderen auch aus außenpolitischen Erwägungen die mehrfach an ihn herangetragenen Forderungen nach einer Erweiterung des deutschen Kolonialbesitzes abgewiesen. Die gefährdete Situation des Reiches auf dem Kontinent, die in der großen Krise 1885–1887 wieder deutlich zutage trat, verbot jede weitere Spannung mit England. Vor diesem gegenüber 1883/84 grundlegend veränderten Hintergrund muß das viel zitierte Wort Bismarcks gegenüber dem Weltreisenden Eugen Wolf von Ende 1888 interpretiert werden: »Hier liegt Rußland, und hier liegt Frankreich, und wir sind in der Mitte; das ist meine Karte von Afrika.« Die Kolonialfragen waren zu Randproblemen geworden, die der Kanzler am liebsten durch Aufgabe der Kolonien vollends los geworden wäre. Jetzt erschien ihm der in der ruhigen Phase der europäischen Politik vor 1885 unternommene Vorstoß in die überseeischen Weiten fast wie ein Abenteuer, der Besitz deutscher Kolonien keinen Konflikt mit England mehr wert. Von den Kolonialenthusiasten, die in Afrika ein »deutsches Indien« anstrebten oder mit der Zielvorstellung eines »deutschen Mittelafrika« an die angeblich märchenhaften Schätze in Zentralafrika herankommen wollten, trennten Bismarck Welten. Indessen konnten die Folgen seines kolonialpolitischen Engagements nicht mehr beseitigt werden. Die Mitte der 1890er Jahre scheinbar plötzlich auftretenden neuen starken kolonialpolitischen Spannungen zu England, zunächst um den Kongo, dann um Angola, schließlich um die Burenrepubliken, und die Heftigkeit der Reaktion auf britischer Seite hierbei sind nicht zu verstehen, wenn man nicht berücksichtigt, daß in der englischen öffentlichen Meinung die Erinnerung an 1884/85 noch lebendig war und die gleichen Persönlichkeiten, die damals in den mittleren Positionen saßen, nunmehr im Colonial Office und im Foreign Office Schlüsselstellungen innehatten. Noch in dem Memorandum von Sir Eyre Crowe vom 1. 1. 1907 (Crowe gehörte zu jener Gruppe im Foreign Office, die von den Erfahrungen von 1884/85 geprägt waren) wurde das »famous bogey document«, das »Gespensterdokument«, Bismarcks Schreiben an Botschafter Graf Münster vom 25. 5. 1884, das erstmals die deutschen Ansprüche auf Südwestafrika in vollem Umfang enthielt und entgegen Bismarcks Behauptung der britischen Regierung niemals offiziell bekannt gemacht worden war, als Beweis für das deutsche Falschspiel und als Begründung für ein tiefes Mißtrauen Großbritanniens gegenüber Deutschland und seinen Zielen angeführt. Der Ausgangspunkt für den deutsch-britischen Gegensatz, der sich an Kolonialproblemen entzündete, liegt jedenfalls bereits im letzten Jahrzehnt der Bismarck-Zeit. Die Zurückhaltung der britischen Regierung gegenüber dem späteren, schon 1886 wieder einsetzenden deutschen Werben um England hängt zwar nicht entscheidend, jedoch auch mit dieser ersten kolonialen Konfrontation und ihrer Fernwirkung zusammen.

4. Die Doppelkrise der Jahre 1885–1887

Auf die relativ ruhigen Jahre in der internationalen Politik in Europa zwischen 1881 und Mitte 1885, die zugleich den Höhepunkt der europäischen Stellung des Deutschen Reiches unter Bismarck markierten, folgte in überraschend schneller Wende eine Zuspitzung der Situation sowohl im Osten als auch im Westen, die erneut und in erhöhtem Maße das Dilemma der »halb-hegemonialen« Position des Reiches offenbarte und in der deutschen Führungsspitze eine ins Grundsätzliche zielende Diskussion über den künftigen außenpolitischen Weg des Reiches mit dem Ziel einer Überwindung dieses Dilemmas auslöste. Bisher hatte das Reich von der seit 1879 bestehenden festen Verbindung zu Österreich-Ungarn, die ihm eine über das deutsche »Gewicht« hinausgehende starke Stellung in Mitteleuropa verschafft hatte, profitiert. Nun zeichnete sich erstmals, wie angesichts der engen Bindung des Reiches an die Doppelmonarchie im »Zweibund« – anders als vor 1879 – zu befürchten war, ein Zurückschlagen der Gegensätze zwischen den Großmächten von der Peripherie, vor allem vom Balkan, zum Zentrum Europas deutlich ab. Die nach den Randbereichen abgelenkten Spannungen verlängerten sich infolge der festen Koppelung der beiden Mittelmächte aneinander gleichsam bis an die deutschen Grenzen. Es zeigte sich außerdem, daß die Konflikte an der Peripherie, zumal da das Reich unmittelbar gar nicht beteiligt war und nur mittelbar regulierend wirken konnte, von Berlin aus viel schwerer unter Kontrolle zu halten waren als eine direkte Konfrontation des Reiches mit seinen Nachbargroßmächten. Die Bedeutung der Krise von 1885 an mit dem Höhepunkt im Herbst 1887 liegt für die Bismarcksche Außenpolitik darin, daß der Kanzler erkennen mußte, daß sich die seit 1875 durchgehaltene Linie langfristig kaum mehr fortsetzen ließ, jedenfalls ein so großes Risiko damit verbunden war, daß diese Lösung für eine Steuerung schwerer internationaler Krisen und für die Abwendung eines großen Krieges ungeeignet war.

Klar war, daß die seit 1879 verfolgte taktische Zielsetzung, auf der Basis von »Zweibund« und »Dreikaiservertrag« sowohl mit Österreich-Ungarn als auch mit Rußland und, soweit wie möglich, auch mit Frankreich gegen England zusammenzugehen, nicht mehr durchzuhalten war, daß England wieder als »positiver« Faktor in die eigene Politik mit einbezogen werden mußte. Bismarcks unmittelbare Reaktion auf die von Bulgarien ausgehende Krise bestand in dem raschen Abbruch der in der ruhigen Phase der europäischen Politik tastend eingeleiteten, das Reich zögernd und unter Vorbehalt erstmals in die »Weltpolitik« hinausführenden kolonialpolitischen Aktivitäten in der damit verbundenen und hierfür kennzeichnenden Frontstellung gegen England, wenn sich auch der von Bismarck nun gewünschte Rückzug des Reiches aus Afrika und die erneute Beschränkung auf Europa nicht mehr voll verwirklichen ließen.

In der Doppelkrise der Jahre 1885–1887 verknüpfte sich das Aufbrechen eines neuen Balkankonflikts zwischen den deutschen Partnern des »Dreikaiservertrages«, Rußland und Österreich-Ungarn, über ihre trotz aller Anläufe und trotz aller entsprechenden Vorschläge Bismarcks nie klar abgegrenzten Einflußsphären auf dem Balkan (ein Konflikt, der sich in Verbindung mit zeitlich damit zusammenfallenden außenhandelspolitischen Entscheidungen auf deutscher und russischer Seite zu der schwersten Belastung im deutsch-russischen Verhältnis seit der Reichsgründung verschärfte) mit der teils von Bismarck aus innenpolitischen Motiven hochgespielten, teils das deutsch-französische Verhältnis tatsächlich verschlechternden Boulanger-Krise in Frankreich.

Die Wirren in und um Bulgarien, die aus der »Verselbständigung« der Politik des Fürsten von Bulgarien, Alexander von

Battenberg, gegenüber dem »Protektor« Rußland entstanden, gewannen internationale Bedeutung durch den Kurswechsel der russischen Politik gegenüber Bulgarien, der eine Positionsänderung der britischen Politik sofort nach sich zog. Hatte Rußland über den erzwungenen Rückzug während des Berliner Kongresses hinaus gemeint, daß Bulgarien, das dem Zaren ja seine »Befreiung« verdankte, ein willfähriges Werkzeug der russischen Balkanpolitik sein würde, dessen Ziel der Wiedervereinigung mit Ost-Rumelien der russischen Sache zugute kommen würde, so wandte sich die Petersburger Regierung gegen eben dieses Ziel, als offenkundig wurde, daß Alexander von Battenberg die russische Bevormundung abzuschütteln und eine im Eigeninteresse Bulgariens selbst liegende Politik zu betreiben versuchte. Der russischen Behinderung entsprach die nun plötzlich einsetzende Förderung der bulgarischen Wiedervereinigung durch Großbritannien, das sich offen hinter das im September 1885 handstreichartig geglückte Unternehmen stellte und damit zugleich auch gegen die Türkei Stellung bezog. Wollte Rußland nicht einen militärischen Zusammenstoß mit Großbritannien riskieren, der wegen der gleichzeitigen Spannungen um Afghanistan an zwei Fronten hätte geführt werden müssen, blieb im Grunde nur die Resignation gegenüber der weiteren Entwicklung in Bulgarien. Die – wie es damals schien – vollständige Verdrängung des russischen Einflusses auf dem Balkan bot nun aber für Österreich-Ungarn eine Chance, in das vermeintliche »Vakuum« hineinzustoßen und seine Interessensphäre über Serbien hinaus bis Bulgarien auszuweiten, ohne daß – wie es der 1884 erneuerte und präzisierte »Dreikaiservertrag« vorsah – zuvor eine Abstimmung oder Absprache mit Rußland erfolgte. Der »Stellvertreterkrieg« Serbiens gegen Bulgarien, mit dem die Überleitung Bulgariens in die österreichische Einflußsphäre in die Wege geleitet werden sollte, wurde indessen zum Fehlschlag. Statt daß die Serben nach Sofia vorstießen, drangen die Bulgaren in Richtung Belgrad vor. Österreich war daher genötigt, die Karten offen auf den Tisch zu legen, indem es politisch zugunsten Serbiens intervenierte und für den Fall einer Fortsetzung des Krieges mit einem militärischen Eingreifen gegen Bulgarien drohte. Obwohl Rußland nach der Vorgeschichte um Alexander von Battenberg keinen vollen Erfolg Bulgariens wünschte, stellte das eigenmächtige Handeln Österreich-Ungarns

– ohne auch nur den Versuch einer Konsultation mit Rußland zu unternehmen – einen Affront gegenüber dem Zarenreich dar, das in der so entstandenen Lage nur den »Dreikaiservertrag« für »tot« erklären konnte.

Bismarck hatte große Anstrengungen unternommen, um diese Wendung zu verhindern, ein eigenmächtiges Vorgehen Österreich-Ungarns auszuschließen und eine Vereinbarung zu zweit oder zu dritt vor jeder Aktion zustande zu bringen. Die Wiener Regierung hatte sich jedoch – trotz des Hinweises Bismarcks, daß das Deutsche Reich einen aus einem selbständigen Handeln der Habsburger Monarchie resultierenden Krieg mit Rußland nicht als Bündnisfall für den »Zweibund« betrachten würde – nicht von ihrer Intervention abhalten lassen. Rußland andererseits war zu einer schnellen militärischen Reaktion, die die Situation auf dem Balkan zu seinen Gunsten hätte wenden können, nach wie vor nicht fähig, so daß der politische Erfolg Österreichs – Bulgarien mußte zurückstecken – unangefochten blieb. Die Lage verbesserte sich sogar noch weiter zugunsten Österreichs und Englands, die jetzt offen zusammenspielten, als sich die Türkei unter britischem Druck zur Hinnahme des fait accompli in Ost-Rumelien bereit fand.

Die eigentliche Gefahr drohte nicht regional in Südosteuropa, sondern durch eine Veränderung der Konstellation in der europäischen Mächtepolitik insgesamt. Eine Annäherung Rußlands an Frankreich sowie ein russischer Aufmarsch an der Westgrenze gegenüber Galizien und den preußischen Ostprovinzen konnte die von deutscher Seite immer als latent unterstellte Zweifrontensituation aktualisieren. Bulgarien war lediglich der Bezugspunkt, von dem aus die Eskalation in der Krise zwischen den Großmächten vorangetrieben werden konnte. Rußlands Versuch, durch ein Vorgehen gegen die Person Alexanders von Battenberg das Heft in Bulgarien wieder in die Hand zu bekommen, endete damit, daß der »westliche« Einfluß wuchs und in der Wahl Ferdinand von Coburgs zum Fürsten von Bulgarien im September 1887 offenkundig wurde. Auf dem Höhepunkt der Krise um den Battenberger hatte der österreich-ungarische Außenminister v. Kalnoki im November 1886 erklärt, daß die Habsburger Monarchie niemals ein russisches Protektorat über Bulgarien hinnehmen würde. Damit entfernte sich Kalnoki eindeutig von der Linie Bismarcks, der mehrfach seinen Standpunkt bekräftigt hatte, daß er Bulgarien – den Bestimmungen des Berliner Vertrages entsprechend – als russischen Einflußbereich betrachte, in den sich die übrigen Mächte nicht einmischen sollten. Trotz dieser pro-russischen Bekundungen Bismarcks, die allerdings keineswegs mit der dominierenden Strömung in der deutschen öffentlichen Meinung übereinstimmte, wurde in der Petersburger Gesellschaft und in der russischen politischen Publizistik die Niederlage des Zarenreiches in der Bulgarien-Krise nicht in erster Linie Österreich-Ungarn und England angelastet, sondern dem Deutschen Reich, ohne dessen Rückendeckung die Wiener Regierung – wie man meinte – es niemals gewagt hätte, Rußland so offen herauszufordern. Die immer schmalere Basis der traditionellen außenpolitischen Orientierung Rußlands zu Preußen hin wurde seit der Ermordung Alexanders II. (1881) kaum noch von seinem Nachfolger Alexander III., sondern vornehmlich nur noch von dem gesellschaftlich isolierten Außenminister Giers und einem Kreis von Diplomaten der alten Schule abgestützt. Die dominierende Tendenz in der öffentlichen Meinung wurde von nationalistischen Strömungen bestimmt, die ein Zusammengehen Rußlands mit Frankreich trotz aller Gegensätze der Staats- und Gesellschaftsordnung für dringend geboten trachteten, um durch ein Bündnis von »Slawen« und »Romanen« die Hegemonie der »Germanen« abzuwenden. Hauptexponenten dieser auf ein Bündnis des Zarenreiches mit dem republikanischen Frankreich zielenden »Bewegung« waren der führende Publizist der einflußreichen »Moskauer Zeitung« Katkov und der Oberprokurator des Heiligen Synods der russisch-orthodoxen Kirche Pobedonoscev, der starken Einfluß auf Alexander III. ausübte.

Die Veränderung der innenpolitischen Szene in Frankreich seit dem Sturz des Ministerpräsidenten Jules Ferry, der durch sein Zusammengehen mit Bismarck die französische Kolonialexpansion in Nordafrika und in Indochina vorangetrieben hatte, unter antideutschen Parolen im März 1885 schien der von der Warte der russischen nationalistischen Publizistik gewünschten Entwicklung zu entsprechen. Die Ernennung des Generals Boulanger zum Kriegsminister gab solchen Hoffnungen auf russischer beziehungsweise Befürchtungen auf deutscher Seite besondere Nahrung. Auf deutscher Seite wurde sie, vor allem von Bismarck selbst, aus innen- und außenpolitischen Gründen (um die seiner

Politik zuwiderlaufenden anti-russischen Tendenzen in der deutschen Öffentlichkeit abzuschwächen und in eine anti-französische Richtung zu drängen) bewußt hochgespielt. Wenn zweifellos auch in dieser Zeit (1885–1887) die nationalistischen anti-deutschen Emotionen in Teilen der französischen Öffentlichkeit gegenüber der ruhigen Phase davor (seit 1877/78) erheblich zunahmen, so fand sich doch für einen von Boulanger befürworteten Revanche-Krieg weder im Ministerium noch im Parlament je eine Mehrheit, nicht einmal eine ins Gewicht fallende Minderheit. Dies zeigte sich klar auf dem Höhepunkt der – wenn man sie so nennen will – »realen« Boulanger-Krise während des sogenannten Schnaebele-Zwischenfalls im April 1887: Der Freilassung des auf deutschem Boden verhafteten französischen Agenten Schnaebele auf Intervention Bismarcks war die Entscheidung auf französischer Seite gegen Boulanger schon vorausgegangen. Seine Forderung nach einem Ultimatum an Deutschland zwecks Freilassung Schnaebeles war im Ministerrat ohne Echo geblieben. Ein Kabinettswechsel kurz darauf bot Gelegenheit, ihn aus der Regierung ausscheiden zu lassen. Der außerparlamentarischen Bewegung, die sich daraufhin um seine Person bildete, blieb ein dauerhafter Erfolg versagt. Eine weitaus stärkere Belastung für das deutsch-französische Verhältnis wurde die Art und Weise, wie auf deutscher Seite im Zusammenhang mit dem Auftreten Boulangers argumentiert und agitiert wurde. Bismarck begründete die aus anderen Motiven für notwendig erachtete Verstärkung des Heeres mit den »Revanche«-Parolen des Boulangismus und suchte auch mit Erfolg die im Februar 1887 fälligen Reichstagswahlen durch Aufputschen der antifranzösischen Stimmung in Deutschland zugunsten einer gouvernementalen Mehrheit (Ergebnis war der »Kartell«-Reichstag mit einer Mehrheit aus Konservativen und Nationalliberalen) zu beeinflussen. In den Reden Bismarcks in dieser Zeit wurde die Lage so dargestellt, als sei die große Krise nicht aus dem österreichisch-russischen Konflikt, sondern aus dem Auftreten Boulangers und des verstärkten Revanchismus in Frankreich erwachsen. Das realiter viel ernster bedrohte deutsch-russische Verhältnis durfte wegen des delikaten geheimen »Dreikaiservertrages« von der Regierung aus nicht zum Gegenstand öffentlicher Auseinandersetzungen gemacht werden. Mit anderen Worten: Die Neben- und die Hauptkrise wurden in den öffentlichen Bekundungen Bismarcks ausgewechselt; die tatsächliche Lage wurde vernebelt. Die in den Jahren der Zusammenarbeit im kolonialen Bereich zurückgedrängten Emotionen gegen den »Erbfeind« Frankreich traten nun mit Vehemenz wieder heraus.

Eine Äußerung wie die des führenden Nationalliberalen Bennigsen, »dieser zweite Krieg mit Frankreich über Elsaß-Lothringen ist und bleibt eine geschichtliche Notwendigkeit; nur nachdem derselbe siegreich durchgeführt ist, wird der deutsche Nationalstaat dauernd gesichert sein«, zeigt, bis zu welchem Grade sich die Zwangsvorstellung der »Notwendigkeit« eines neuen deutsch-französischen Krieges bereits verfestigt hatte.

Im Bereich der »großen Politik« war selbstverständlich die Ostgefahr für Bismarcks Handeln bestimmend. Ein wesentlicher Teil seiner »Eindämmungspolitik« bestand in Anstrengungen, das Zusammenwirken von England und Österreich-Ungarn zu fördern und nach Möglichkeit in vertragliche Formen zu bringen, dabei selbst aber, um den »Draht nach Petersburg« nicht abreißen zu lassen, im Hintergrund zu bleiben. Eine erste Etappe auf dem wechselvollen Weg dorthin war das durch erheblichen Druck auf England (unter Ausnutzung der britisch-französischen und britisch-russischen Spannungen) zustande gebrachte Abkommen zwischen England und Italien (Notenwechsel im Februar 1887), das in seiner Konsequenz, insbesondere durch den Hinzutritt Österreichs im März 1887, in Bismarcks Sicht einer – Deutschland zu nichts verpflichtenden – Heranziehung Englands an die Mittelmächte gleich kam. Indem sich England in diesem Abkommen zur Hilfeleistung für Italien im Falle eines Zugriffs Frankreichs auf das von Italien begehrte Libyen bereit erklärte, hatte die britische Regierung – nach den Maßstäben für britische Verpflichtungen gegenüber Kontinentalmächten geurteilt – eine recht weitgehende Festlegung im Sinne eines antifranzösischen, dem »Dreibund« zugute kommenden Kurses getroffen. Vor diesem Hintergrund der Hinzuziehung Englands wird Bismarcks Nachgeben gegenüber dem Drängen Italiens, auch eine deutsche Bündniszusage für den genannten Fall einer französischen Aktion in Nordafrika zu erhalten, verständlicher, obwohl sich, wie erwähnt, mit dieser und der weiteren Zusage an Italien, im Falle territorialer Gewinne Österreich-Ungarns auf dem Balkan Kompensationen zuzugestehen, der Charakter des »Dreibundes« seit seiner Erneuerung im Mai 1887 erheblich wandelte. Bismarck glaubte die Zusage hinsichtlich einer Hilfeleistung in Nordafrika geben zu können, weil er England in diesem Falle an der Seite Italiens und damit Deutschlands wußte, so daß ein Krieg unter diesen Bedingungen höchst unwahrscheinlich war.

Die vorübergehend günstige Konstellation für den »Dreibund« im Mittelmeer veranlaßte auch Spanien, an die Gruppe der Mittelmächte heranzurücken, indem es sich Anfang Mai 1887 in einem Notenaustausch mit Italien der gegen eine weitere Expansion Frankreichs in Nordafrika gerichteten Absprache anschloß. Sie wurde auch von den beiden Mittelmächten bestätigt.

Die Bemühungen um eine Heranziehung Englands an den »Dreibund« waren für Bismarck nur eine, nicht die wichtigste Seite bei seinen Anstrengungen, die Krise auf dem Balkan einzudämmen. Parallel dazu liefen seit dem Herbst 1886 Bemühungen, um mit Rußland eine Ersatzlösung für die nicht mehr mögliche Erneuerung des 1887 auch formal auslaufenden »Dreikaiservertrages« zu finden. In den unter äußerster Geheimhaltung geführten, im Februar/März 1887 mehrere Wochen lang unterbrochenen Verhandlungen schälte sich als einzige Möglichkeit ein geheimer zweiseitiger deutsch-russischer Vertrag heraus. Die Initiative hierzu war von russischer Seite ausgegangen, doch war Bismarck in noch stärkerem Maße daran interessiert, die vertraglichen Bindungen zwischen Deutschland und Rußland nicht abreißen zu lassen. Unter größten Schwierigkeiten in den Verhandlungen, die vor allem durch die deutschen außenhandelspolitischen Maßnahmen in dieser Zeit belastet wurden (s. unten), gelang es schließlich, am 18. 6. 1887 den sogenannten »Rückversicherungsvertrag« abzuschließen. In seinem Kern stellte er die Zusage wohlwollender Neutralität Rußlands im Falle eines von Frankreich gegen Deutschland provozierten Krieges sowie diejenige Deutschlands im Falle eines von Österreich gegen Rußland provozierten Krieges dar. Da der erstere Fall der wahrscheinlichere war, lag der Vorteil – jedenfalls dem Vertragstext nach (die Wirklichkeit in einem solchen Fall, sofern er überhaupt eintrat, wurde auch von Bismarck anders beurteilt) – bei Deutschland, das daher in dem »ganz geheimen Zusatzprotokoll« weitgehende Konzessionen machte, indem es »moralische« und »diplomatische« Unterstützung für den Fall zusagte,

 daß der Zar »sich in die Notwendigkeit versetzt sehen sollte, zur

Wahrung der Interessen Rußlands selbst die Aufgabe der Verteidigung des Zugangs zum Schwarzen Meer zu übernehmen«, und Maßnahmen »für notwendig halten sollte, um den Schlüssel seines Reiches in der Hand zu behalten«.

Der »Rückversicherungsvertrag« gewinnt seinen zeitaktuellen »Stellenwert« indessen erst, wenn man ihn einerseits im Zusammenhang mit den außenhandelspolitischen Entscheidungen und andererseits mit den militärischen Erwägungen in Deutschland im Zusammenhang sieht.

Die seit der wirtschaftspolitischen (und gesamtpolitischen) Wende 1878/79 zunehmend verschlechterten außenhandelspolitischen Beziehungen zwischen dem Deutschen Reich und Rußland sind in jüngster Zeit durch Studien von *Helmut Böhme* und *Hans-Ulrich Wehler* verstärkt in den Blickpunkt gerückt worden. Böhme knüpft an die bekannte These *H. O. Meisners* an, der konstatiert hatte: »Seit der Option von 1879 gehen die Schicksalslinien der beiden Länder wie von höherer Gewalt gezeichnet unabänderlich auseinander.« Er sieht die Ursachen der wachsenden deutsch-russischen Entfremdung als Folge »der einander ausschließenden Interessen der russischen und deutschen Agrarier und Industriellen im Bereich von Roggen, Weizen, Hafer, Gerste, Eisenbahnmaterial, Maschinen und Textilien«. In der Situation von 1887, als im diplomatisch-politischen Bereich auf russische Initiative hin der Rückversicherungsvertrag ausgehandelt und schließlich unterzeichnet wurde, eröffnete die deutsche Seite einen zweiten Schauplatz der Auseinandersetzung mit Rußland. Die vom Unterstaatssekretär im Auswärtigen Amt Graf Berchem konzipierte Initiative zielte darauf, »durch wirtschaftlichen Druck auf das Zarenreich über den geheimen Vertrag hinaus ein politisch-ökonomisches Agreement zu erhalten, um die deutsche Marktstellung abzusichern oder, gelang dies nicht, eine klare Entscheidung der deutschen Politik für – wie Berchem es nannte – ›Mitteleuropa‹, zugunsten eines Ausbaus der deutsch-österreichischen Freundschaft in einer mitteleuropäischen Zollunion, herbeizuführen«. Der Zweifel, daß ersteres gelingen könne, wurde durch den Staatssekretär des Auswärtigen Herbert von Bismarck mit seinem Kommentar »Wir müssen uns auf einen Bruch mit Rußland einstellen« verstärkt. Der Kanzler selbst sah einer solchen Möglichkeit »mit und ohne Vertrag« ins Auge. Der Versuch, durch ein Lombardverbot im November

1887 »und damit die Vernichtung des russischen Kredits an der Berliner Börse« eine Entscheidung Rußlands für ein umfassenderes Arrangement zu erzwingen, als es der Rückversicherungsvertrag darstellte, schlug fehl, ja erwies sich als Bumerang, da Frankreich nun die Chance erhielt, mit der Finanzierung der russischen Rüstung und mit der Kreditgewährung für die russische Wirtschaft die Grundlage für eine Verbindung zwischen den beiden Mächten zu legen, die bisher auf dem Wege über tatsächliche oder vermeintliche Gemeinsamkeiten der allgemeinpolitischen Zielsetzung nicht zustande gekommen war.

In einen erheblich weiteren Rahmen stellt *Wehler* die Krise der deutsch-russischen Beziehungen 1887: »Die deutsche Expansionspolitik, die nach einem ersten Auftakt in Ostasien am Ende der 1850er Jahre genau 20 Jahre später an Schwung gewann, ist eng mit den wirtschaftlichen Wachstumsproblemen nach dem Durchbruch der Industriellen Revolution in Deutschland (1834/1850 bis 1873) verknüpft. In das Gehäuse einer weithin noch traditional organisierten Gesellschaft drang die fortgeschrittenste Technologie des Westens, die neue industrielle Welt mit damals beispielloser Geschwindigkeit ein, und auch in Deutschland warf dieses rapide, aber ungleichmäßige Wachstum gravierende ökonomische, aber auch gesellschaftliche und politische Probleme auf ... Auf die Hochkonjunkturperiode von 1850 bis 1873 folgte nach der zweiten Weltwirtschaftskrise (1873) eine bis 1896 andauernde Phase der Hochindustrialisierung mit lang anhaltenden Wachstumsstörungen (den drei industriellen Depressionen von 1873 bis 1879, 1882 bis 1886, 1890 bis 1895 und der strukturellen Agrarkrise seit 1876).«

Dieser deutschen Entwicklung hinkte die russische nach: »Was der dritte revolutionäre Ausbruch von 1848 für die europäischen Staaten bedeutete, das stellte vielleicht vergleichsweise, seiner Wirkung nach, der verlorene Krimkrieg für Rußland dar. Vor allem löste hier die Niederlage einen historisch folgereichen Prozeß der Modernisierung von oben aus; denn im Bewußtsein der zaristischen Führungsschichten setzte sich der Schock der Demütigung in einen Zwang zum reformerischen Umbau von Wirtschaft, Gesellschaft und Staat um, wie schleppend er auch immer bis Witte verlaufen mochte. Nur auf diesem Wege glaubten ihre entscheidenden Kräfte, eine zukunftverheißende Entwicklung Rußlands, damit auch seinen hohen Rang unter den Großmächten noch sichern zu können ... Diese Modernisierung von oben erforderte, abgesehen von der Überwindung zahlloser anderer Hindernisse, die dieser friedlichen Revolution im Gehäuse des autokratischen Zarismus entgegenstanden, vor allem eins: Geld und nochmals Geld, sie mußte kurz- und langfristig finanziert werden ... Der russische Agrarexport trug ... in hohem Maße dazu bei, die Industrialisierung zu bezahlen. Seine Exporterlöse bildeten einen der Stützpfeiler der Brücke, die aus der traditionalen in die industrielle Gesellschaft Rußlands hinüberführen sollte ... Zweitens mußte anstelle des ganz ungenügenden Eigenkapitals ausländisches Kapital substituiert, mithin vom Staat oder von Privatunternehmungen geliehen beziehungsweise importiert werden.« Staatsintervention, Agrarexport und Kapitalimport waren »auf das engste miteinander verknüpft«.

In den achtziger Jahren kreuzten sich gleichsam die deutsche und die russische ökonomische Entwicklung. »Angesichts der russischen Abhängigkeit vom Agrarexport bedeutete das deutsche Schutzzollsystem von 1879, durch das erstmals wieder, vom Januar 1880 ab, Agrarzölle in Europa eingeführt wurden, einen harten Schlag, da das russische Getreide unter den deutschen Importen zu dieser Zeit und auch im folgenden Jahrzehnt eindeutig dominierte. Die deutschen Agrarzollsätze wurden im Februar 1885 durchweg verdreifacht und im März 1887 noch einmal um fast das Doppelte angehoben.« Letztere traf Rußland »besonders empfindlich: nämlich am Ende mehrerer Krisenjahre, angesichts fallender Weltmarktpreise für sein Getreide, aber auf der Vorstufe seiner industriellen Revolution mit gleichsam potenzierter Abhängigkeit vom Kapitalzufluß durch Agrarausfuhr und Anleihen«. Das Lombardverbot vom November 1887 stellte in diesem Zusammenhang eine zweite Kampfmaßnahme dar: »Ein neben dem Agrarexport für das russische industriewirtschaftliche Wachstum zentraler Nervenstrang wurde von Berlin aus durchschnitten.« Wehler sieht die außenhandelspolitische Entscheidung vom November 1887 in Verbindung mit den – gleich noch näher darzulegenden – Präventivkriegsplänen des Generalstabes: Den Verfechtern eines Präventivkrieges gegen Rußland wurde »durch den finanzpolitischen Präventivschlag eine gewisse Konzession gemacht, ihre Argumentation, daß zumindest die strategisch wichtigen russischen Westbahnen nicht mit deutschen Kapital gebaut werden dürften, und ihr Drängen auf den heißen Krieg hin gewissermaßen entschärft«. Böhme und Wehler konnten nachweisen, daß die soziale und innenpolitische Konstellation Bismarck zwang, die risikovollen finanz- und außenhandelspolitischen Entscheidungen gegen Rußland zu treffen, obwohl diese seinem politischen Ansatz widersprachen. Der Kanzler hielt indessen dem Druck der – nicht nur die Führung des Generalstabes, sondern auch die wichtigsten hohen Beamten des Auswärtigen Amtes, Diplomaten und große Teile der öffentlichen Meinung umfassenden – anti-russischen »Kriegspartei« stand und versagte sich dem damals durchaus populären Drängen auf einen »Präventivkrieg« gegen Rußland. Wie früher erwähnt, hatte der Chef des Generalstabes, Feldmarschall von Moltke, bei den Operationsstudien und -planungen für den Fall eines – als sicher unterstellten – Zweifrontenkrieges seit April 1871 zunächst den Schwerpunkt der deutschen Kriegführung für die Anfangsphase in den Westen, zur möglichst raschen Niederwerfung Frankreichs gelegt (die Moltke trotz der Erfahrungen des zweiten Teils des deutsch-französischen Krieges von 1870/71 innerhalb von drei Wochen für erreichbar hielt). Mit dieser Planung hatte Bismarck unter politischen Gesichtspunkten übereingestimmt, da er in Frankreich den Hauptfeind sah, mochte der Anlaß für den Krieg auch im Osten liegen, und da somit eine Kompromißlösung mit Rußland nach dem »Ausfall« Frankreichs offen blieb. Hinzu kam, daß bei diesem Operationsansatz in Friedenszeiten deutsch-österreichische Militärabsprachen überflüssig waren. Für deutsch-österreichische Vereinbarungen über eine Weiterführung des Krieges gegen Rußland, falls dieses nach der Niederwerfung Frankreichs wider Erwarten nicht zum Kompromiß bereit sein sollte, war nach Kriegsbeginn immer noch Zeit. Hingegen fürchtete Bismarck, daß auch nur eine generalstabsmäßige Erörterung offensiver deutsch-österreichischer Planungen gegen Rußland in Gestalt von Routine-Studien eine aktive, auf die Auslösung dieses Kriegsfalles hinzielende Politik der Habsburger Monarchie fördern, wenn nicht gar initiieren könnten. Dieses infolge der Schwerpunktbildung zunächst im Westen vorerst abgewendete Problem stellte sich mit voller Schärfe seit Dezember 1878, nachdem Moltke unter dem Eindruck der Modernisierung der französischen Armee sowie der wesentlichen Verbesserung des französischen Verteidigungssystems die Überzeugung gewonnen hatte, daß die bisherige Reihenfolge: zunächst Schwerpunkt im Westen gegen Frankreich, danach erst Wendung nach Osten gegen Rußland unter militärstrategischen und militärtechnischen Gesichtspunkten nicht mehr realisierbar war, vielmehr die Notwendigkeit bestand, bei einem Zweifrontenkrieg nunmehr zunächst im Westen defensiv zu bleiben, im Osten hingegen den Krieg durch eine deutsche – und österreichisch-ungarische – Offensive zu eröffnen. Eine schnelle Entscheidung gegen Rußland schien ihm wegen des schwerfälligen russischen Militärapparats, der seine Schwächen gerade im russisch-türkischen Krieg 1877/78 offenbar hatte, möglich, ja wahrscheinlich. Während Moltke jetzt – gleichsam sachlogisch – auf deutsch-österreichische Militärbesprechungen schon im Frieden mit dem Ziel eines gemeinsamen deutsch-österreichischen Operationsplanes gegen Rußland drängte, lehnte Bismarck auf Grund seiner Erfahrungen mit der offensiven Politik Österreich-Ungarns in der großen Balkankrise 1875–1878 und gerade wegen des in Vorbereitung befindlichen, 1879 zustande kommenden »Zweibundes« diese Forderung mehr denn je ab. (Auf Grund des ausschließlich gegen Angriffsabsichten Rußlands gerichteten »Zweibundes« gab es in der Bismarck-Zeit niemals offizielle deutsch-österreichische Militärbesprechungen, wohl aber auf Grund des gegen Angriffsabsichten Frankreichs gerichteten »Dreibundes« solche der drei Partnerstaaten.) Die Gefahr, daß der defensive Charakter des »Zweibundes« durch solche Militärkontakte gleichsam unter der Hand auf dem Wege über militärische Offensivkonzeptionen auch eine offensive politische Stoßrichtung erhielt, war als Folge der Balkankrise wesentlich größer geworden.

Während sich Moltke in den ruhigen Jahren nach 1880 damit abfand, daß Bismarck sich seinen Forderungen versagte, trat sein Stellvertreter, der Generalquartiermeister Graf Waldersee, bereits 1882 mit einer Denkschrift hervor, in der er eine »Aktivierung« des deutschen Bündnisses mit Österreich-Ungarn anregte und offen vorschlug, in einer Krisensituation bei günstiger Gesamtkonstallation einem eventuellen späteren Angriff Rußlands auf die Mittelmächte durch einen »Präventivschlag« zuvorzukommen. Dieser von Waldersee damals zunächst theoretisch erörterte Fall schien im Herbst 1887 in der neuen großen Balkankrise um Bulgarien eingetreten. In einer weiteren Denkschrift plädierte Waldersee nun für eine Offensive der Mittelmächte gegen Rußland. Moltke selbst forderte am 30. 11. 1887 ebenfalls, »gegen Rußland angriffsweise vorzugehen«: »Nur wenn wir frühzeitig losgehen, werden uns, wie die Verhältnisse nun einmal liegen, günstige Chancen begleiten. Der Winter steht einem Angriffskrieg gegen Rußland, und nur ein solcher bietet uns Chancen, nicht im Wege. Im Gegenteil wird der Frost die Wegbarkeit des Kriegsschauplatzes erhöhen und die Möglichkeit bieten, die Stellungen der Russen zu überrunden.« Im Auswärtigen Amt vertraten Graf Berchem, der geheime Rat von Holstein, Radowitz und andere Beamte in Schlüsselpositionen die gleiche Auffassung. Staatssekretär Herbert von Bismarck nahm eine Mittelstellung ein. Für ihn hatte bereits der »ziemlich anodyne« Rückversicherungsvertrag nur bedeutet, daß er »uns im Ernstfall die Russen wohl noch sechs bis acht Wochen länger vom Halse als ohnedem« halte; »das ist doch etwas wert«. Jetzt meinte er, »es sei ja möglich, daß jene Abmachung nur getroffen sei, um uns die Hände zu binden, bis Rußland mit seiner Bewaffnung und Flotte fertig sei«. Der Kanzler aber hielt an der Ablehnung jedes Präventivkrieges fest und blieb damit bei der kurz nach 1871 eingenommenen Grundhaltung. Daran konnten auch die von Österreich ausgehenden »Fühler« nichts ändern. Vor allem die militärische Führung Österreich-Ungarns drängte auf ein Losschlagen und suchte über den deutschen Militärattaché in Wien, v. Deines, Einfluß auf die deutsche Haltung zu gewinnen. Die Frage, wie weit die Initiativen von österreichischer Seite ihren Ursprung in Berlin bei den auf den Krieg hindrängenden Kräften im Auswärtigen Amt hatten, ist umstritten. Die These *Helmut Krausnicks,* daß eine an Bismarck vorbei geführte »Geheimpolitik« Holsteins Österreich zu einer offensiven Balkanpolitik ermuntert hätte, ist von *Günter Richter* zunächst verworfen worden; doch hat er sich indirekt später der Position Krausnicks genähert. Demnach kann eine Mehrgleisigkeit der von Berlin ausgehenden Willensbekundungen kaum übersehen werden. Immerhin waren die Kontakte zwischen den beiden Generalstäben so weit vorangetrieben worden, daß Moltke Bismarck im Dezember 1887 die Aufnahme offizieller Besprechungen vorschlug. Zwar wies der Kanzler unter vertraulicher Mitteilung des Rückversicherungsvertrages dieses Drängen des Generalstabschefs zurück, doch liefen die Kontakte zwischen dem deutschen und dem österreich-ungarischen Generalstab auf mittlerer Ebene weiter. Im Februar 1888 legte Moltke in dem letzten von ihm ausgearbeiteten Operationsplan wieder den Schwerpunkt in der ersten Kriegsphase in den Osten: ein sofortiger Offensivebeginn mit einem Drittel des deutschen Heeres und mit dem österreichischen Heer sollte die Entscheidung gegen Rußland innerhalb weniger Wochen herbeiführen. Allerdings wurde dieser Plan auf Grund der strikt ablehnenden Haltung Bismarcks dem österreichischen Verbündeten nicht mitgeteilt.

Zum Verständnis der Situation des Herbstes 1887 ist nun wesentlich, daß nicht nur Militärs, Beamte des Auswärtigen Amtes und Diplomaten – gleichsam hinter den Kulissen – einen deutschen Präventivkrieg gegen Rußland befürworteten, sondern daß in der gleichen Zeit die Parteien der politischen »Linken« und ihre Presse aus ideologischen Gründen, aus ihrem Engagement gegen die zaristische Autokratie heraus, das Gleiche offen propagierten. Bereits im Sommer 1886, als Rußland nach dem Verzicht Alexanders von Battenberg auf den bulgarischen Fürstenthron den letzten Versuch unternahm, sich Bulgarien als Einflußsphäre zu erhalten, verlangten die Zeitungen der Freisinnigen Partei eine scharfe Zurückweisung der russischen Ansprüche und eine fortgesetzte Steigerung der deutschen Forderungen gegen Rußland, an deren Ende ein Krieg gegen Rußland stehen müsse. Das »Berliner Tageblatt« erklärte hierzu, daß »ein gesunder Krieg einem so kranken Frieden« vorzuziehen sei. Bismarcks Zurückhaltung wurde heftig getadelt: »Wenn Deutschland sich auf eine so bescheidene Rolle in der Weltpolitik beschränken wolle, wie der Fürst Bismarck sie ihm zumute, dann hätte sich das deutsche Volk die Ströme von Blut und Schweiß sparen können, welche dazu gehörten, das Deutsche Reich zu gründen.« Neben den Liberalen betrachteten auch das Zentrum und die Sozialdemokraten den Krieg gegen das zaristische Rußland als unvermeidlich, bejahten ihn und wollten ihn zum Sturz der reaktionären Vormacht mit der Hoffnung auf nachfolgende grundlegende Veränderungen in ganz Europa nutzen. Eine höchst heterogene, aber sehr breite Front von Militärs, hohen Staatsbeamten, Diplomaten, insgesamt Vertretern der konstitutionellen Monarchie, und von Kräften der politischen Linken (bis zu den Mittelparteien) fanden sich somit aus unterschiedlichen Motiven

zusammen, um einem ideologischen Krieg, als »Präventivkrieg« firmiert, gegen Rußland das Wort zu reden.
Während die meisten deutschen Historiker nach der Edition der »Großen Politik der europäischen Kabinette 1871–1914« unter dem Eindruck des verlorenen Weltkrieges 1914/1918 die auf eine Aufrechterhaltung des »Drahtes« nach Petersburg und die Wahrung des Friedens gerichtete Politik Bismarcks in der Krise von 1887 rühmten und die Haltung seiner innenpolitischen Gegner in dieser Frage einer scharfen Kritik unterwarfen, wagte *Ulrich Noack* in seiner Dissertation, die 1929 unter dem aufsehenerregenden Titel »Bismarcks Friedenspolitik und das Problem des deutschen Machtverfalls« erschien, aus dieser »Einheitsfront« auszubrechen und unter der Devise, in der Krise von 1887 habe der große Staatsmann Bismarck unrecht und der unbedeutende Bürokrat Holstein recht gehabt, die Gegenthese zu entwickeln. Seiner Auffassung nach wurde mit dem Verzicht auf den Präventivkrieg gegen Rußland 1887 die eine der beiden überhaupt nur gegebenen Chancen, das Deutsche Reich langfristig zu sichern, verspielt. (Die zweite große Chance lag nach Noacks Auffassung während des Weltkrieges, und zwar 1915, als eine Konzentration aller deutscher Anstrengungen gegen Rußland – Eroberung der Ukraine – statt des von Falkenhayn zu verantwortenden Vorrangs des westlichen Kriegsschauplatzes die Entscheidung zu deutschen Gunsten ermöglicht hätte.) Statt die traditionelle, jedoch durch die Entwicklung in Rußland vollkommen überholte preußische Politik gegenüber dem Zarenreich allen Widerständen und Zweifeln zum Trotz fortzuführen, hätte ein entschlossenes Vorgehen gegen Rußland, gestützt auf den »Dreibund« und mit Rückendeckung durch Großbritannien, die Noacks Auffassung nach damals immer wieder von britischer Seite angeboten, von Bismarck jedoch zurückgewiesen wurde, getragen von dem (fast) einhelligen Willen der deutschen Nation, zumal bei einer auf eine Befreiung der Randländer (Polen, Baltische Provinzen, Ukraine) abzielenden Politik, zum Ziele geführt: erlöst vom Zweifrontendruck hätte sich Deutschland in einem erweiterten Mitteleuropa ungestört und ohne den Alptraum potentieller oder aktueller Bedrohung auch im Innern freier entfalten können. So, wie sich Bismarck entschied, überließ er seinen schwächeren und ohne seine Erfahrungen zum Handeln gezwungenen Nachfolgern eine Problematik, die angesichts des

gegen die deutsche Position in Mitteleuropa laufenden Trends, vor allem der von panslawistischen Tendenzen bestimmten russischen Politik, immer weniger lösbar erschien. Diese geistreiche Konstruktion einer möglichen anderen Entscheidung in der Krise von 1887 enthält mancherlei Prämissen, die sich bei näherer Prüfung als zweifelhaft erweisen. Dies trifft besonders für die unterstellte Bündnisabsicherung durch Großbritannien zu. Wohl gab es in den Jahren der bulgarischen Krise 1885–1887 manche Äußerung britischer Staatsmänner, vor allem Salisburys, die darauf schließen ließen, daß das Deutsche Reich bei der Abwehr eines russischen Angriffs auf Österreich-Ungarn mit Englands Unterstützung rechnen könne; auch konnten einige dieser Äußerungen auf deutscher Seite als sehr weitgehende Zusagen für einen solchen Fall gedeutet werden. Doch widersprach es schlichtweg den »british interests«, wenn statt der als bedrohlich betrachteten Expansion Rußlands nach Südosteuropa, zu dessen Abwendung sich ein britisches Engagement als erforderlich erweisen konnte, ein – wie straff oder »liberal« auch immer strukturiertes – deutsches »Ost-Imperium« entstand, das die bisher »halb-hegemoniale« Stellung des Deutschen Reiches in eine unbestrittene Vorherrschaft auf dem Kontinent verwandelte. Schließlich: Ob England »gezwungen« werden konnte, sich mit einem solchen Ergebnis eines »Präventivkrieges« gegen Rußland abzufinden, eine Wiederholung der Napoleonischen Situation also vermeidbar war, bleibt fraglich.

Konnte überhaupt mehr erreicht werden, als der durch einen Notenaustausch zwischen Großbritannien, Österreich und Italien am 12./16. 12. 1887 vereinbarte »Orientdreibund«, dem das Deutsche Reich zwar nicht offiziell angehörte, der aber doch mit nachdrücklicher Förderung durch Bismarck zustande gekommen war? Dieser neue Vertrag, der gerade wegen der Schwierigkeiten und Bedenken der britischen Regierung in der schwächstmöglichen Form gehalten wurde, konkretisierte und erweiterte die Absprache zwischen den drei Mächten vom Februar/März 1887 in nicht unerheblicher Weise, wurde doch nun als Ziel der Vereinbarung eindeutig die Erhaltung des Status quo im Orient »unter Ausschluß aller Kompensationspolitik« bezeichnet und die Unabhängigkeit der Türkei »als Hüterin wichtiger europäischer Interessen« als integraler Bestandteil der gemeinsamen Zielsetzung hervorgehoben. (Dies stand dem Wort-

laut nach eindeutig im Widerspruch zu dem geheimen Zusatzprotokoll des Rückversicherungsvertrages – doch diente Bismarcks Gesamtpolitik, allen solchen Widersprüchen zum Trotz, der Aufrechterhaltung des allgemeinen Friedens und damit – cum grano salis – der Wahrung des Status quo.) Im einzelnen hieß es, daß die Türkei nicht ihre Rechte über Bulgarien einer fremden Macht übertragen dürfe: »Die Türkei wird, da sie durch Verträge als Hüterin der Meerengen eingesetzt ist, weder einen Teil ihrer Souveränitätsrechte abzutreten in der Lage sein, noch ihre Autorität in Kleinasien einer anderen Macht übertragen können.« Mit anderen Worten: hier war die englische Interpretation der Meerengenbestimmungen des Berliner Vertrages von 1878 übernommen worden, die im Gegensatz zur russischen Interpretation es in die freie Wahl der Türkei stellte, ob sie die Meerengen für fremde Kriegsschiffe schloß oder nicht. Sie konnte der britischen Interpretation zufolge – darauf zielte das Ganze ja ab – die britische Mittelmeerflotte ins Marmarameer einlaufen lassen, der russischen Schwarzmeerflotte aber das Eindringen in den Bosporus verwehren. (Bismarck hielt einen russischen Vorstoß nach Konstantinopel, den er mit dem Hineintappen in eine Falle gleich setzte, überhaupt für höchst unwahrscheinlich.)
In jedem Falle war die Abstützung der Türkei gegen Rußland und die Abweisung jeden erneuten Festsetzens Rußlands in Bulgarien der eigentliche Zweck des »Orientbundes«. Die in der Krise im November 1887 offenkundig gewordenen strukturellen Schwierigkeiten im Verhältnis zu Rußland veranlaßten Bismarck, die behutsame Annäherung an England weiterzuverfolgen. Ein erster bedeutender Schritt auf dem Wege, der schließlich in das Bündnisangebot vom Januar 1889 einmündete, war Bismarcks Schreiben an Salisbury vom 22. 11. 1887, in dem er das Mißtrauen Englands gegenüber Frankreich zu schärfen suchte, um – als Fernziel – eine deutsch-britische Kombination mit Spitze gegen Frankreich vorzubereiten: »Frankreich und Rußland ... scheinen uns zu bedrohen: Frankreich, indem es den Traditionen der letzten Jahrhunderte treu bleibt ... und infolge des französischen Nationalcharakters; Rußland, indem es heute Europa gegenüber die für den europäischen Frieden beunruhigende Haltung einnimmt, welche Frankreich unter den Regierungen Ludwigs XIV. und Napoleons I. kennzeichnete. Es ist auf der einen Seite der slawische Ehrgeiz, der die Verantwortung

für diesen Zustand der Dinge trägt; andererseits muß man die Gründe für die herausfordernde Haltung Rußlands und seiner Armeen in den innerpolitischen Fragen suchen ... Angesichts dieser Sachlage müssen wir die Gefahr, unseren Frieden von seiten Frankreichs und Rußlands getrübt zu sehen, als eine beständige erachten ... Aber der Krieg gegen das vereinte Frankreich und Rußland würde, selbst angenommen, daß er als militärischer Erfolg ebenso ruhmvoll für uns endigen würde wie der Siebenjährige Krieg, immerhin ein so großes Unglück für das Land sein, daß wir versuchen würden, ihn uns durch eine freundschaftliche Verständigung mit Rußland zu ersparen, für den Fall, daß wir denselben *ohne* Bundesgenossen führen müßten ... Wir werden also einen russischen Krieg vermeiden, solange es mit unserer Ehre und unserer Sicherheit vereinbar ist und solange die Unabhängigkeit Österreich-Ungarns, dessen Bestand als Großmacht für uns eine Notwendigkeit allerersten Ranges ist, nicht in Frage gestellt (ist) ... Die deutsche Politik (wird) immer gezwungen sein, in die Reihe der Kämpfenden einzutreten, wenn die Unabhängigkeit Österreich-Ungarns durch einen russischen Angriff bedroht wäre oder England oder Italien Gefahr liefen, durch französische Heere überflutet zu werden.« Das hier noch vorsichtig-tastende, bald jedoch forcierte Werben um England leitete zur letzten Phase der Außenpolitik Bismarcks über.

5. Die Alternativen deutscher Außenpolitik am Ende der Bismarck-Zeit

Am 11. 1. 1889 erhielt der deutsche Botschafter in London, Graf Hatzfeldt, die Weisung, »die nächste Gelegenheit (einer) vertraulichen Besprechung mit Lord Salisbury zu benutzen«, um den Abschluß »eines Vertrages zwischen Deutschland und England zu sondieren, durch welchen sich beide Mächte für einen begrenzten Zeitraum zu gemeinsachftlicher Abwehr eines französischen Angriffs auf eine von beiden verpflichteten«. Vorgeschlagen wurde also ein deutsch-britisches Bündnis mit Spitze gegen Frankreich. Dabei strebte Bismarck einen öffentlichen Abschluß des Bündnisses und eine Ratifizierung durch die Parlamente beider Staaten an mit der Begründung, daß ein deutsch-britischer Geheimvertrag wohl beiden Mächten »Sicherheit für den günstigen Ausgang eines Krieges« bieten würde, hingegen der Krieg selbst sich nur verhindern lasse, wenn das deutsch-britische Bündnis in aller Öffentlichkeit vollzogen und von den Parlamenten und einer sehr breiten Mehrheit in beiden Nationen getragen würde. Die zögernde Antwort Salisburys gegenüber dem nach London entsandten Staatssekretär Herbert v. Bismarck lautete am 22. 3. 1889, daß »wir die Sache einstweilen auf dem Tisch liegen lassen wollen, ohne ja oder nein zu sagen: das ist unglücklicherweise alles, was ich zur Zeit tun kann«.

Wie ist dieser den Rahmen Bismarckscher Bündnispolitik sprengende Vorstoß in dem Zusammenhang seiner Außenpolitik der letzten Jahrzehnte einzuordnen? Wie schon erwähnt, hatte die Doppelkrise der Jahre 1885–1887 Bismarck deutlich gemacht, daß die seit 1875 durchgehaltene Linie, die zwischen den übrigen Großmächten bestehenden Spannungen von der Mitte an die Peripherie Europas abzulenken, infolge der festen Koppelung des Reiches an Österreich-Ungarn durch den »Zweibund« die Gefahr eines Zurückschlagens der Spannungen von der Peripherie, vor allem vom Balkan, zur Mitte Europas in sich schloß. Damit war, weil solche peripheren Konflikte von Berlin aus weniger unter Kontrolle gehalten werden konnten als direkte Konfrontationen mit den Großmachtnachbarn, ein allzu großes Risiko verbunden, daß das Reich in einen existenzgefährdenden großen Krieg hineingezogen wurde. Die Linie der dritten Lösung – nach dem Ausfall der Präventivkriegs- und der Kompensationsmöglichkeit in Bismarcks Kalkül – ließ sich somit langfristig nicht mehr fortführen.

Als ultima ratio für die Zukunft Deutschlands im europäischen Mächtesystem sah Bismarck allein noch zwei Möglichkeiten, von denen die eine bei ihm nicht über Erwägungen für den äußersten Fall hinausgelangte, die andere in einer sorgfältig geplanten diplomatisch-politischen Aktion immerhin sondiert wurde. Beide hätten in ihrer Konsequenz früher oder später das Ende der von Bismarck seit 1862 geleiteten, nach der Reichsgründung bisher im ganzen erfolgreich, wenn auch unter immer schwierigeren Bedingungen weiterverfolgten Politik, der eigenständigen preußisch-deutschen Großmachtrolle auf der Stufe einer »halben« Hegemonialmacht mit sich gebracht. Die erste Möglichkeit dieser ultima ratio widersprach der von Bismarck seit 1879 immer wieder betonten und in »Normalzeiten« zweifellos im eigenen Interesse liegenden Zusicherung, daß das Reich an der Seite Österreich-Ungarns stehen würde, wenn dessen Existenz bedroht sei. Für die bisherige Linie des Ausspielens der Gegensätze zwischen den übrigen Mächten stellte ja die enge Verbindung mit Österreich-Ungarn, die dem Deutschen Reich erst seine überlegene Stellung im Zentrum Europas gab, die Grundvoraussetzung dar. Seit der großen Krise von 1885–1887 erwog Bismarck jedoch für den Fall eines unmittelbar drohenden, seiner Auffassung nach für das Reich lebensgefährlichen Zweifrontenkrieges, wie er 1895 rückschauend bekannte, »schlimmstenfalls die russische Neutralität im letzten Augenblick zu erkaufen, indem er Österreich fallen ließ und den Russen damit den Orient überlieferte«. Eine solche Entscheidung aber hätte mit großer Wahrscheinlichkeit ein allmähliches Abgleiten des Deutschen Reiches in eine Abhängigkeit von dem Südosteuropa beherrschen Rußland, das Deutschland dann strategisch weiträumig von der Ostsee bis zur Adria umfaßt hätte, zur Folge gehabt. Den entgegengesetzten Ausweg aus dem Dilemma, unter Überwindung seiner alten Vorurteile und Bedenken gegenüber England nunmehr doch eine Anlehnung an die Seemacht zu suchen, hat Bismarck nach gründlicher Vorbereitung in seinem eben skizzierten Bündnisangebot vom Januar 1889 zu erproben gesucht. Das Angebot stellte eine Konsequenz aus dem vergeblichen Bemühen um eine dauerhafte Konsolidierung der deutschen Position seit der »Krieg-in-Sicht«-Krise dar, zeigte aber, daß Bismarck trotz jahrzehntelanger Erfahrung immer noch nicht die »Bristish Interests« erfaßt hatte und nicht einsah, was damit, zumal bei der von London aus angenommenen Tendenz zur deutschen Expansion, aus englischer Sicht unvereinbar war. Eine unterschiedliche Vorstellung von der für das europäische Gleichgewicht sinnvollen und notwendigen Verteilung der »Gewichte« bestimmte die Sicht in London und in Berlin. Schon von der geographischen, besser: geopolitischen und geostrategischen Lage aus mußte das Problem der »Balance of Power« von den beiden Metropolen verschieden betrachtet werden. Hinzu kam, daß es jeweils zugunsten der eigenen – mehr oder weniger direkten oder indirekten – Führungsrolle zu lösen gesucht wurde. Von England aus erschienen seit jeher – wie immer auch motivierte und wie stark oder gemäßigt hervortretende – Hegemonialten-

denzen einer Großmacht im Westen oder in der Mitte des Kontinents in ganz anderem Maße bedrohlich als ein Übergewicht Rußlands und selbst ein relativ weites Vorschieben seiner Einflußsphäre nach Mitteleuropa. Das hatte sich in den Jahrzehnten zwischen 1815 und 1853 erwiesen, die trotz aller englisch-russischer Gegensätze im einzelnen doch immer wieder vom Streben nach Ausgleich und dem gemeinsamen Interesse bestimmt gewesen waren, jeder vermuteten Wiederaufnahme französischer Vormachtbestrebungen entgegenzutreten. In der Epoche des imperialen Ausgreifens Großbritanniens und der Expansion Rußlands in allgemeiner Richtung auf Indien und den Vorderen Orient seit der Mitte der siebziger Jahre war diese Leitlinie britischer Europa-Politik zwar zugunsten einer – begrenzten – Stärkung der mitteleuropäischen »Gegengewichte« gegenüber Rußland modifiziert worden, ohne daß sie doch völlig ihre Bedeutung verloren hatte, wie die »Krieg-in-Sicht«-Krise 1875 für einen Moment zumindest sehr deutlich gezeigt hatte.
Der substantielle Kern des Bismarckschen Vorschlages an England vom Januar 1889 widersprach so sehr den Axiomen seiner bisherigen Außenpolitik, daß das Angebot nur als Versuch zur Rettung aus einer nun seit Abklingen der großen Krise von 1885–1887 zwar nicht mehr aktuell, aber doch langfristig gesehen äußerst ernst beurteilten Lage des Reiches zwischen den Mächten verstanden werden kann. Wenn dabei auch nur von einem deutsch-englischen Bündnis gegen Frankreich die Rede war, Bismarck somit hier anscheinend noch einmal seinem alten Grundsatz, West- und Ostprobleme getrennt zu halten, folgte, um zu verhindern, in einen englisch-russischen Konflikt über Meerengen- und Balkanfragen unmittelbar verstrickt zu werden, so lief der Vorschlag eines in aller Öffentlichkeit abgeschlossenen Bündnisses doch auf eine einseitige Anlehnung des Deutschen Reiches an Großbritannien hinaus, da eine von der Reichstagsmehrheit und der Zustimmung der deutschen Nation getragene Allianz mit England einem Affront gegen Rußland gleichgekommen wäre. Damit aber war der Rubikon der bisherigen Außenpolitik von Bismarck gedanklich überschritten. Ein Bündnis mit England »durch dick und dünn« hätte jener an England orientierten liberalen Prinzipienpolitik geähnelt, der Bismarck 1862 ebenso wie der konservativen Prinzipienpolitik einer dauernden festen Anlehnung an Rußland eine Absage erteilt hatte.

Nun, 1889, erschienen machtpolitischen Einsichten entsprungene Varianten dieser seinerzeit zugunsten einer souveränen Großmachtrolle verworfenen Konzeptionen als die beiden letzten Möglichkeiten, mit dem Dilemma der labilen deutschen Position auf dem Kontinent fertig zu werden.
Indessen fehlte – objektiv gesehen – jede Basis für eine Allianz zwischen der in einer höchst schwierigen Lage befindlichen Kontinentalmacht Deutschland und der damals volle Handlungsfreiheit in jeder Hinsicht genießenden und auf deren Wahrung bedachten See- und Weltmacht England. Der Versuch, mit Absprachen über Einzelprobleme (ostafrikanische Kolonialgebiete, Helgoland) eine schrittweise Annäherung zu vollziehen, der sich anbot, schien Bismarck nicht zweckentsprechend, da damit England in seinem Sinne nicht gewonnen, Rußland aber weiter entfremdet wurde, so daß das Dilemma nur noch eklatanter wurde. So blieb von seiner Warte aus, da er ein Vabanquespiel um die Existenz einer souveränen deutschen Großmacht ablehnte, im Falle einer äußersten Verschärfung der Situation bei einer neuen internationalen Krise nur die – als Mentalreservation zu deutende – ultima ratio einer Opferung Österreich-Ungarns und der Überlassung Südosteuropas an Rußland.
Zu einer solchen Zuspitzung der internationalen Konstellation, die ein Ausweichen auf diese letzte Position erforderlich gemacht hätte, ist es während der Kanzlerschaft Bismarcks nicht mehr gekommen. So hielt er bis zuletzt an der nunmehr nur noch vordergründig, für »Normalzeiten« als gültig anzusehenden Leitlinie des Zusammengehens mit Österreich-Ungarn *und* mit Rußland fest und blieb bestrebt, den »hauchdünnen« Faden nach Petersburg mit einer Erneuerung des Rückversicherungsvertrages auch dann noch fortzuführen, als mit dem Ausgang der Reichstagswahlen von 20. 2. 1890 der innenpolitische Rückhalt verloren und eine Umorientierung der Gesamtpolitik in der Sicht Kaiser Wilhelms II. unumgänglich wurde.
Unter außenpolitischem Aspekt bedeutete der Sturz Bismarcks die Überlassung des Feldes an jene Gruppe von Beamten des Auswärtigen Amtes und Diplomaten, die bereits seit 1887 eine von Bismarcks Grundlinie abweichende Konzeption für die künftige deutsche Außenpolitik entworfen und gegen Bismarck im Zusammenspiel mit dem Generalstab und gestützt auf die breite antirussische Stimmung in der deutschen Öffentlichkeit

durchzusetzen versucht hatte. Ihre Konzeption lief – zugespitzt in der Krise von 1887, dann in gemäßigterer Version fortentwickelt – darauf hinaus, die »halbhegemoniale« Stellung des Deutschen Reiches unbedingt zu behaupten, sie nach Möglichkeit zwecks besserer Absicherung auszubauen, das heißt am Bündnis mit Österreich-Ungarn nicht nur in »Normalzeiten« festzuhalten, sondern dieses Bündnis gleichsam absolut zu setzen und zum Fundament für ein deutsch geführtes erweitertes »Mitteleuropa« zu machen.

Zusammengefaßt hieß das: Diese Alternative zu der von Bismarck endgültig seit 1875 nicht mehr nur – wie bei ihm seit 1862 durchgängig – in sozialer Hinsicht, sondern auch außenpolitisch und militärisch *defensiv* verstandenen Sicherung der deutschen Großmacht (im äußersten Falle seit 1887: der Lösung der Resignation, der Aufgabe der führenden Rolle des Reiches im Mächtesystem unter Anlehnung an die eine oder die andere der beiden Flügelmächte) erstrebte die Fortsetzung des souveränen Eigenweges des Reiches um jeden Preis, und zwar durch unbedingtes Festhalten an der durch das Bündnis mit Österreich-Ungarn (und Italien) gewonnenen mitteleuropäischen Position und im Krisenfall durch *offensives* Vorgehen zur Erweiterung und damit dauerhafteren Sicherung der »Mitteleuropa«-Stellung.

Bismarck dachte stets von der deutschen Großmacht im Rahmen des europäischen Mächtesystems aus und wog die Interessen aller Großmächte gegeneinander ab. Der »Neue Kurs« dachte vom Mitteleuropäischen »Block« in »Freund-Feind«-Vorstellungen aus. Dieses Konzept stand – im Gegensatz zu Bismarcks Leitlinie – in Beziehung zu den Operationsplanungen des Generalstabes, der einen Zweifrontenkrieg gegen Frankreich und Rußland durch Offensivoperationen zunächst nach der einen, dann nach der anderen Seite zu deutschen Gunsten entschieden werden sollte.

Die Grundlinie dieses »Neuen Kurses« wurde am klarsten von Holstein formuliert und im wesentlichen vom Auswärtigen Amt, vom Generalstab und bis zu Bülow auch von den Reichskanzlern getragen. Diese Konzeption ging – anders als diejenige Bismarcks – langfristig gesehen von der Unausweichlichkeit eines kriegerischen Zusammenstoßes zwischen den »Mittelmächten« und ihren kontinentalen Hauptgegnern Rußland und

Frankreich aus. Sie suchte für diesen Fall den »Dreibund« (mit Italien, das auf diese Weise beträchtlich aufgewertet wurde) durch seine Abschirmung über ein festes Bündnis mit England so stark zu machen, daß die militärische Entscheidung zu eigenen Gunsten einen Höchstgrad an Wahrscheinlichkeit erhielt. Aus den Spannungen, die sich infolge ihres imperialen Ausgreifens zwischen England und Frankreich vor allem in Afrika, zwischen England und Rußland in dem weiten Bereich zwischen den türkischen Meerengen, dem Vorfeld Indiens und Ostasien entwickelten, sowie aus dem Übergang der Vereinigten Staaten aus der durch den Sezessionskrieg verursachten Stagnation zur imperialistischen Machtpolitik, die sich faktisch vor allem gegen die britischen Positionen auf dem amerikanischen Doppelkontinent und im Pazifik richtete sowie die britische Alleinherrschaft zur See in Frage stellte, wurde von den Verfechtern des »Neuen Kurses« die Schlußfolgerung gezogen, daß es im Interesse Großbritanniens liegen müsse, das von Rußland und Amerika in seinen Lebensinteressen als Weltmacht bedroht wurde, das erstrebte Bündnis mit Deutschland und dem »Dreibund« abzuschließen.

Nicht konsequent durchdacht wurde die Kardinalfrage, ob ein Triumph Deutschlands über seine kontinentalen Gegner nicht eine in britischer Sicht weitaus gefährlichere Perspektive darstellte als die Fortdauer der Spannungen mit den anderen Mächten und der gewiß beträchtliche Gegensatz Großbritanniens zu Rußland. Die Abhängigkeit der Handlungsfreiheit Großbritanniens in Übersee von der Aufrechterhaltung des Gleichgewichts auf dem europäischen Kontinent (nach britischen, nicht deutschen Maßstäben), folglich der Primat der europäischen Problematik vor den noch so wichtigen imperialen Zielen in Übersee, wurde nicht richtig erfaßt. Dazu mag die allgemeine imperialistische Bewegung mit ihrer Überbewertung der »Weltpolitik« beigetragen haben. Die von Anfang an, schon bei Bismarck, unterschiedliche Vorstellung von einem ausbalancierten Kräfteverhältnis in Europa, die Großbritannien und Deutschland seit der Reichsgründung getrennt hatte, erweiterte sich jetzt zu einer verschiedenartigen Deutung eines »Weltgleichgewichts«. So verfehlt die Auffassung war, Großbritannien unter Ausnutzung der »weltpolitischen« Gegensätze, sozusagen unter Druck von Übersee aus, zum »Kommen« bewegen zu können, und so wenig die hierbei angewandten Mittel, unter anderem über eine in vager Anlehnung an Bismarcks Linie von 1879–1885 versuchte, taktisch gemeinte »Kontinentalliga« mit Rußland und Frankreich, ihr Ziel erreichen konnten, dem »Warten auf England«, das schon die Schlußphase der Bismarckschen Außenpolitik bestimmt hatte, lag das Eingeständnis zugrunde, ohne Bundesgenossenschaft mit der Seemacht dem Zweifrontenkrieg auf dem Kontinent nicht gewachsen zu sein. Jedoch, was in deutscher Sicht volle »Gleichberechtigung« bedeutete, stellte in britischer Sicht eine Unterordnung unter den kontinentalen Partner dar. Da für Großbritannien selbst in der schwierigsten weltpolitischen Situation 1898 keine Veranlassung bestand, das Bündnis mit Deutschland nach dessen Bedingungen abzuschließen und sich auf dem Kontinent einseitig zugunsten des »Dreibundes« gegen Frankreich und Rußland festzulegen, blieb – wie bei Bismarck – für die Verfechter des »Neuen Kurses« das England-Problem ungelöst. Das Dilemma der dauerhaften Sicherung der deutschen Großmachtstellung bestand unvermindert fort, auch wenn es von der in einer Sackgasse endenden »weltpolitischen« Aktivität der Tirpitz-Ära überspielt wurde. Der seit der Reichsgründung bestehende »Zwang« für die deutsche Staatsführung, »Genie haben zu müssen«, um nach außen die unabhängige Großmachtposition des Reiches in Europa oder gar im globalen Maßstabe zu sichern (und nach innen die »Vermeidbarkeit der Revolution« zu garantieren), zeigte jetzt die darin einbeschlossene fatale Konsequenz.

Als sich unter grundlegend anderen Bedingungen eine Wiederholung der Mächtekonstellation der »Krieg-in-Sicht«-Krise von 1875 ankündigte, wuchs in der vermeintlich allein übrig gebliebenen Alternative von »Weltmacht oder Niedergang« bei der deutschen Führung die Versuchung, als letzten Ausweg auf den von Bismarck 1875 und 1887 verworfenen Gedanken eines »Präventivkrieges« zurückzugreifen und als Konsequenz daraus den Durchbruch zur vollen Hegemonialstellung in Europa und damit zur Erkämpfung einer »Weltmacht«-Ausgangsposition auf breiterer Basis zu wagen.

Dies ist weder im ersten noch im zweiten, im millionenfachen Verbrechen endenden Anlauf gelungen. Wenige Monate vor der Schlußkatastrophe des von Bismarck gegründeten, von Hitler zerstörten Deutschen Reiches begab sich einer der führenden

Vertreter der deutschen Widerstandsbewegung, die kurz danach, am 20. 7. 1944, den vergeblichen Versuch zur Abschüttelung der nationalsozialistischen Tyrannei wagte, Ulrich v. Hassell, der Schwiegersohn des Großadmirals von Tirpitz, der anfangs selbst voller Illusionen über den Wiederaufstieg des Reiches unter dem Nationalsozialismus gewesen war, der den deutschen Nationalstaat in den Dienst einer mit der Absage an alle europäischen Traditionen verbundenen Rassenideologie gestellt hatte, zu einem letzten Besuch an den Alterssitz Bismarcks, Friedrichsruh. Seine Erschütterung über die Zerstörung des von Bismarck gegründeten deutschen Nationalstaates und der deutschen Großmachtstellung, die ihn geprägt hatten, faßte er in Worte, die den Weg von Bismarck bis zur Katastrophe des Reiches aus der Sicht und den Erfahrungen derer zu umreißen suchten, die den Aufstieg, die Hybris und den Untergang des Reiches in führender Stellung erlebt und mitverantwortet hatten: »Kaum zu ertragen, ich war dauernd nahe an Tränen beim Gedanken an das zerstörte Werk. Deutschland, in Europas Mitte gelegen, ist das Herz Europas. Europa kann nicht ›leben‹ ohne ein gesundes, kräftiges Herz. Ich habe mich in den letzten Jahren viel mit Bismarck beschäftigt, und er wächst als Außenpolitiker dauernd bei mir ... Er hat es verstanden, in einziger Weise in der Welt Vertrauen zu erwecken, genau umgekehrt wie heute. In Wahrheit waren die höchste Diplomatie und das Maßhalten seine große Gabe.«

Etwa in der gleichen Zeit, so berichtete Friedrich Meinecke in seinem 1946 veröffentlichten Buch »Die deutsche Katastrophe«, äußerte ein dänischer Historiker ihm gegenüber: »Sie wissen, daß ich Bismarck nicht lieben kann, aber in der gegenwärtigen Lage muß ich sagen: Bismarck gehörte zu *unserer Welt*.« Dennoch – dies zeigt nicht nur die kaum noch von der Geschichtsschreibung gerechtfertigte Innenpolitik des ersten Reichskanzlers, sondern auch eine eingehende Auseinandersetzung mit seiner lange als »sakrosankt« betrachteten Außenpolitik – behält das ebenfalls aus dieser Zeit stammende Urteil Hans Rothfels', der stets den fundamentalen Gegensatz, der die Bismarckzeit von der Wilhelminischen Ära und dem »Dritten Reich« trennt, betont hat, sein Gewicht: »Wie lange und verschlungen auch der ›Weg von Bismarck zu Hitler‹ gewesen ist, der Reichsgründer erscheint als der Verantwortliche für eine ›Wendung‹, oder mindestens für die Legitimierung einer ›Wendung‹, deren fatale Steigerung bis zum Gipfel in unseren Tagen nur allzu augenscheinlich geworden ist.«

Allgemeine Literatur

Grundlegende Quelleneditionen

Gesammelte Werke Bismarcks (Friedrichsruher Ausgabe). 15 Bde. Berlin 1924–1935.
Die politischen Reden des Fürsten Bismarck. Historisch-kritische Gesamtausgabe. Hrsg. von *H. Kohl.* 14 Bde. Stuttgart 1892–1905.
H. Rothfels: Bismarck und der Staat. Ausgewählte Dokumente. Stuttgart ²1954.
Die auswärtige Politik Preußens 1858–1871. Diplomatische Aktenstücke. Hrsg. von der Historischen Reichskommission. 10 Bde. Oldenburg 1933 bis 1941. (Es fehlen die Bände zum Kriegsausbruch 1866 und für die Jahre 1869–1871.)
Quellen zur deutschen Politik Österreichs 1859–1866. Hrsg. von *H. Ritter v. Srbik.* 5 Bde. Oldenburg 1934–1938.
Die große Politik der europäischen Kabinette 1871–1914. Sammlung der diplomatischen Akten des Auswärtigen Amtes. Hrsg. von *J. Lepsius, A. Mendelssohn-Bartholdy* und *F. Thimme.* Bd. 1–6. Berlin 1922.
Documents diplomatiques français, 1871–1914. Serie 1: 1871–1900. 9 Bde. Paris 1929–1939.
Anmerkung: Es fehlen für die britische und die russische Seite durchgängig sowie für die Zeit nach 1866 auch für Österreich-Ungarn Editionen zur auswärtigen Politik dieser Großmächte. – Die Akten des Auswärtigen Amtes Berlin von 1867 an befinden sich jetzt im Politischen Archiv des Auswärtigen Amtes Bonn. Im Friedrichsruher Archiv der Familie Bismarck harren zahlreiche für die Außenpolitik Bismarcks besonders der Spätzeit wichtige Quellenstücke noch der Aufbereitung. Insgesamt wäre unter Auswertung dieser und der in den Archiven der nichtdeutschen Großmächte befindlichen Akten eine sehr viel breiter fundierte Darstellung der internationalen Politik zwischen 1871 und 1890 möglich, als sie sich in den Gesamtdarstellungen spiegelt.

Gesamtdarstellungen, allgemeine Dokumentationen und Bismarck-Biographien

Anmerkung: Genannt werden hier – wie auch bei der Spezialliteratur – überwiegend Titel aus der Zeit nach 1945, ältere Titel nur, sofern sie repräsentativ für bestimmte Grundpositionen sind.

K. E. Born (Hrsg.): Bismarck-Bibliographie. Quellen und Literatur zur Geschichte Bismarcks und seiner Zeit. Bearbeitet von *W. Hertel* unter Mitarbeit von *H. Henning*. Köln–Berlin 1966 (in den Angaben nicht durchweg zuverlässig).

L. Gall (Hrsg.): Das Bismarck-Problem in der Geschichtsschreibung nach 1945. Köln–Berlin 1971. (Neue Wissenschaftliche Bibliothek, Bd. 42.) (Enthält Beiträge von A. O. Meyer, E. Eyck, U. Noack, H. Rothfels, F. Schnabel, G. Ritter, H. Ritter v. Srbik, A. v. Martin, W. Mommsen, W. Schüssler, G. P. Gooch, O. Pflanze, H. Holborn, Th. Heuss, W. Richter, L. v. Muralt, W. Bußmann, G. Mann, Th. Schieder, R. Vierhaus und H. A. Kissinger mit einer die Kontroverse zum Bismarck-Problem in den ersten Jahren 1945 darlegenden Einleitung von L. Gall.)

K. Buchheim: Das Deutsche Kaiserreich 1871–1918. Vorgeschichte, Aufstieg und Niedergang. München 1969. (Kritisch gegenüber Bismarck und der Reichsgründung von der Warte der föderalen Rechtsordnung des alten Reiches und des »Deutschen Bundes« aus.)

W. Bußmann: Das Zeitalter Bismarcks. Konstanz ^{4}1968. (Handbuch der Deutschen Geschichte. Neu hrsg. von L. Just, Bd. 3, II.)

W. Bußmann: Otto von Bismarck. Geschichte – Staat – Politik. Wiesbaden 1966. (Vorträge des Instituts für Europäische Geschichte Mainz, Bd. 43.)

W. Bußmann: Wandel und Kontinuität der Bismarck-Wertung. In: Die Welt als Geschichte 15 (1955), S. 126 ff.

E. M. Carroll: Germany and the Great Powers, 1866–1914. New York 1938.

L. Dehio: Gleichgewicht oder Hegemonie. Betrachtungen über ein Grundproblem der neueren Staatengeschichte. Krefeld 1948.

E. Eyck: Bismarck. Leben und Werk. 3 Bde. Erlenbach-Zürich 1941–1944. (Kritisch gegenüber Bismarck von der Warte des Liberalen.)

E. Eyck: Bismarck und das Deutsche Reich. Erlenbach–Zürich 1955.

H. Herzfeld: Die moderne Welt 1789–1945. 1. Teil: Die Epoche der bürgerlichen Nationalstaaten. Braunschweig ^{6}1969.

A. Hillgruber: Kontinuität und Diskontinuität in der deutschen Außenpolitik von Bismarck bis Hitler. Düsseldorf ^{3}1971.

E. R. Huber: Deutsche Verfassungsgeschichte seit 1789. Bd. 3. Stuttgart 1963, Bd. 4. ebd. 1969.

W. L. Langer: European Alliances and Alignments. New York ^{2}1950.

A. O. Meyer: Bismarck. Der Mensch und der Staatsmann. Stuttgart 1949. (apologetisch.)

W. Mommsen: Bismarck. Ein politisches Lebensbild. München 1959.

W. E. Mosse: The European Powers and the German Question 1848–1871 Cambridge 1958.

L. v. Muralt: Bismarcks Verantwortlichkeit. Göttingen 1955.

W. Neef: Die Epochen der neueren Geschichte. Bd. 2. Aarau ^{2}1960.

O. Pflanze: Bismarck and the Development of Germany. The Period of Unification 1815–1871. Princeton 1963.

G. A. Rein: Die Revolution in der Politik Bismarcks. Göttingen 1957.
W. Richter: Bismarck. Frankfurt a. M. ²1965.
G. Ritter: Das Bismarck-Problem. In: Merkur 4 (1950), S. 657 ff.
H. Rothfels: Bismarck und der Staat. Stuttgart ³1958.
H. Rothfels: Bismarck und das 19. Jahrhundert. In: Zeitgeschichtliche Betrachtungen. Vorträge und Aufsätze. Göttingen 1959, S. 54 ff.
H. Rothfels: Bismarck. Vorträge und Abhandlungen. Stuttgart 1970.
Th. Schieder: Bismarck und Europa. Ein Beitrag zum Bismarck-Problem. In: Begegnungen mit der Geschichte. Göttingen 1962, S. 236 ff.
Th. Schieder: Europa im Zeitalter der Nationalstaaten und europäische Politik bis zum 1. Weltkrieg. In: Handbuch der Europäischen Geschichte. Hrsg. von Th. Schieder. Bd. 6. Stuttgart 1968, S. 1–196.
Th. Schieder: Vom Deutschen Bund zum Deutschen Reich. In: B. Gebhardt: Handbuch der Deutschen Geschichte. Hrsg. von H. Grundmann. Bd. 3. Stuttgart ⁹1970, S. 99 ff.
Th. Schieder: Das Deutsche Reich in seinen nationalen und internationalen Beziehungen 1871 bis 1945. In: Reichsgründung 1870/71. Tatsachen – Kontroversen – Interpretationen. Hrsg. Th. Schieder und E. Deuerlein. Stuttgart 1970, S. 422 ff.
F. Schnabel: Deutsche Geschichte im 19. Jahrhundert. Freiburg i. Br. ⁵1959 ff.
F. Schnabel: Das Problem Bismarck. In: Abhandlungen und Vorträge 1914–1965. Hrsg. von H. Lutz, Freiburg i. Br.–Basel–Wien 1970, S. 344 ff. (kritisch unter dem Aspekt der Alternative einer föderalen Ordnung Mitteleuropas.)
H. Ritter v. Srbik: Mitteleuropa. Das Problem und die Versuche seiner Lösung in der deutschen Geschichte. Weimar 1937.
H. Ritter v. Srbik: Die Bismarck-Kontroverse. Zur Revision des deutschen Geschichtsbildes. In: Wort und Wahrheit 5 (1950), S. 918 ff.
J. Streisand: Bismarck und die deutsche Einigungsbewegung des 19. Jahrhunderts in der westdeutschen Geschichtsschreibung. In: Zeitschrift für Geschichtswissenschaft 2 (1954), S. 349 ff.
M. Stürmer (Hrsg.): Bismarck und die preußisch-deutsche Politik 1871 bis 1890. München 1970 (dtv-Dokumente 692).
M. Stürmer: Bismarck – Mythos und Historie. In: Aus Politik und Zeitgeschichte. Beilage der Wochenzeitung »Das Parlament«, 16. 1. 1971.
A. J. P. Taylor: Bismarck. The Man and the Statesman. London ⁴1960 (dt.: München 1962).
A. J. P. Taylor: The Struggle for Mastery in Europe, 1848–1918. Oxford 1954.
E. Verchau: Otto von Bismarck. Eine Kurzbiographie. Berlin 1969.
R. Vierhaus: Otto von Bismarck. Eine kritische Würdigung. In: Der Bär. Jahrbuch des Vereins für die Geschichte Berlins 15 (1966), S. 166 ff.
E. Zechlin: Die deutsche Einheitsbewegung. (Ullstein-Buch Nr. 3842). Frankfurt a. M.–Berlin 1967.
E. Zechlin: Die Reichsgründung. (Ullstein-Buch Nr. 3840) Frankfurt a. M.–Berlin 1967.
J. Ziekursch: Politische Geschichte des neuen deutschen Kaiserreiches. 3 Bde. Frankfurt a. M. 1925–1930.

Spezialliteratur zu den Kapiteln und Anmerkungen

I. Voraussetzungen

1. Das europäische Mächtesystem

Zur Geschichte des Mächtesystems *L. Dehio:* Gleichgewicht oder Hegemonie. Betrachtungen über ein Grundproblem der neueren Staatengeschichte. Krefeld 1948; *E. v. Vietsch:* Das europäische Gleichgewicht. Leipzig 1942; *P. Renouvin:* Histoire des Relations Internationales. T. V.: Le XIXe Siècle 1815–1867. L'Europe des Nationalités et L'Éveil de Nouveaux Mondes. Paris 1954; *H. Herzfeld:* Die Epoche der bürgerlichen Nationalstaaten 1789–1890 (= Die Moderne Welt 1789–1945. I. Teil). Braunschweig [6]1969; *L. Bergeron, F. Furet* und *R. Koselleck:* Das Zeitalter der europäischen Revolution 1780–1848. Frankfurt a. M. 1969 (= Fischer Weltgeschichte, Bd. 26); *K. Griewank:* Der Wiener Kongreß und die europäische Restauration 1814/15. Leipzig [2]1954; *H. H. Schmalz:* Versuche einer gesamteuropäischen Organisation 1815–1820. Aarau 1940; vom Ansatz her wichtig *W. Markert:* Metternich und Alexander I. Die Rivalität der Mächte in der europäischen Allianz. In: Schicksalswege deutscher Vergangenheit. Festschrift für S. A. Kaehler. Düsseldorf 1950, S. 147 ff.; *H. Gollwitzer:* Ideologische Blockbildung als Bestandteil internationaler Politik im 19. Jahrhundert. In: Historische Zeitschrift 201 (1965), S. 306 ff.; *H.-J. Schoeps:* Das Bündnis der drei schwarzen Adler. In: Geschichte in Wissenschaft und Unterricht 16 (1965), S. 152 ff.; *G. Stadtmüller:* Die russische Weltmacht und ihr Rückzug 1783–1867). In: Grundfragen der europäischen Geschichte. München–Wien 1963, S. 198 ff.

Zur Problematik der Revolution von 1848 in Deutschland unter dem Aspekt der Beziehungen des neu zu gründenden Deutschen Reiches zu den anderen Mächten und der Bedeutung für das europäische Gleichgewicht *A. Scharff:* Die europäischen Großmächte und die deutsche Revolution. Deutsche Einheit und europäische Ordnung 1848–1951. Leipzig 1942; *ders.:* Die deutsche Einheit und die großen Mächte 1848–1871. In: Teilung und Wiedervereinigung. Ein weltgeschichtlicher Überblick. Hrsg. von *G. Franz.* Göttingen–Berlin–Frankfurt a. M.–Zürich 1963, S. 149 ff.; *S. A. Kaehler:* Die deutsche Revolution von 1848 und die europäischen Mächte. In: *ders.:* Vorurteile und Tatsachen. Drei geschichtliche Vorträge. Hameln 1949; *P. Rassow:* Deutschland und Europa im Jahre 1848. In: *ders.:* Die geschichtliche Einheit des Abendlandes. Köln 1960, S. 180 ff.; *A. J. P. Taylor:* The Struggle for Mastery in Europe 1848–1918. Oxford 1954; *W. E. Mosse:* The European Powers and the German Question 1848–1871. With Special

Reference to England and Russia. Cambridge 1958. Allgemein zur deutschen Frage vor 1866 *E. Angermann:* Die deutsche Frage 1806 bis 1866. In: Reichsgründung 1870/71. Tatsachen – Kontroversen – Interpretationen. Hrsg. von *Th. Schieder* und *E. Deuerlein.* Stuttgart 1970, S. 9 ff.; *R. J. Sontag:* Germany and England. Background of Conflict 1848–1894. New York 1964 (Neudruck); *R. Stadelmann:* Deutschland und Westeuropa. Zum Problem der außenpolitischen Ordnung Europas. Laupheim 1948.
Zum Krimkrieg: *S. A. Kaehler:* Realpolitik zur Zeit des Krimkrieges – eine Säkularbetrachtung. In: Historische Zeitschrift 174 (1952), S. 417 ff.; *K. Rheindorf:* Die Schwarze-Meer-(Pontus-)Frage vom Pariser Frieden von 1856 bis zum Abschluß der Londoner Konferenz von 1871. Berlin 1925; *K. Borries:* Preußen im Krimkrieg. Stuttgart 1930; *ders.:* Zur Politik der deutschen Mächte in der Zeit des Krimkrieges und der italienischen Einigung. In: Historische Zeitschrift 191 (1935); *B. Unckel:* Österreich und der Krimkrieg. Studien zur Politik der Donaumonarchie 1852–1856. Lübeck-Hamburg 1969; *F. Wagner:* Cavour und der Aufstieg Italiens im Krimkrieg. Stuttgart 1940; Überblick über die neuere Literatur zum Krimkrieg von *W. Baumgart* in: Militärgeschichtliche Mitteilungen 2/1970, S. 181 ff., und *ders.:* Probleme der Krimkriegsforschung. Eine Studie über die Literatur des letzten Jahrzehnts. In: Jahrbücher für Geschichte Osteuropas 19 (1971), S. 49 ff., S. 243 ff. und S. 371 ff.

2. Die Ausprägung von Bismarcks außenpolitischen Zielvorstellungen in den 1850er Jahren

Zur Gruppe der preußischen Hochkonservativen und ihrem Verhältnis zu Bismarck jetzt – neben Bismarcks »Gesammelten Werken« – vor allem: Von der Revolution zum Norddeutschen Bund. Politik und Ideengut der preußischen Hochkonservativen 1848–1866. Aus dem Nachlaß von Ernst Ludwig von Gerlach. Hrsg. und eingeleitet von *H. Diwald.* I. Teil: Tagebuch 1848–1866, II. Teil: Briefe, Denkschriften, Aufzeichnungen. Göttingen 1970; ferner *E. Marcks:* Bismarck und die deutsche Revolution 1848–51. Stuttgart ²1940; *G. Ritter:* Die preußischen Konservativen und Bismarcks deutsche Politik 1858–1876. Heidelberg 1913; *S. A. Kaehler:* Bismarck, Cavour und Napoleon III. im Spiegel des Jahres 1948. In: *ders.:* Studien zur Geschichte des 19. und 20. Jahrhunderts. Aufsätze und Vorträge. Göttingen 1961, S. 105 ff.; *A. O. Meyer:* Bismarcks Kampf mit Österreich am Bundestag zu Frankfurt (1851–59). Berlin 1927; *B. Nolde:* Die Petersburger Mission Bismarcks 1859–1862. Leipzig 1936; *E. Zechlin:* Bismarck und die Grundlegung der deutschen Großmacht. Stuttgart ²1960, S. 88 ff. (Bismarcks Grundanschauungen). Zum Grundsätzlichen *M. Stürmer:* Konservatismus und Revolution in Bismarcks Politik. In: *ders.* (Hrsg.): Das Kaiserliche Deutschland. Düsseldorf 1970, S. 119 ff. *Zitate:* Bismarck »Es würde mich nicht ängstigen ... Die großen Krisen ...« Bismarck an Otto v. Manteuffel, 15. 2. 1854, in: Gesammelte Werke, Bd. 1, S. 427.
Brief Bismarcks an v. Alvensleben vom 5. 5. 1859 erstmals veröffentlicht in: Deutsche Allgemeine Zeitung vom 14. 3. 1937. »Ein passives Abwarten der Ereignisse ...« (Hammer oder Amboß): Bismarck an Otto v. Manteuffel, 2. 6. 1857, in: Gesammelte Werke, Bd. 2, S. 231. Zum italienischen Krieg von 1859 *K. Borries:* Deutschland und das Problem des Zweifrontendrucks in der europäischen Krise des italienischen Freiheitskampfes 1859. In: Das Reich. Festschrift für J. Haller. Stuttgart 1940, S. 262 ff.; *ders.:* Deutschland

im Kreis der europäischen Mächte. Eine historisch-politische Analyse. Stuttgart 1963; *E. Schüle:* Rußland und Frankreich vom Ausgang des Krimkrieges bis zum italienischen Krieg 1856–1859. Berlin 1953.

3. Preußen in der Entscheidungssituation von 1862

Zur wirtschafts- und außenpolitischen Auseinandersetzung zwischen Preußen und Österreich – neben dem älteren Werk von *E. Franz:* Der Entscheidungskampf um die wirtschaftspolitische Führung Deutschlands 1856–1867. München 1933 – vor allem *H. Böhme:* Deutschlands Weg zur Großmacht. Studien zum Verhältnis von Wirtschaft und Staat während der Reichsgründungszeit 1848–1881. Köln–Berlin 1966. (Scharfe Kritik an diesem Werk von *H.-U. Wehler:* Sozialökonomie und Geschichtswissenschaft. In: Neue Politische Literatur 14 (1969), S. 344 ff., besonders S. 347 ff.; ferner *L. Gall:* Staat und Wirtschaft in der Reichsgründungszeit. In: Historische Zeitschrift 209 (1969), S. 617 ff. – Replik Böhmes gegenüber Wehler in *H. Böhme:* Politik und Ökonomie in der Reichsgründungs- und späten Bismarckzeit. In: *M. Stürmer* (Hrsg.): Das kaiserliche Deutschland. Politik und Gesellschaft 1870–1918. Düsseldorf 1970, S. 26 ff., besonders S. 30 f.). Ferner der Sammelband von *H. Böhme* (Hrsg.): Probleme der Reichsgründungszeit, 1848–79. Köln–Berlin 1968 (Neue Wissenschaftliche Bibliothek, Bd. 26); *W. Zorn:* Wirtschafts- und sozialgeschichtliche Zusammenhänge der deutschen Reichsgründungszeit. In: Historische Zeitschrift 197 (1963), S. 318 ff.; *ders.:* Wirtschaft und Gesellschaft in Deutschland in der Zeit der Reichsgründung. In: Reichsgründung 1870/71. Tatsachen – Kontroversen – Interpretationen. Hrsg. von *Th. Schieder* und *E. Deuerlein.* Stuttgart 1970, S. 197 ff.
Zum Heeres- und Verfassungskonflikt *H.-A. Winkler:* Preußischer Liberalismus und deutscher Nationalstaat. Studien zur Geschichte der deutschen Fortschrittspartei 1861–1866. Tübingen 1964; *E. R. Huber:* Deutsche Verfassungsgeschichte seit 1789. Bd. III. Stuttgart 1963, S. 275 ff.; *L. Dehio:* Die Pläne der Militärpartei und der Konflikt. In: Deutsche Rundschau 213 (1927), S. 91 ff.; *ders.:* Die Taktik der Opposition während des Konflikts. In: Historische Zeitschrift 140 (1929), S. 279 ff.; *ders.:* Bismarck und die Heeresvorlagen der Konfliktzeit. In: ebd. 144 (1931), S. 31 ff.; *G. Ritter:* Staatskunst und Kriegshandwerk. Bd. 1. München [3]1965, S. 159 ff.; *G. A. Craig:* Die preußisch-deutsche Armee 1640–1945. Staat im Staat. Düsseldorf 1960; *E. Zechlin:* Bismarck und die Grundlegung der deutschen Großmacht. Stuttgart [2]1960, S. 168 ff. (Die Krisis in Preußen und Deutschland und Bismarcks Berufung); *M. Messerschmidt:* Die Armee in Staat und Gesellschaft. Die Bismarckzeit. In: *M. Stürmer* (Hrsg.): Das kaiserliche Deutschland. Politik und Gesellschaft 1871–1918. Düsseldorf 1970, S. 89 ff.
Zitat *L. Gall* aus dessen Beitrag: Die »deutsche Frage« im 19. Jahrhundert. In: 1871 – Fragen an die deutsche Geschichte. Katalog zu den Historischen Ausstellungen im Reichstagsgebäude in Berlin und in der Paulskirche in Frankfurt a. M. aus Anlaß der hundertsten Wiederkehr des Jahres der Reichsgründung 1871. Berlin 1971, S. 45 ff.

II. 1862–1871

1. Die Auseinandersetzung mit Österreich – Von der Dezemberkrise 1862 bis zum Prager Frieden 1866

Zur Dezemberkrise 1862 *E. Zechlin:* Bismarck und die Grundlegung der deutschen Großmacht. Stuttgart ²1960, S. 368 ff. (im Nachtrag die ältere Kontroverse S. 632 f.) – Neueste Untersuchung: *R. Isler:* Diplomatie als Gespräch. Bismarcks Auseinandersetzung mit Österreich im Winter 1862/63. Winterthur 1966.
Zum polnischen Aufstand von 1863 und zur Konvention Alvensleben: *Zechlin,* a. a. O., S. 412 ff. (Kontroverse hierzu S. 635 ff.); *F.-H. Gentzen:* Großpolen im Januaraufstand. (Das Großherzogtum Posen 1858—1864.) Berlin (Ost) 1958.
Zum Verhältnis Bismarck – Napoleon III. bzw. Preußen – Frankreich: *H. Geuss:* Bismarck und Napoleon III. Ein Beitrag zur Geschichte der preußisch-französischen Beziehungen 1851–1871. Köln–Graz 1959; *R. Buchner:* Die deutsch-französische Tragödie 1848–1864. Politische Beziehungen und psychologisches Verhältnis. Würzburg 1965; *R. v. Albertini:* Frankreichs Stellungnahme zur deutschen Einigung während des Zweiten Kaiserreiches. In: Schweizerische Zeitschrift für Geschichte 5 (1955), S. 305 ff.; *N. N. Barker:* Distaff Diplomacy. The Empress Eugénie and the Foreign Policy of the Second Empire. Austin–London 1967; *L. M. Case:* French Opinion on War and Diplomacy during the Second Empire. Philadelphia 1954; *W. A. Fletcher:* The Mission of Vincent Benedetti to Berlin 1869 bis 1870. The Hague 1965; *Th. Zeldin:* Émile Ollivier and the Liberal Empire of Napoleon III. Oxford 1963. – Die ältere Kontroverse um Napoleons III. »Rheinpolitik« *H. Oncken:* Die Rheinpolitik Kaiser Napoleons III. 1863 bis 1870 und der Ursprung des Krieges von 1870/71. 3 Bde. Stuttgart 1926; *G. Ritter:* Bismarck und die Rheinpolitik Napoleons III. In: Rheinische Vierteljahresblätter 15/16 (1950/51), S. 339 ff.; ferner *O. Graf zu Stolberg-Wernigerode:* Robert Heinrich Graf v. d. Goltz. Botschafter in Paris 1863 bis 1869. Oldenburg 1941. – Zusammenfassende – England mit einbeziehende – Arbeit hierzu, die allerdings nur das bis etwa 1960 Publizierte erfaßt hat, *H. Burckhardt:* Deutschland–England–Frankreich. Die politischen Beziehungen Deutschlands zu den beiden westeuropäischen Großmächten 1864 bis 1866. München 1970; jetzt auch *L. A. Puntila:* Bismarcks Frankreichpolitik. Göttingen 1971 (nur die Literatur bis 1952 auswertend).
Zur Politik Bismarcks in der deutschen Frage bis 1866 – neben dem älteren Standardwerk von *H. Friedjung:* Der Kampf um die Vorherrschaft in Deutschland 1859–1866. Stuttgart ¹⁰1916 – *C. W. Clark:* Franz Joseph and Bismarck. The Diplomacy of Austria before the War of 1866. Cambridge/Mass. 1934; *H. Lipgens:* Bismarcks Österreich-Politik vor 1866. Die Urheberschaft des Schönbrunner Vertragsentwurfs vom August 1864. In: Die Welt als Geschichte 10 (1950), S. 240 ff. – *Lipgens* wendet sich in seiner neuesten Betrachtung: Zum geschichtlichen Standort der Reichsgründung 1870/71. In: Geschichte in Wissenschaft und Unterricht 22 (1971), S. 513 ff., prononciert auch gegen die in der preußisch-deutschen Geschichtsschreibung übliche negative Bewertung des Fürstentagsplans Österreichs 1863 (z. B. bei *M. Lenz:* Die Begegnung König Wilhelms mit dem Kaiser Franz Joseph in Gastein am 3. August 1863. In: Staat und Persönlichkeit. Festschrift für E. Brandenburg. Leipzig 1928, und *H. Scheller:* Der Frank-

furter Fürstentag. Diss. phil. Leipzig 1930) und konstatiert (ebd., S. 520): »Obgleich konservative Elemente noch überwogen und der Souveränitätsdünkel der Mittelstaaten schwierig zu überwinden gewesen wäre, bedarf dies Reformprogramm als (nicht einzige, aber realpolitisch möglichste) Alternative zu Bismarcks Weg gründlicherer Erforschung als im Banne kleindeutscher Historie bisher geschehen. Eine Studie meinerseits ist in Vorbereitung.« Ferner: *R. Stadelmann:* Das Jahr 1865 und das Problem von Bismarcks europäischer Politik. München–Berlin 1933; *E. Kessel:* Gastein. In: Historische Zeitschrift 176 (1953), S. 521 ff.; *H. Ritter v. Srbik:* Die Schönbunner Konferenzen vom August 1864. In: Historische Zeitschrift 153 (1936), S. 43 ff.; *P. Bernstein:* Les entrevues de Biarritz et de St. Cloud (Oct.–Nov. 1865): In: Revue d'histoire diplomatique 68 (1964), S. 330 ff.

Zum Konflikt um Schleswig-Holstein 1864: *A. Klein-Wuttig:* Politik und Kriegführung in den deutschen Einigungskriegen 1864, 1866 und 1870/71. Berlin 1934; *H. Hotz:* Politik und Kriegführung auf deutscher Seite im deutsch-dänischen Krieg 1964. Diss. phil. Tübingen 1935; *J. Voigt:* Die britische Außenpolitik in der Schleswig-Holstein-Frage 1859–1864. Diss. phil. Kiel 1959; *ders.:* Englands Außenpolitik während des deutsch-dänischen Konflikts 1862–1864. In: Zeitschrift für schleswig-holsteinische Geschichte 89 (1964), S. 61 ff.; *F. Hähnsen:* Ursprung und Geschichte des Artikels V des Prager Friedens. Die deutschen Akten zur Frage der Teilung Schleswigs 1863–1879. 2 Bde. Breslau 1929; *O. Hauser:* Bismarck und die Nordschleswigsche Frage. In: Geschichte Schleswig-Holsteins. Neumünster 1954.

Zum Kriege von 1866: *W. v. Groote* und *U. v. Gersdorff* (Hrsg.): Entscheidung 1866. Der Krieg zwischen Österreich und Preußen. Stuttgart 1966 (darin vor allem *W. Conze:* Die Ermöglichung des Nationalstaates, und *L. Jedlicka:* Vom Kaisertum Österreich zur Doppelmonarchie Österreich-Ungarn); *A. Wandruszka:* Schicksalsjahr 1866. Graz–Wien–Köln 1966; *W. Frauendienst:* Das Jahr 1866. Preußens Sieg die Vorstufe des Deutschen Reiches. Göttingen 1966 (besonders für die Annexionspolitik Bismarcks in Norddeutschland wichtig); »Entscheidungsjahr 1866« (mit Beiträgen von *Th. Schieder, W. Bußmann, H. Hantsch, E. Deuerlein* und *W. Pöls*), in: Aus Politik und Zeitgeschichte. Beilage der Wochenzeitung »Das Parlament«, Nr. 24 und 25/1966; *F. P. Kahlenberg:* Das Epochenjahr 1866 in der deutschen Geschichte. In: *M. Stürmer* (Hrsg.): Das kaiserliche Deutschland. Politik und Gesellschaft 1870–1918. Düsseldorf 1970, S. 51 ff. -- Einzelprobleme: *H. Ritter v. Srbik:* Der Geheimvertrag Österreichs und Frankreichs vom 12. Juni 1866. In: Historisches Jahrbuch 1937, S. 454 ff.; *R. Lill:* Die Vorgeschichte der preußisch-italienischen Allianz 1866. In: Quellen und Forschungen aus italienischen Archiven und Bibliotheken 42/43 (1963), S. 505 ff.; *ders.:* Beobachtungen zur preußisch-italienischen Allianz. In: ebd. 44 (1964), S. 464 ff.; *G. Roloff:* Bismarcks Friedensschlüsse mit den Süddeutschen im Jahre 1866. In: Historische Zeitschrift 146 (1932), S. 1 ff.; *G. A. Craig:* Königgrätz. Wien–Hamburg 1966; *K. O. Frhr. v. Aretin:* 1866, ein Entscheidungsjahr der europäischen Geschichte. In: Die Reichsgründung von 1871 im Urteil der Gegenwart. Hrsg. vom Institut für staatsbürgerliche Bildung von Rheinland-Pfalz. Mainz 1971, S. 9 ff. – Von der älteren Literatur *J. A. v. Reiswitz:* Berlin–Belgrad, Belgrad–Berlin 1866–1871. München 1936; *H. Wendel:* Bismarck und Serbien im Jahre 1866. Berlin 1927; *G. Brüns:* England und der deutsche Krieg 1866. Berlin 1933.

Zur Luxemburg-Krise die (noch unveröffentlichte) Studie von *H. Willenborg:* Bismarcks Politik in der Luxemburg-Krise (Freiburg i. Br. 1971).

Zu dem – in diesem Band nur gestreiften – Verhältnis zu den USA *O. Graf zu Stolberg-Wernigerode:* Deutschland und die Vereinigten Staaten von Amerika im Zeitalter Bismarcks. Berlin–Leipzig 1933; *B. Siemers:* Amerika und die deutsche Einheit 1849–1871. In: Geschichtliche Kräfte und Entscheidungen. Festschrift für O. Becker. Wiesbaden 1954, S. 176 ff.

Zum Norddeutschen Bund und zur internationalen Politik zwischen 1866 und 1870 *O. Becker:* Bismarcks Ringen um Deutschlands Gestaltung. Hrsg. und ergänzt von *A. Scharff:* Heidelberg 1958 (vor allem für die innenpolitische und verfassungsgeschichtliche Problematik grundlegend); *A. Wandruszka:* Zwischen Nikolsburg und Bad Ems. In: Reichsgründung 1870/71. Tatsachen – Kontroversen – Interpretationen. Hrsg. von *Th. Schieder* und *E. Deuerlein.* Stuttgart 1970, S. 33 ff.; *R. Dietrich* (Hrsg.): Europa und der Norddeutsche Bund. Berlin 1967; *A. Meyer:* Der Zollverein und die deutsche Politik Bismarcks. Freiburg i. Br. 1958; *M. Wenzel:* Die Politik Napoleons III. an den süddeutschen Höfen 1866–70. Diss. phil. (Masch.-Ms.) Freiburg i. Br. 1950; *H. Potthoff:* Die deutsche Politik Beusts. Von seiner Berufung zum österreichischen Außenminister Oktober 1866 bis zum Abbruch des deutsch-französischen Krieges 1870/71. Bonn 1968; *R. Millman:* British Foreign Policy and the Coming of the Franco-Prussian War. Oxford 1965; *A. Ramm* (Hrsg.): The Political Correspondence of Mr. Gladstone and Lord Granville 1868–1876. Vol. I. Oxford 1952; *B. Jelavich:* Rußland und die Einigung Deutschlands unter preußischer Führung. In: Geschichte in Wissenschaft und Unterricht 19 (1968), S. 521 ff.; *dies.:* Rußland 1852–1871: Aus den Berichten der bayerischen Gesandschaft in Rußland und die Einigung Deutschlands unter preußischer Führung. In: St. Petersburg. Wiesbaden 1963; *C. W. Clark:* Prince Gorchakov and the Black Sea Question in 1866. In: American Historical Review 48 (1942), S. 52 ff.; *E. M. Carroll:* Germany and the Great Powers 1866–1914. Hamden/Conn. 1966 (Neudruck der Ausgabe 1938); *R. Lill:* Die italienisch-deutschen Beziehungen 1869–1876. In: Quellen und Forschungen 46 (1966). S. 395 ff. – Ältere Arbeiten: *W. Ebel:* Bismarck und Rußland vom Prager Frieden bis zum Ausbruch des Krieges 1870. Gelnhausen 1936; *H. Michael:* Bismarck, England und Europa 1866–1870. München 1930.

Zur Kontroverse um die Geschichte der spanischen Thronkandidatur und zur unmittelbaren Vorgeschichte des deutsch-französischen Krieges 1870/71 *J. Dittrich:* Bismarck, Frankreich und die spanische Thronkandidatur der Hohenzollern. Die »Kriegsschuldfrage« von 1870. München 1962; *R. Morsey:* Geschichtsschreibung und amtliche Zensur. Zum Problem der Aktenveröffentlichung über die spanische Thronkandidatur der Sigmaringer Hohenzollern. In: Historische Zeitschrift 184 (1957), S. 555 ff. (Bezugnahme auf die Aktenedition in englischer Übersetzung von *G. Bonnin* (Hrsg.): Bismarck and the Hohenzollern Candidature for the Spanish Throne. The Documents in the German Diplomatic Archives. London 1957.); *R. Morsey:* Die Hohenzollernsche Thronkandidatur in Spanien. In: Historische Zeitschrift 186 (1958), S. 573 ff.; *E. Eyck:* Bismarck, Wilhelm I. und die spanische Thronkandidatur. Aus den geheimen Akten der Wilhelmstraße. In: Die deutsche Rundschau 84 (1958), S. 723 ff.; *L. D. Steefel:* Bismarck, the Hohenzollern Candidacy, and the Origins of the Franco-German War of 1870. Cambridge/Mass. 1962; *N. N. Barker:* Napoleon III. and the Hohenzollern Candidacy for the Spanish Throne. In: The Historian 29 (1967), S. 431 ff.; *C. J. Bartlett:* Clarendon, the Foreign Office and the Hohenzollern Candidature. In: English History Review 75 (1960), S. 276 ff.; zur aktuellen Kontroverse zu diesem Thema: *E. Kolb:* Der Kriegsausbruch

1870. Politische Entscheidungsprozesse und Verantwortlichkeiten in der Julikrise 1870. Göttingen 1970 (daraus Zitat); *J. Becker:* Der Krieg mit Frankreich als Problem der kleindeutschen Einigungspolitik Bismarcks 1866–1870. In: *M. Stürmer* (Hrsg).: Das kaiserliche Deutschland. Politik und Gesellschaft 1870–1918. Düsseldorf 1970, S. 75 ff., *ders.:* Zum Problem der Bismarckschen Politik in der spanischen Thronfrage 1870. In: Historische Zeitschrift 212 (1971), S. 529 ff. (daraus Zitat).
Ferner *L. v. Muralt:* Die diplomatisch-politische Vorgeschichte. In: Entscheidung 1870. Hrsg. von *W. v. Groote* und *U. v. Gersdorff.* Stuttgart 1970, S. 9 ff.; *J. Dittrich:* Ursachen und Ausbruch des deutsch-französischen Krieges 1870/71. In: Reichsgründung 1870/71. Tatsachen – Kontroversen – Interpretationen. Hrsg. von *Th. Schieder* und *E. Deuerlein.* Stuttgart 1970, S. 64 ff.; *W. L. Langer:* Red Rag and Gallic Bull. The French Decision for War 1870. In: Europa und Übersee. Festschrift für E. Zechlin. Hrsg. von *O. Brunner* und *D. Gerhard.* Hamburg 1961, S. 135 ff.; *F. Kallenberg:* Die Vorgeschichte des Krieges von 1870/71. In: Die Reichsgründung von 1871 im Urteil der Gegenwart. Hrsg. vom Institut für staatsbürgerliche Bildung in Rheinland-Pfalz. Mainz 1971, S. 45 ff. (daraus Zitat); *F. Spencer*: Historical Revision: Bismarck and the Franco-Prussian War. In: History 40 (1955), S. 319 ff.; *J. Stangers:* Aux origines de la guerre de 1870. Gouvernement et opinion publique. In: Revue belge de philosophie et d'histoire 34 (1956), S. 701 ff.; *C.W. Clark:* Bismarck, Russia and the Origins of the War of 1870. In: Journal of Modern History 14 (1942), S. 195 ff.; *S. W. Halperin:* Bismarck and the Italian Envoy in Berlin on the Eve of the Franco-Prussian War. In: Journal of Modern History 33 (1961), S. 33 ff.; *E. Walder:* Die Emser Depesche. Bern 1959.
Zu den süddeutschen Staaten zwischen 1866 und 1870 *Th. Schieder:* Die kleindeutsche Partei in Bayern in den Kämpfen um die deutsche Einheit 1863–1871. München 1936; *K. Hoffmann:* Badens Anteil an der Reichsgründung. Karlsruhe 1927; *L. Gall:* Der Liberalismus als regierende Partei. Das Großherzogtum Baden zwischen Restauration und Reichsgründung. Wiesbaden 1968; *A. Rapp:* Die Württemberger und die nationale Frage 1863 bis 1871. Stuttgart 1910. – *H. W. Schlaich* kündigte in dem Aufsatz: Die Gründung des Nationalstaates als historisches und politisches Problem, in: Politische Studien 195 (1971), S. 3 ff., eine große Untersuchung über die Politik der süddeutschen Staaten von 1815 bis 1866 an.

3. Deutsch-französischer Krieg, Reichsgründung und Annexion Elsaß-Lothringens

Zum Kriegsverlauf *M. Howard:* The Franco-Prussian War. The Invasion of France 1870–71. New York 1961; Entscheidung 1870. Der deutsch-französische Krieg. Hrsg. von *W. v. Groote* und *U. v. Gersdorff.* Stuttgart 1970 (vor allem die Beiträge von *E. Kaulbach* und *H. Meier-Welcker); E. Kolb:* Kriegführung und Politik 1870/71. In: Reichsgründung 1870/71, a. a. O., S. 95 ff.; *F. Herre:* Anno 70/71. Ein Krieg, ein Reich, ein Kaiser. Köln 1970 (journalistische Reportage, auf geschichtswissenschaftlicher Grundlage). Methodisches wie sachlich Neues bietet *R. Lenz:* Kosten und Finanzierung des Deutsch-Französischen Krieges 1870/71. Boppard 1970; ältere Arbeiten: *G. Ritter:* Staatskunst und Kriegshandwerk. Bd. 1. München 1965, S. 238 ff.; *R. Stadelmann:* Moltke und der Staat. Krefeld 1951; *E. Kessel:* Moltke. Stuttgart 1957; *A. O. Meyer:* Bismarck und Moltke vor dem Fall von Paris und beim Friedensschluß. In: Stufen und Wandlungen der deutschen Einheit. Festschrift für K. A. v. Müller. Stuttgart 1943, S. 329 ff.

Zur neuen Kontroverse um die Annexion Elsaß-Lothringens *W. Lipgens:* Bismarck, die öffentliche Meinung und die Annexion von Elsaß und Lothringen 1870. In: Historische Zeitschrift 199 (1964), S. 31 ff. (daraus Zitat); dagegen *L. Gall:* Zur Frage der Annexion von Elsaß und Lothringen 1870. In: ebd. 206 (1968), S. 265 ff. (daraus Zitat); darauf Entgegnung *W. Lipgens:* Bismarck und die Frage der Annexion 1870. In: ebd. 206 (1968), S. 586 ff.; abschließend *E. Kolb:* Bismarck und das Aufkommen der Annexionsforderung 1870. In: ebd. 209 (1969), S. 318 ff.; ferner *R. Buchner:* Die deutsche patriotische Dichtung vom Kriegsbeginn 1870 über Frankreich und die elsässische Frage. In: ebd., 206 (1968), S. 327 ff.; *J. Becker:* Baden, Bismarck und die Annexion von Elsaß und Lothringen. In: Zeitschrift für die Geschichte des Oberrheins 115 (1967), S. 167 ff.; *O. Stoeckicht:* Bismarck und das Elsaß. In: Studien der Erwin-von-Steinbach-Stiftung 2 (1968), S. 59 ff.; *E. Kolb:* Der Kriegsrat zu Herny am 14. August 1870. Zur Entstehung des Annexionsentschlusses der preußischen Führungsspitze im Krieg von 1870. In: Militärgeschichtliche Mitteilungen 1/1971, S. 5 ff.; und *L. Gall:* Das Problem Elsaß-Lothringen. In: Reichsgründung 1870/71, a. a. O., S. 366 ff.

Zu den Verhandlungen mit den süddeutschen Staaten und zum Reichsgründungsakt *K. Bosl:* Die Verhandlungen über den Eintritt der süddeutschen Staaten in den Norddeutschen Bund und die Entstehung der Reichsverfassung. In: Reichsgründung 1870/71, a. a. O., S. 148 ff.; *W. Schüßler:* Das Geheimnis des Kaiserbriefes Ludwigs II. In: Festschrift für Otto Becker. Wiesbaden 1954, S. 206 ff.; *E. Brandenburg:* Die Verhandlungen über die Gründung des Deutschen Reiches 1870. In: Historische Vierteljahresschrift 15 (1912), S. 493 ff.; *M. Doeberl:* Bayern und die Bismarcksche Reichsgründung. München–Berlin 1925; *G. A. Rein:* Die Reichsgründung in Versailles 18. Januar 1871. München 1958. Älteres Standardwerk *E. Brandenburg:* Die Reichsgründung. 2 Bde. Leipzig [2]1922.

Zu Bismarcks Politik gegenüber Frankreich während des Krieges 1870/71 *G. Bourgin:* Une entente franco-allemande. Bismarck, Thiers, Jules Favres et la répression de la Commune de Paris mai 1871. In: International Review of Social History 1 (1956), S. 41 ff.; *P. Jakobs:* Der Untergang der Ostarmee. Zu den Waffenstillstandsverhandlungen zwischen Bismarck und Favre (noch unveröffentlichtes Ms. 1971).

Zur Londoner Pontus-Konferenz 1871 *K. Rheindorf:* Die Schwarze-Meer-(Pontus-)Frage vom Pariser Frieden von 1856 bis zum Abschluß der Londoner Konferenz von 1871. Berlin 1925.

Zum Friedensschluß *E. Kessel:* Der Frankfurter Frieden 1871. In: Studien der Erwin-von-Steinbach-Stiftung. Hrsg. von *Chr. Hallier.* Bd. 3. Frankfurt a. M. 1971, S. 123 ff.

III. 1871–1890

1. Das Dilemma der »halb-hegemonialen« Stellung des Deutschen Reiches – Die »Krieg-in-Sicht«-Krise

Zum allgemeinen Thema »Deutschland und Europa nach 1871« *Th. Schieder:* Das Deutsche Reich und seine nationalen und universalen Beziehungen 1871–1945. In: Reichsgründung 1870/71, a. a. O., S. 422 ff.; *H. Lades:* Bismarck und die Mittellage Deutschlands in Europa. Pfaffenhofen 1965; *W. Hofer* (Hrsg.): Europa und die Einheit Deutschlands. Eine Bilanz nach 100 Jahren. Köln 1970; *J.-B. Duroselle:* Die europäischen Staaten und die Gründung des Deutschen Reiches. In: Reichsgründung 1870/71, a. a. O., S. 386 ff.; *Th. Schieder:* Bismarck und Europa. Ein Beitrag zum Bismarck-Problem. In: Deutschland und Europa. Festschrift für H. Rothfels. Düsseldorf 1951, S. 15 ff.; *G. Ritter:* Europa und die deutsche Frage. München 1948; *W. Bußmann:* Europa und das Bismarckreich. In: Die deutsche Einheit als Problem der europäischen Geschichte. Hrsg. von *C. Hinrichs* und *W. Berges.* Stuttgart 1961, S. 156 ff. – Von der älteren Literatur: *V. Valentin:* Bismarcks Reichsgründung im Urteil englischer Diplomaten. Amsterdam 1937.

Gegen die harmonisierende Deutung der Außenpolitik Bismarcks in den Jahren 1871–1875, die in den älteren Darstellungen vorherrschte – nicht zuletzt Folge der zu schmalen Quellenbasis, die die ersten Bände der Reihe »Die große Politik der europäischen Kabinette 1871–1914« (a. a. O.) bieten –, hat wiederholt *M. Winckler* prononciert Stellung genommen, ohne daß seine – die Bedeutung der Pressepolitik Bismarcks, aber auch die der anderen Mächte für diese Zeit stark betonenden – Studien stärkere Beachtung gefunden hätten. Wichtigste Veröffentlichungen Wincklers, die einen zentralen Bezugspunkt in der »Krieg-in-Sicht«-Krise haben: *M. B. Winckler:* Bismarcks Bündnispolitik und das europäische Gleichgewicht. Stuttgart 1964; *ders.:* Der Ausbruch der »Krieg-in-Sicht«-Krise vom Frühjahr 1875. In Zeitschrift für Ostforschung 14 (1965), S. 671 ff.; *ders.:* Rußland, die »Krieg-in-Sicht«-Krise und der Beginn des deutsch-dänischen Sprachenkampfes. In Jahrbuch der Albertus-Universität zu Königsberg/Preußen 15 (1965), S. 202 ff.; *ders.:* Wilhelms I. Thronrede (29. 10. 1874) und die Herbstkrise des Jahres 1874. In: Jahrbuch der Albertus-Universität zu Königsberg/Preußen 18 (1968), S. 310 ff. Zur »ideologischen« Grundlage der Bismarckschen Politik nach 1870 *M. L. Brown:* The Monarchical Principle in Bismarckian Diplomacy after 1870. In: The Historian 15 (1952), S. 41 ff.

Ältere Arbeiten zur internationalen Politik zwischen 1871 und 1875: *H. Herzfeld:* Deutschland und das geschlagene Frankreich 1871–1873. Berlin 1924; *ders.:* Die deutsch-französische Kriegsgefahr von 1875. Berlin 1922; *G. Rosen:* Die Stellungnahme der Politik Bismarcks zur Frage der Staatsform in Frankreich 1871–1890. Berlin 1924; *A. F. Pribram:* England and the International Policy of the European Great Powers, 1871–1914. Oxford 1953; *H. Rothfels:* Bismarck, der Osten und das Reich. Stuttgart ²1960; *H. Holborn:* Bismarcks europäische Politik zu Beginn der siebziger Jahre und die Mission Radowitz. Berlin 1925; *ders.:* Bismarck und Schuwalow im Jahre 1875. In: Historische Zeitschrift 130 (1924), S. 256 ff.; *M. Meine:* England und Deutschland 1871–1876. Berlin 1937; *N. Jakipse:* Europa und Bismarcks Friedenspolitik. Die internationalen Beziehungen von 1871 bis 1890. Berlin 1927.

 Als Hintergrund für Bismarcks Außenpolitik in dieser Zeit grundlegend

Th. Schieder: Das deutsche Kaiserreich als Nationalstaat. Köln 1961. Zu den auf die Außenpolitik stark einwirkenden Nationalitätenproblemen des Kaiserreichs *O. Hauser:* Polen und Dänen im Deutschen Reich. In: Reichsgründung 1870/71, a. a. O., S. 291 ff.; *H. Neubach:* Die Ausweisung von Polen und Juden aus Preußen 1885/86. Wiesbaden 1967; *H.-U. Wehler:* Die Polenpolitik des Deutschen Kaiserreiches 1871–1918. In: Festschrift für Th. Schieder. München 1968, S. 297 ff.; *J. Mai:* Die preußisch-deutsche Polenpolitik 1885–1887. Berlin (Ost) 1962; *H.-U. Wehler:* Elsaß-Lothringen von 1870 bis 1918. In: Zeitschrift für Geschichte des Oberrheins 109 (1962), S. 133 ff.; *L. Gall:* Das Problem Elsaß-Lothringen. In: Reichsgründung 1870/71. a. a. O., S. 366 ff. Allgemein die Aufsatzsammlung von *H.-U. Wehler*: Krisenherde des Kaiserreiches 1871–1918. Göttingen 1970.

Neuere Studien zu Einzelproblemen von Bismarcks Außenpolitik und zu den internationalen Beziehungen dieser Jahre: *R. Wittram:* Bismarcks Rußlandpolitik nach der Reichsgründung. In: Historische Zeitschrift 186 (1958), S. 261 ff.; *ders.:* Bismarck und Rußland. In: Deutsch-russische Beziehungen von Bismarck bis zur Gegenwart. Hrsg. von *W. Markert.* Stuttgart 1964, S. 17 ff.; *ders.:* Bismarck und Gorčakov. In: Nachrichten der Akademie der Wissenschaften in Göttingen. Philol.-Histor. Klasse, 1955, S. 221 ff.; journalistische Arbeit (den Gegensatz zwischen der antideutschen Politik Rußlands und Bismarcks Zielsetzung überbetonend): *D. Friede:* Der verheimlichte Bismarck. Neue Untersuchungen über Bismarcks Rußlandpolitik. Würzburg 1960; *T. T. Höjer:* Bismarck, Decazes och den europeiska krisen 1875. Uppsala 1940; *K. Hildebrand:* Von der Reichseinigung zur »Krieg-in-Sicht«-Krise. Preußen-Deutschland als Faktor der britischen Außenpolitik 1866–1875. In: *M. Stürmer* (Hrsg.): Das kaiserliche Deutschland. Politik und Gesellschaft 1870—1918. Düsseldorf 1970, S. 205 ff. (Vorstudie zu einer umfassenden Darstellung der britischen Deutschland-Politik in dieser Zeit auf breitester Grundlage); *W. N. Medlicott:* Bismarck, Gladstone and the Concert of Europe. Londnn 1956; *A. Hillgruber:* Die »Krieg-in-Sicht«-Krise 1875 – Wegscheide der Politik der europäischen Großmächte in der späten Bismarck-Zeit. In Gedenkschrift M. Göhring. Hrsg. von *E. Schulin.* Wiesbaden 1968, S. 239 ff.; *R. Buchner:* Der Krieg und das europäische Gleichgewicht. In: Entscheidung 1870. Der deutsch-preußische Krieg. Hrsg. vom Militärgeschichtlichen Forschungsamt durch *W. v. Groote* und *U. v. Gersdorff.* Stuttgart 1970, S. 290 ff.

Zur Pressepolitik als Element von Bismarcks Außenpolitik – neben den Studien Wincklers – *I. Fischer-Frauendienst:* Bismarcks Pressepolitik. Münster i. W. 1962; *R. Morsey:* Zur Pressepolitik Bismarcks. Die Vorgeschichte des Pressedezernats im Auswärtigen Amt (1870). In: Publizistik 1 (1956), S. 177 ff.; *E. Naujoks:* Bismarck und die Organisation der Regierungspresse. In: Historische Zeitschrift 205 (1967), S. 46 ff.; *ders.:* Bismarcks auswärtige Pressepolitik und die Reichsgründung (1865–1871). Wiesbaden 1968 (als Voraussetzung für die neue Etappe der Pressepolitik nach 1871 wichtig).

Zu Moltkes Zweifrontenkriegsplanung *P. Rassow:* Der Plan des Feldmarschalls Grafen Moltke für den Zweifrontenkrieg 1871–1890. Breslau 1936; *G. Ritter:* Staatskunst und Kriegshandwerk. Bd. I. München [3]1965, S. 288 ff.

Zu Andrassy immer noch als einziges *E. v. Wertheimer:* Graf J. Andrassy. Sein Leben und seine Zeit. 3 Bde. Stuttgart 1910–1913; ergänzend *Julius Andrassy d. J.:* Bismarck und Andrassy. Budapest 1924; ferner *F. Leidner:* Die Außenpolitik Österreich-Ungarns vom Deutsch-Französischen Krieg bis zum Deutsch-Österreichischen Bündnis, 1870–1879. Diss. phil. Kiel 1936.

2. Das „Options"-Problem und die Ablenkung der Spannungen zwischen den Mächten an die europäische Peripherie

Zur Orientkrise *M. D. Stojanovic:* The Great Powers and the Balkans, 1875–1878. London 1939; *H. Grosche:* Bismarcks Bündnisangebot an Großbritannien im ersten Jahr der großen orientalischen Krisis 1875/76. Diss. phil. Frankfurt a. M. 1950 (Bedeutung überbetonend); *W. Schüßler:* Bismarcks Bündnisangebot an Rußland »Durch dick und dünn« im Herbst 1876. In: Historische Zeitschrift 147 (1932); *F. Ronneberger:* Bismarck und Südosteuropa. Berlin 1941.
Zum Berliner Kongreß 1878: *W. N. Medlicott:* The Congress of Berlin and after. London 1938; *A. Novotny:* Quellen und Studien zur Geschichte des Berliner Kongresses 1878. Bd. I: Österreich, die Türkei und das Balkanproblem im Jahre des Berliner Kongresses. Köln–Graz 1957; *ders.:* Das Problem des Friedens und des Krieges im Jahre des Berliner Kongresses 1878. In: Wissenschaft und Weltbild 9 (1956), S. 290 ff.; *ders.:* Der Berliner Kongreß und das Problem einer europäischen Politik. In: Historische Zeitschrift 186 (1958), S. 285 ff.; *M. B. Winckler:* Bismarcks Rumänienpolitik und die europäischen Großmächte 1878/79. In: Jahrbücher für Geschichte Osteuropas N. F. 2 (1954), S. 53 ff.
Zum »Options«-Problem, zum Zweibund und zum Dreikaiservertrag von 1881: *Ch.* und *B. Jelavich:* Bismarck's Proposal for the Revival of the Dreikaiserbund October 1878. In: Journal of Modern History 29 (1957), S. 99 ff.; *dies.:* Jomini and the Revival of the Dreikaiserbund 1879–1880. In: The Slavonic and East European Review 35 (1957), S. 523 ff.; *W. N. Medlicott:* Bismarck und Beaconsfield. In: Studies in Diplomatic History and Historiography in Honour of G. P. Gooch. Ed. by *A. O. Sarkissian.* London 1961, S. 225 ff.; *W. Schüßler:* Bismarck zwischen England und Rußland in der Krise von 1879/1880. In: Historische Vierteljahresschrift 27 (1932/33), S. 328 ff.; *R. Blake:* Disraeli. Oxford 1969; *M. B. Winckler:* Die Aufhebung des Artikels V (des Prager Friedens von 1866) und Bismarcks Weg zum Zweibund. In: Historische Zeitschrift 179 (1955), S. 500 ff. – Kontroverse zu diesem Spezialproblem zwischen Winckler und A. Scharff: *M. B. Winckler:* Die Zielsetzung in Bismarcks Nordschleswig-Politik und die schleswigsche Grenzfrage. In: Die Welt der Literatur 16 (1956), S. 211 ff.; ebd. 17 (1957), S. 203 ff.; *A. Scharff:* Zur Problematik der Bismarckschen Nordschleswig-Politik. In: Die Welt als Geschichte 16 (1956), S. 211 ff.; *M. B. Winckler:* Zur Zielsetzung und zu den Methoden der Nordschleswig-Politik Andrassys. In: Zeitschrift der Gesellschaft für schleswig-holsteinische Geschichte 85/86 (1961) und 87 (1962); *A. Scharff:* Bismarck, Andrassy und die Haltung Österreichs zum Nordschleswigschen Vorbehalt. In: Zeitschrift der Gesellschaft für schleswig-holsteinische Geschichte 87 (1962), S. 181 ff.
Ältere Literatur: *W. Windelband:* Bismarck und die europäischen Großmächte 1879–1885. Essen ²1942; *I. Grüning:* Die russische öffentliche Meinung und ihre Stellung zu den Großmächten 1878–1894. Berlin 1929; *E. Heller:* Das deutsch-österreichisch-ungarische Bündnis in Bismarcks Außenpolitik. Berlin 1925; *W. N. Medlicott:* Bismarck and the Emperor's Alliance, 1881–1887. Transactions of the Royal History Society, Serie 4, vol. 27 (1945).
Zum »Dreibund« *F. Fellner:* Der Dreibund. Europäische Diplomatie vor dem I. Weltkrieg Wien 1960.
Zu den »Mitteleuropa«-Initiativen 1879–1881 das Schlußkapitel von *H. Böhme:* Deutschlands Weg zur Großmacht. Studien zum Verhältnis von Wirtschaft und Staat während der Reichsgründungszeit 1848–1881. Köln–Berlin 1966.

Jetzt grundlegend, wenn auch in den Thesen, vor allem in der Verknüpfung mit der Imperialismus-Problematik, z. T. umstritten *H.-U. Wehler:* Bismarck und der Imperialismus. Köln–Berlin 1969. (Ausgewogenste kritische Rezension über dieses Werk von *W. J. Mommsen:* Bismarcks Kolonialpolitik in ihren Widersprüchen. In: Die Welt der Literatur, Nr. 21, 8. 10. 1969, S. 58 ff.); *H.-U. Wehler* (Hrsg.): Imperialismus. Köln–Berlin 1970. (Neue wissenschaftliche Bibliothek, Bd. 37.) (Daraus das längere Zitat.)

Zum Hintergrund der »Großen Depression« *H. Rosenberg:* Große Depression und Bismarckzeit. Wirtschaftsablauf, Gesellschaft und Politik in Mitteleuropa. Berlin 1967; kritisch dazu: *A. Gerschenkron* in: Continuity in History and Other Essays. Cambridge/Mass. 1968; *S. B. Saul:* The Myth of the Great Depression 1873–1896. London 1969.

Zur antibritischen Komponente in Bismarcks Kolonialpolitik *H. Pogge-v. Strandmann/A. Smith:* The German Empire in Africa and British Perspectives: A Historical Essay. In: Britain and Germany in Africa. Imperial Rivalry and Colonial Rule. Ed. by *P. Gifford/W. M. R. Louis,* with the Assistance of *A. Smith.* New Haven–London 1967, S. 709 ff.; *P. Kluke:* Bismarck und Salisbury, Ein diplomatisches Duell. In: Historische Zeitschrift 175 (1963), S. 285 ff.; *P. Bastin:* La rivalité commerciale anglo-allemande et les origines de la Première Guerre Mondiale, 1871–1914. Bruxelles 1959; *R. Cornevin:* The Germans in Africa before 1918. In: *L. H. Gann* und *P. Duignan* (Hrsg.): The History and Politics of Colonialism, 1870–1914. Cambridge 1969, S. 383 ff.; *H. Drechsler:* Südwestafrika unter deutscher Kolonialherrschaft, 1884–1915. Berlin (Ost) 1966; *G. S. P. Freeman-Grenville:* The German Sphere. In: *R. A. Oliver* und *G. Mathew* (Hrsg.): History of East Africa. Oxford 1963, S. 433 ff.; *P. Guillen:* L'Allemagne et le Maroc, 1870—1905. Paris 1967; *M. G. Jacobs:* Bismarck and the Annexation of New Guinea. In: Historical Studies. Australia and New Zealand 5 (1951), S. 14 ff.; *F. F. Müller:* Deutschland–Zanzibar–Ostafrika. Berlin (Ost) 1959; *H. Pogge-v. Strandmann:* Domestic Origins of Germany's Colonial Expansion under Bismarck. In: Past & Present 42 (1969), S. 140 ff.; *H. A. Turner:* Bismarck's Imperialist Venture. Anti-British in Origin? In: *P. Gifford, W. M. R. Louis* (Hrsg.): Britain and Germany in Africa, a. a. O., S. 47 ff.; *H. Washausen:* Hamburg und die Kolonialpolitik des Deutschen Reichs, 1880–1890. Hamburg 1968. Von den älteren Arbeiten: *U. Koch:* Münster und die deutsch-englischen Kolonialverhandlungen. Diss. phil. Göttingen 1937.

Zur Kongo-Konferenz: *G. Königk:* Die Berliner Kongo-Konferenz, 1884 bis 1885 Essen 1938; *S. E. Crowe:* The Berlin Westafrica Conference 1884/85. London 1942.

Zur Auseinandersetzung um Ägypten: *W. J. Mommsen:* Ägypten und der europäische Imperialismus. München 1961.

Zum allgemeinen Hintergrund: *H. Gollwitzer:* The Age of European Imperialism, 1880–1918. London 1969; *D. Oncken:* Das Problem des Lebensraums in der deutschen Politik von 1914. Diss. phil. (Masch.-Ms.) Freiburg i. Br. 1948.

4. Die Doppelkrise der Jahre 1884–1887

Zum Hintergrund: *R. Wittram:* Die russisch-nationalen Tendenzen der achtziger Jahre im Spiegel der österreichisch-ungarischen diplomatischen Berichte aus St. Petersburg. In: Schicksalswege deutscher Vergangenheit. Beiträge zur geschichtlichen Deutung der letzten hundertfünfzig Jahre. Hrsg. von *W. Hubatsch.* Düsseldorf 1950, S. 321 ff.; *W. N. Medlicott:* The Powers and the Unification of the two Bulgarias, 1885. In English Historical Review 54 (1939); *A. Dorpalen:* Tsar Alexander III. and the Boulanger Crisis in France. In: Journal of Modern History 23 (1951); *H. Stöcker:* Zur Politik Bismarcks in der englisch-russischen Krise von 1885. In: Zeitschrift für Geschichtswissenschaft 4 (1956), S. 1187 ff.; *S. A. Kaehler:* Bemerkungen zu einem Marginal Bismarcks von 1887. In: Historische Zeitschrift 167 (1943), S. 98 ff.

Zu Holsteins »Geheimpolitik« *H. Krausnick:* Holsteins Geheimpolitik in der Ära Bismarck 1886–1890. Dargestellt vornehmlich auf Grund unveröffentlichter Akten des Wiener Haus-, Hof- und Staatsarchivs. Hamburg 1942; *ders.:* Holsteins großes Spiel im Frühjahr 1887. In: Geschichte und Gegenwartsbewußtsein. Historische Betrachtungen und Untersuchungen. Festschrift für H. Rothfels zum 70. Geburtstag. Hrsg. von *W. Besson* und *F. Frhr. Hiller v. Gaertingen.* Göttingen 1963, S. 357 ff.; dagegen: *G. Richter:* Friedrich von Holstein. Ein Mitarbeiter Bismarcks. Lübeck 1966; etwas einlenkend *ders.:* Friedrich von Holstein. Politiker im Schatten der Macht. (Persönlichkeit und Geschichte, Bd. 49) Göttingen–Zürich–Frankfurt a. M. 1969. Ferner: *N. Rich:* Friedrich von Holstein. Politics and Diplomacy in the Era of Bismarck and Wilhelm II. 2 vols. Cambridge 1965.

Zum Rückversicherungsvertrag: *P. Rassow:* Zur Interpretation des Rückversicherungsvertrages. In: Historisches Jahrbuch der Görres-Gesellschaft 74 (1955), S. 758 ff.; *ders.:* Die Stellung Deutschlands im Kreise der großen Mächte 1887–1890. Mainz 1959: *H. Krausnick:* Rückversicherungsvertrag und Optionsproblem, 1887–1890. In: Festschrift für O. Becker. Wiesbaden 1954, S. 210 ff.; *H. Hallmann* (Hrsg.): Zur Geschichte und Problematik des Rückversicherungsvertrages von 1887. Darmstadt 1968 (Sammlung wichtiger Beiträge zum Thema).

Zum Präventivkriegsproblem das herausfordernde Werk von *U. Noack:* Bismarcks Friedenspolitik und das Problem des deutschen Machtverfalls. Leipzig 1928; ausgewogen *K.-E. Jeismann:* Das Problem des Präventivkrieges im europäischen Staatensystem mit besonderer Berücksichtigung der Bismarckzeit. Freiburg i. Br.–München 1957 (daraus auch die Zitate aus der liberalen Presse); *G. Ritter:* Staatskunst und Kriegshandwerk. Das Problem des »Militarismus« in Deutschland. Bd. I: Die altpreußische Tradition (1740–1890). München ³1965, S. 262 ff. und 302 ff.; *R. Stadelmann:* Moltke und der Staat. Krefeld 1950.

Zur ökonomischen Grundlage des deutsch-russischen Gegensatzes in der späten Bismarck-Zeit *H. Böhme:* Politik und Ökonomie in der Reichsgründungs- und späten Bismarck-Zeit. In *M. Stürmer* (Hrsg.): Das kaiserliche Deutschland. Politik und Gesellschaft 1870–1918. Düsseldorf 1970, S. 26 ff.; *H.-U. Wehler:* Bismarcks Imperialismus und späte Rußlandpolitik unter dem Primat der Innenpolitik. In: ebd., S. 35 ff.; *Horst Müller:* Wirtschaft und Außenpolitik in Bismarcks Rußlandpolitik 1862–90. Diss. phil. Köln 1971. Von einer DDR-Historikerin: *S. Kumpf-Korfes:* Bismarcks »Draht nach Rußland«. Zum Problem der sozialökonomischen Hintergründe der russisch-deutschen Entfremdung 1878–1891. Berlin (Ost) 1968; *dies.:* Zu

den zollpolitischen Auseinandersetzungen zwischen Deutschland und Rußland in der letzten Periode der Bismarckschen Ära. In: Jahrbuch für die Geschichte der UdSSR und der volksdemokratischen Länder Europas 8 (1964), S. 143 ff. – Von der älteren Literatur: *R. Ibbeken:* Das außenpolitische Problem Staat und Wirtschaft in der deutschen Reichspolitik 1880–1914. Schleswig 1928.
Zu dem Mittelmeer- und Orientabkommen 1887: *W. N. Medlicott:* The Mediterranean Agreement of 1887. In: Slavonic Review 5 (1926); *W. Schüßler:* Deutschland zwischen Rußland und England. Studien zur Außenpolitik des Bismarckschen Reiches 1879–1914. Leipzig [3]1943; *F. Fellner:* Der Dreibund, a. a. O.; *F. A. Hinsley:* Bismarck, Salisbury and the Mediterranean Agreements of 1887. In: Cambridge Historical Journal 1 (1958), S. 76 ff.

5. Die Alternativen deutscher Außenpolitik am Ende der Bismarck-Zeit

Gründliche neuere Studien über diese Problematik, die auf Grund der neu aufgefundenen Quellen im Archiv der Familie Bismarck Friedrichsruh jetzt möglich wären, fehlen noch.
Zum Bündnisangebot an England vom Januar 1889: *H. Rothfels:* Bismarcks englische Bündnispolitik. Stuttgart 1924; *R. Moeller:* Bismarcks Bündnisangebot an England vom Januar 1889. In: Historische Vierteljahresschrift 31 (1938), S. 507 ff.; dagegen *W. Schüßler:* Deutschland zwischen Rußland und England, a. a. O.; *R. Moeller:* Noch einmal Bismarcks Bündnisangebot an England vom Januar 1889. In: Historische Zeitschrift 163 (1941); *W. Schüßler:* Noch einmal Bismarck zwischen England und Rußland 1889. In: ebd.; *S. A. Kaehler:* Zwei deutsche Bündnisangebote an England, 1889 und 1939. Nachrichten der Akademie der Wissenschaften. Philol.-Histor. Klasse, Nr. 5, 1948.
Zum Rußlandproblem: *P. Jakobs:* Das Werden des französisch-russischen Zweibundes 1890–1894. Wiesbaden 1968, S. 11 ff. Zur Alternative allgemein: *A. Hillgruber:* Zwischen Hegemonie und Weltpolitik — Das Problem der Kontinuität von Bismarck bis Bethmann Hollweg. In: Das kaiserliche Deutschland. Politik und Gesellschaft 1871–1918, a. a. O., S. 187 ff.
Zum Problem der »ultima ratio« in Bismarcks Politik unter innenpolitischem Aspekt: *M. Stürmer:* Staatsstreichgedanken im Bismarckreich. In: Historische Zeitschrift 209 (1969), S. 566 ff. – Eine Untersuchung des Zusammenhangs zwischen dem Problem des »Staatsstreichs von oben« als »ultima ratio« in der Innenpolitik und des »Präventivkriegs« als »ultima ratio« in der Außenpolitik, die sich – über Bismarck hinweg – herausbildete, fehlt noch. Zitat aus dem Brief Bismarcks an Salisbury vom 22. 11. 1887 aus »Die große Politik der europäischen Kabinette«, a. a. O., Bd. 4, Dok. 930.
Zitat aus den Hassell-Tagebüchern: *U. v. Hassell:* Vom andern Deutschland. Aus den nachgelassenen Tagebüchern 1938–1944. Zürich und Freiburg i. Br. 1946, S. 356 (Eintragung vom 13. 7. 1944 über den Besuch in Friedrichsruh vom 1.–3. 7. 1944).
Zitat aus *Friedrich Meinecke:* Die deutsche Katastrophe. Betrachtungen und Erinnerungen. Wiesbaden [2]1946, wiedergegeben und in den Zusammenhang hineingestellt bei *H. Rothfels:* Probleme einer Bismarck-Biographie. In: *ders.:* Bismarck. Vorträge und Abhandlungen, a. a. O., S. 13.
Zitat von H. Rothfels, ebd., S. 21.

Personenregister

Auf eine Aufnahme des Stichworts »Otto v. Bismarck« wurde verzichtet.

Sachregister

Auf eine Aufnahme der Begriffe »Preußen« und »Deutschland« wurde verzichtet.

Karl W. Deutsch: Politische Kybernetik. Modelle und Perspektiven (The Nerves of Government).

Freiburg: Rombach 1970. Zweite, unveränderte Auflage ([1]1969). Aus dem Englischen von Erwin Häckel. 367 Seiten, Leinen 35 DM (Sozialwissenschaft in Theorie und Praxis, Bd. 6, hrsg. von Waldemar Besson † und Gerd-Klaus Kaltenbrunner).

PROF. DR. KARL W. DEUTSCH, geb. 1912, ein Freund von Norbert Wiener, dem Begründer der Kybernetik, gehört zu den bedeutendsten Sozialwissenschaftlern der Gegenwart. Er lehrt an der Harvard University in Cambridge, Mass. (USA).

AUS DEM INHALT: Auf der Suche nach Modellen der Gesellschaft und Politik / Modelle als Werkzeuge theoretischen Denkens / Einige klassische Denkmodelle / Einige neuere Modelle / Kybernetik – ein neues Modellsystem der Kommunikation und Steuerung / Ein einfaches kybernetisches Modell / Bewußtsein und Wille als Strukturmuster des Nachrichtenstromes / Politische Macht und soziale Transaktionen / Autonomie, Integrität und Bedeutung / Kommunikationsmodelle und politische Entscheidungssysteme / Lernfähigkeit und Kreativität in der Politik / Der Regierungsprozeß als Steuerungsvorgang / Die Selbstabschließung politischer Systeme / Machtpolitik und Wachstumspolitik.

DIE ZEIT (Hamburg): »Die jüngste und vielleicht jetzt schon wichtigste wissenschaftliche Produktivkraft ist die Kybernetik. Dem Buch von Karl W. Deutsch kommt das Verdienst zu, die Tragweite dieser neuen Wissenschaft für politische Entscheidungs- und Steuerungsprozesse umfassend und in einem gewissen Sinne auch kritisch analysiert zu haben« (Manfred Wetzel).

PUBLIK (Frankfurt am Main): »Relevante oder ›existentielle‹ Probleme erscheinen bei Deutsch in einem neuen Licht, das vielleicht den Weg zu besserem ›wissenschaftlichem‹ Verstehen aufzeigt. Originalität, Aussagekraft und Kombinationsreichtum sind diesem Buch nicht abzustreiten. Diese Qualitäten sind nach Deutsch jedoch genau die Maßstäbe, an denen sich die Fruchtbarkeit eines Modells prüfen läßt« (W. Gruber). ISBN 3-7930-0029-X